第一篇　土地财政和地方政府激励研究

蔡璧涵

[提　要]本篇从地方政府激励行为的角度,通过理论和实证分析相结合的研究方法,探讨了中国的土地财政问题。具体来说,首先分析了中国地方政府的土地财政现状和成因,然后考察和比较了各省级政府对土地财政的依赖程度,最后详细地讨论了地方政府财政支出和政治周期对出让土地行为的影响。总的来看,近几十年来,中国的地方政府对土地财政高度依赖,形势十分严峻。然而,这背后的逻辑与地方政府的激励行为不无关系。

[关键词]土地财政;政治激励;财政支出;政治周期

Research on Land Finance and Fiscal Incentives of Local Governments

Tsai Pi-Han

Abstract:This part focuses on analyzing the fiscal and political incentives of local governments and examining how their incentives affect China's land finance. We start with a brief review of the background of land finance and its evolvement, discussing the increasing reliance of local governments on land finance and how it varies across different provinces. We then explore the existence of land finance cycles,focusing on the changes of the amount and the price of land leasing by negotiation or by auction. Our results indicate that land finance is driven by local governments' incentives,contributing to China's local economic development and fluctuation.

Key Words:Land Finance;Career Concerns;Fiscal Expenditure;Political Cycles

一、导言

自 20 世纪 90 年代末期以来,土地财政成为中国各地方政府普遍存在的现

象。根据中国国家统计局的数据,中国的土地出让收入从 1999 年的 514 亿元到 2015 年的 2.98 万亿元,16 年间增长了 57 倍,年均上涨高达 36.22%,其中,在 2013 年的土地出让收入达到历史最高值,规模高达 4.37 万亿元,占地方一般公共预算收入的 63.29%。由此可见,地方政府财政对土地出让收入的依赖形势非常严峻,这个现象引发了社会各界的广泛关注和激烈讨论。土地财政是土地公有制和经济市场化背景下产生的"中国特色现象",既带来一系列积极效应,也伴随着潜在的危机。因而,分析土地财政背后的影响机制非常重要,除了帮助我们了解土地财政的成因,理解中国的土地财政问题之外,也能帮助我们思考应对政策,避免土地财政对社会经济带来的潜在危机。

在本篇研究中,我们从地方政府行为激励的角度分析土地财政的问题。具体来说从以下四个方面。

第一,地方政府的土地财政现状和成因研究。我们首先对土地财政的统计口径进行了梳理,并概括为大、中、小、微四种口径。近 20 多年来,地方政府对土地财政的依赖度迅速扩张。一方面,土地财政调动了地方政府的积极性,带来了大规模的土地出让收入,从而在完善城市公共基础设施、吸引投资、促进经济增长方面产生了正面作用,这也推动了城市化和工业化的进程。但是,土地财政的膨胀也带来了各种风险和威胁,比如房地产市场的泡沫,对产业结构和实体经济造成的不利影响等。

对于土地财政的成因解释,我们总结和梳理了目前学术界的三种理论:(1)制度缺陷说。政府对农地征收的垄断和土地变更的用途管制是土地财政的基础,这一土地制度使得地方政府可以大量低价征地,再通过对土地供应一级市场的实质性垄断,来实现土地出让收入的最大化。(2)财政压力说。土地财政是基层政府的财政压力导致的,分税制改革使得地方财政经常面临"入不敷出"的财政压力。因而,地方政府不得不寻求其他的收入来源弥补自身的财力缺口,土地财政则是其主动"突围"的一个结果。(3)政绩考核与地方竞争说。在干部管理体系驱动下,地方政府的领导官员为了提高晋升机会,会非常注重辖区内的 GDP 和财政收入,那么地方政府实施"土地财政"行为就有了内在激励。这三种假说为我们提供了理解土地财政问题的基础。

第二,了解土地成因的不同假说之后,第二部分文章则着重于分析各地方政府的土地财政依赖程度。有研究指出,"土地财政"呈现的是土地收入从总量到结构皆有失衡、土地配置与财政分配事实上有所游离,在基本格局中主要构成因素畸重畸轻的现状。因此,为了更为全面客观地对土地财政进行评价,我们从土地出让收入、土地直接税收、土地间接税收、土地抵押贷款和土地财政结构等五个维度,来分析各级政府对土地财政的依赖程度。其中,就各省级土地

财政而言,从绝对值来看,北京、上海和广东的地价水平位居全国前列,土地出让收入、土地直接税收、土地间接税收和土地抵押贷款的绝对值排名均非常靠前,但是土地出让收入、土地直接税收与地方一般公共预算收入的比值均较为靠后,土地财政的结构偏离程度也相对较小。而浙江的土地出让收入是一般公共预算收入的88.60%,排名全国第一。但浙江土地财政结构偏离程度严重,土地出让收入是土地直接税收收入的5.18倍,堪称全国最为依赖土地财政的省份。

第三,土地财政与地方政府财政支出研究。在现实的实践中,我们观察到地方政府支出和出让土地的地价存在着正相关性的特征事实。考虑到土地财政在地方政府的财政的重要性,我们试图解释这种相关性的背后的影响机制。我们首先构建了一个局部均衡模型来进行解释,研究发现当地方政府意识到政府财政支出会对企业产出作用巨大时,便会通过索取更高的土地出让价格,来转嫁土地重置的成本给企业。因此,政府财政支出会导致土地出让价格的增加,两者之间存在着显著的正相关关系,但是并没有因果关系。

在实证分析的过程中,我们利用了2009—2014年的101个地级市城市数据,对工业用地地价和政府财政支出进行了回归分析,实证研究的结果符合理论模型的预期,我们发现两者之间存在着显著的正相关关系。我们也进行了一系列的稳健性检验,比如使用空间固定效应的方法,控制地级市官员的个人特征,如年龄、性别、教育、任期一级是否在本地出生或提拔等。研究结果表明,政府支出与土地价格,特别是与工业用地价格的正相关关系是非常稳健的。这反映了在某种程度上,财政支出的增加加剧了地方政府的土地财政。

第四,我们利用土地财政与地方政府政治周期的研究,探讨和分析地方政府的行为激励。在干部管理体系驱动下,为了提高政治晋升的机会,地方政府的官员往往会采取利用土地财政的政策,从而在最大程度上促进辖区内的经济发展和增加当地的财政收入。具体而言,鉴于不同的土地出让方式,即协议或拍卖,会带来不同的经济后果,各地方政府会操纵土地使用权的出让方式,并进行"逐底竞赛",来吸引工商业投资等。在面临着政治周期,即五年一次的党代会时,地方官员更会选择操作土地财政的政策来增加影响。

我们首先构建了一个理论模型,刻画土地财政和政府政治周期的关系。模型结果显示,为了增加晋升的机会,地方政府官员在省级党代会召开前夕,会非常注重辖区内的经济绩效,并会通过增加协议出让的土地和减少通过拍卖出让的土地数量来达到其目标。为了证明此假设,我们使用中国2003—2012年的283个地级市的面板数据,进行实证分析。研究发现,在省级党代会召开期间,地方领导会对土地出让方式进行操作,在这段时间里,地级市领导会选择增加

以协议出让土地的份额,从而吸引投资提高晋升机会,并且降低以拍卖出让土地的份额,以提高商业/住宅用地的财政收入。而这种模式在省级党代会结束后不太显著。这表明,中国的政治周期不仅与财政预算安排有关,而且与土地的空间分配相关。一个地级市领导有策略地倾向于通过协议或拍卖的方式来操控土地的出让情况。由此可见,地方官员的财政行为和土地政策偏好是被政治体制所束缚的,土地财政与地方政府的行为激励密切相关。

为了更详细地阐释这些问题,在下文中我们将一一进行分析。

二、地方政府的土地财政现状和成因研究①

(一)问题的提出

地方政府的土地出让金收入在 2013 年突破 4 万亿元大关,创历史新高,社会各界对"土地财政"这一话题的讨论也开始愈发热烈。事实上,"土地财政"一词本身并不是一个正统的学术概念,也不是一个规范的政策用语。中国现有的统计口径上,并没有专门的"土地财政收入"这一项。综合现有文献的研究[1-2]情况,我们对土地财政的统计口径进行了梳理,并概括为大、中、小、微四种口径,具体情况如表 1-1 所示。

表 1-1　土地财政概念梳理

			土地抵押贷款
政府从土地上获取的财力资源(大口径)	土地财政收入(中口径)	土地税收收入	土地直接税收收入　房产税、城镇土地使用税、土地增值税、耕地占用税和契税
			土地间接税收收入　建筑业、房地产业两个行业的营业税和地方分享的所得税收入
		土地非税收入	土地出让收入(小口径)　招标、拍卖、挂牌和协议出让土地收入(微口径)
			划拨土地收入
			土地年租金
			其他
		专项收费收入	—
		其他收费收入	—

---

① 感谢研究助理谢珈琪整理参考文献和收集数据。

其中,微口径的土地财政收入是指通过招标、拍卖、挂牌和协议等方式直接出让土地的收入。小口径的土地财政收入,在招、拍、挂和协议出让收入的基础上,还涵盖了划拨土地收入、土地年租金及其他收入,财政部综合司每年公布的全国缴入国库的土地出让收入即这里所述的小口径的土地财政收入。另外,中口径的土地财政收入是指土地出让收入、专项收费收入、其他收入等土地非税收收入和土地直接税收、土地间接税收等土地税收收入。而大口径的土地财政收入则是指包括了土地税收收入、土地非税收入以及土地抵押贷款等。

在明确了土地财政的概念与口径之后,我们首先可以从土地非税收入中的土地出让收入、土地税收收入、土地抵押贷款三个层面了解当前土地财政收入的规模。财政部国库司《2016 年财政收支情况》显示,2016 年国有土地使用权出让收入 3.75 万亿元,地方一般公共预算本级收入 8.72 万亿元,两者比值高达 43.00%。而在 2010 年,这一比值一度达到 72.00%。由此可见,地方政府的土地出让收入规模之大,土地出让收入对地方财政的重要性不言而喻。另外,中国的土地直接和间接税收同样规模庞大。据统计,2016 年土地直接税收收入高达 1.50 万亿元,占地方一般公共预算本级收入的 17.00%,土地间接税收收入中的房地产企业所得税 3641 亿元,增长 27.00%。在土地抵押贷款方面,据《中国经济周刊》、中国经济研究院 2014 年联合研究并发布我国 23 个省级行政单位《土地财政依赖度排名报告》,截至 2012 年底,全国省市县三级政府承诺以土地出让收入偿还的债务余额 3.49 万亿元,占地方政府负有偿还责任债务余额 9.36 万亿元的 37.23%,足见以土地作为担保的地方债务规模之巨。

土地财政是土地公有制和经济市场化背景下产生的“中国特色现象”。土地要素与中国地方经济的发展息息相关。我们需要认识到土地财政在调动地方积极性、推动经济增长、完善城市公共基础设施方面的积极作用,同时也不能忽视土地财政的膨胀所带来的各种显性和隐性的风险。在土地财政的负面影响中,讨论最为广泛的就是其与房价泡沫的关系。巨额地方债务、市政建设资金、农田水利、保障房等绑架在土地上的诸多诉求致使房价泡沫越吹越大,地方政府却没有刺破泡沫的决心,大城市的土地供给依然处于饥饿状态,地王频出、房价越调越高。

根据地产中国网的报道,2016 年 10 月各大城市开始限购之前,中国已经出现了约 219 宗地王,将 2013“地王年”60 宗“地王”的记录远远抛在身后。8月,融信中国更是以 110 亿元拍下上海静安区的一地块,可售楼板价达到143000 元/平方米,创下中国最贵单价地王纪录。虽然学界对高地价与高房价的关系众说纷纭,但不能否认的是,高企的地价确实意味着需要消费者承担更高的房价,房地产企业才能盈利。根据华夏时报的报道,目前,许多一二线城市的地价房价比已经达到 50.00%以上。以北京为例,住宅平均楼面地价从 2012

年的 7323 元上升到 2016 年的 21634 元,年均复合上涨 31%;2012 年地价房价比为 44%,2016 年上升到了 70%。

除此之外,土地财政过度膨胀,还会对产业结构和实体经济乃至社会稳定产生不利影响。前者主要表现为地方政府把精力放在经营土地上,而忽略了转变经济发展方式。同时,高科技等实体经济产业转向追逐暴利的房地产行业,扭曲了产业结构升级,最终致使整个经济体被房地产所绑架。后者则主要表现为地方政府一边低价收地,一边高价卖地:农民从征地补偿中获得的收益分配比例偏低,导致农村土地纠纷增多;而地方政府掌握土地审批权的部门和个人寻租机会多,且涉案金额大,腐败暴利高。根据《国土资源统计年鉴》公布的数据显示,近些年来,土地违法案件不断增多,2015 年全国工业仓储和农村宅基地违法用地案件达 6.22 万件。因此,鉴于中国土地财政的现状和问题,我们有必要对土地财政的成因进行深入的分析,并全面理解地方政府的土地财政。

(二)中国土地财政的成因解释

目前,大量的研究文献分析了中国土地财政的成因,并提出了众多的理论。总体来说,当今学者的观点主要可以分为三派:一是土地制度缺陷说,二是财政压力说,三是政绩考核与地方竞争说。在此,我们将对这三派观点分别加以梳理和归纳。

1.土地制度缺陷说

土地制度缺陷是许多研究对土地财政产生的一个重要的制度解释。很多研究认为,政府对农地征收的垄断和土地变更的用途管制是土地财政的基础[3-5]。图 1-1 显示了土地制度缺陷说理论的论证过程。

图 1-1　土地制度缺陷说理论的论证过程

根据中国现行的土地制度,农村土地归集体所有,城市土地则归国家所有。同时,农村集体土地不能直接入市交易,而必须由政府征收后再由政府出让入市。根据 1982 年的《宪法》和 1998 年的《土地管理法》规定,国家为了公共利益的需要,可以依照法律规定对土地实行征收或者征用并给予补偿。但是究竟何为"公共利益",法律并没有给出明确的规定,这就为地方政府滥用公共利益之名大肆征地、谋求财政收入留下了空间。不论是为了支持当地房地产业的发展以期带动当地经济发展并直接获取巨额的土地出让金收入,还是为了当地的招商引资以期获得后续的相关税收收入,地方政府都可以以公共利益的名义征

地。然而,现实的情况是,绝大多数"公共利益"之外的用地需求,包括工业投资项目、商住地产项目等的开发都必须通过政府征地来实现。

在土地征收过程中,农民集体并没有参与议价的权利,征地补偿也是由政府单方面决定。根据《土地管理法》规定,征地补偿包括土地补偿费、安置补助费、青苗补偿费。数额按照"产值倍数法"来确定,即土地补偿费按照土地在被征收前 3 年平均年产值的 6~10 倍,而安置补助费则按照耕地在被征收前 3 年平均年产值的 4~6 倍来补偿,土地补偿费和安置费之和不得超过该土地被征收前 3 年平均年产值的 30 倍。但在实践中,政府常常会压低征地补偿标准,甚至递延支付。这就导致了经济发展带来的农村集体土地的增值收益大部分没有被农民分享,失地农民的就业问题也没有得到妥善解决,土地征收带来的官民纠纷频发。而在土地供给方面,中国各县市从 2001 年开始建立土地储备机构,国有土地由政府统一收购、储备、整理,然后以市场机制为主导通过招标、拍卖、挂牌出让的方式转变使用权。国家对土地资源的分配进行高度集中和严格的管制,各地根据中央总体规划,制定省、市、县、乡级土地利用总体规划。国土资源部每年制定全国土地利用年度计划,向各地下达土地利用年度计划指标。对土地实行建设用地指标控制和用地审批制度,形成建设用地的行政配置和指标管理模式。

但土地的计划性供应和市场化的出让方式之间的矛盾导致了一二线城市地王频现。任泽平和宋双杰[6]指出,一二线城市采用饥饿供地的方式,地方政府土地供应不足,过多的资金追逐过少的土地,造成土地的高溢价成交,地方政府是地王的最大获益者,一线城市无须大量供给土地即可获得高额的土地出让金,地价上涨和供应不足进而推高房价。而在三四线城市,地方政府为了获得财政收入,不顾当地土地供应过剩的格局,仍然大量供地,造成高流拍率和土地的过量供应,房地产高库存。

综上所述,中国的土地制度使得地方政府可以大量低价征地,再通过对土地供应一级市场的实质性垄断,对不同禀赋的城市实行差别化的供地策略来最大化土地出让收入。

2. 财政压力说

目前,财政压力说是学界的主流观点之一。部分学者[7-12]认为,土地财政是基层政府的财政压力导致的,分税制改革使得地方财政经常面临"入不敷出"的财政压力,因而不得不寻求其他的收入来源弥补自身的财力缺口,土地财政则是地方政府主动"突围"的一个结果。具体来讲,财政压力说的理论论证过程如图 1-2 所示。

在 1994 年之前,中国政府实行的是财政包干制,即地方的年度预算收支指标经中央核定后,由地方包干负责完成,超支不补,结余留用,地方自求平衡。

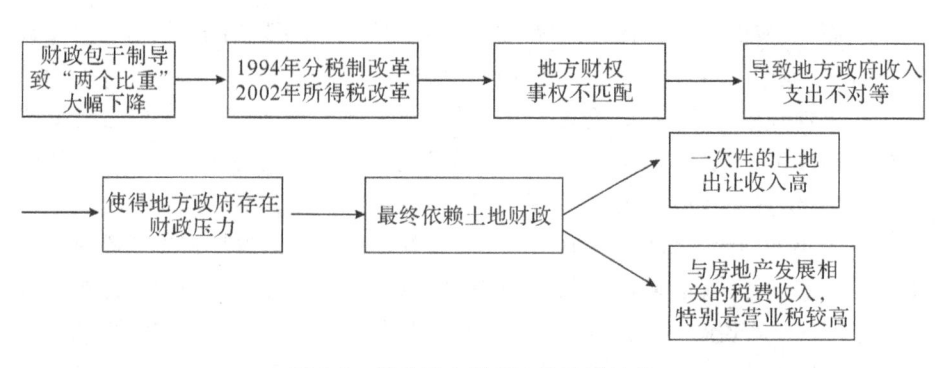

图 1-2 财政压力说理论的论证过程

中央政府的财政收入通过地方政府征收,其收入不仅取决于与地方政府之间协商达成的分配比例,而且还依赖于地方政府征收财政收入的积极性。在改革初期,财政包干体制扩大了地方政府的财权,调动了地方政府的积极性,因此在一定程度上有利于经济增长。但长期的实践表明,这种体制有其固有的弊端。"包死基数,超收多留"的特点导致了财政收入既不能与国民经济同步增长,又不能保证中央政府在财力分配中处于主导地位。这就致使自 1989 年以来,财政收入占 GDP 的比重和中央财政收入占全国财政收入的比重持续下降,到1993 年,前者仅为 12.24%,后者达到了历史最低的 22.00%,如图 1-3 所示。

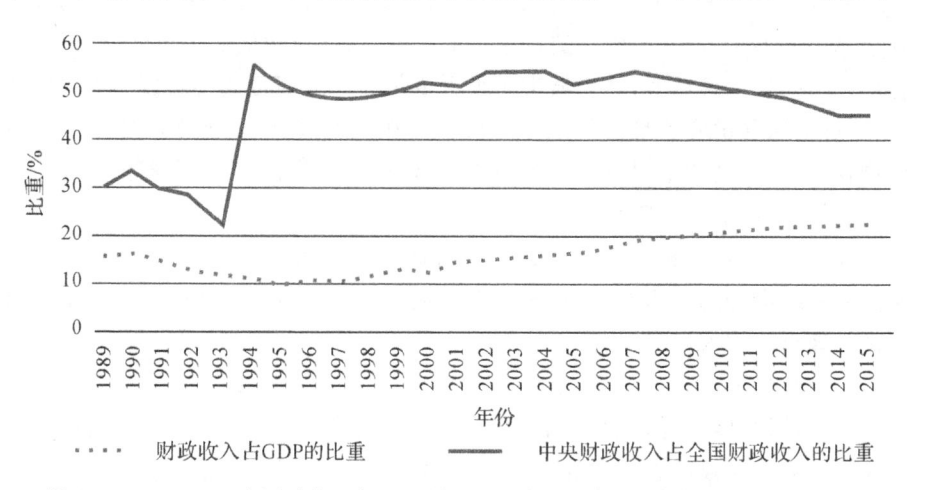

图 1-3　1989—2015 年财政收入占 GDP 的比重及中央财政收入占全国财政收入的比重

资料来源:1989—2015 年财政收支情况(中华人民共和国国家统计局网站:www.stats.gov.cn)

因此,随着财政收入占 GDP 的比重和中央财政收入占全国财政收入的比重的下降,直接导致了 1994 年的财税体制改革,即分税制的出台和实施。分税

制最核心的内容在于采用相对固定的分税种办法来划分中央与地方的收入。分税制将税种划分为中央税、地方税和共享税三大类。诸税种中规模最大的增值税被划为共享税,中央和地方按 75.00％和 25.00％的比例共享①;中央税还包括所有企业的消费税。2002 年实行的所得税分享改革更是将企业所得税和个人所得税由地方税变为中央—地方共享税种,按中央、地方税各 50.00％的比例分享,而 2003 年起则按中央 60.00％、地方 40.00％的比例分享。

两次税制改革的直接结果是中央地方财政收入的初次分配比例急剧变化,如图 1-4 所示,地方财政收入占全国总财政收入的比重由 1993 年的 78.00％迅速下降到 1994 年的 44.30％。由于中国实施的是属地管理模式,大多数的政府性事务都由地方政府负责,例如教育、医疗、社保、环境等,因此支出责任是下放的,地方财政支出比重一直维持在 70.00％左右。然而,历次财税体制改革均止步于调整中央与地方的收入分成,将财权上收,并没有对支出责任进行相应调整。这导致了地方财政的压力加剧,分税制改革就形成了地方财政几乎 30.00％的巨大收支缺口[12]。

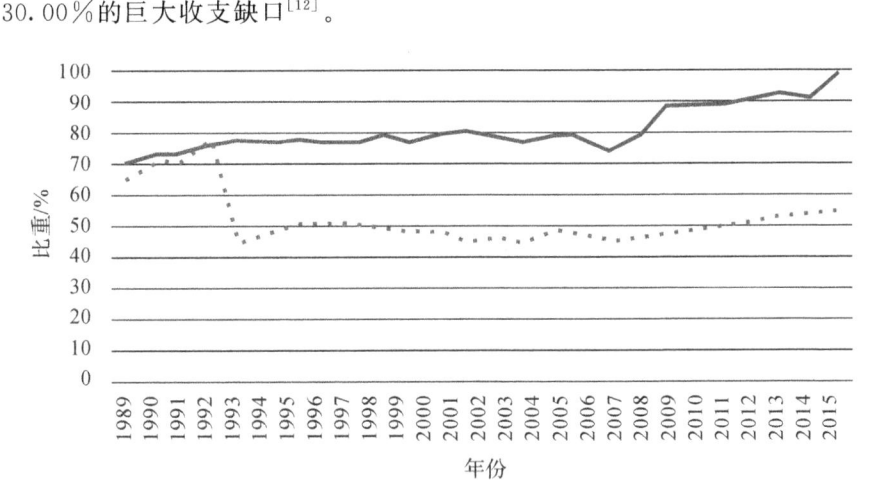

图 1-4　1989—2015 年地方财政收入和支出占全国财政收入和支出的比重

资料来源:1989—2015 年财政收支情况(中华人民共和国国家统计局网站: www.stats.gov.cn)

---

① 2016 年 5 月 1 日起,增值税的中央地方分享比重改为 50％和 50％。

地方财政收支缺口本来应该通过中央对地方的转移支付来弥补。但实际上,地方政府依靠自有正式财政收入和上级政府的转移支付难以满足本级政府财政支出[13]。张丽华等[14]认为,由于中国的财政转移支付存在着"一般转移支付比重过低、专项转移支付比重偏高、转移支付制度不规范、不透明"等现象,并不足以承担这一职责。综上所述,分税制改革导致地方政府的财权与事权不匹配,地方政府为了缓解财政困难,不得不实施"土地财政"行为。

尽管财政压力说的拥趸者很多,但是对此说法的批判者也不少。比如,范子英[15]指出,土地财政收入的去向并不是造成财政压力的原因,分税制改革和土地财政问题出现的先后次序,不足以说明其因果关系。图1-5为对2009—2014年101个城市的一般公共预算赤字和土地成交价款绘制的散点图,图1-5显示两者的相关性确实不高,也部分验证了上述的说法。

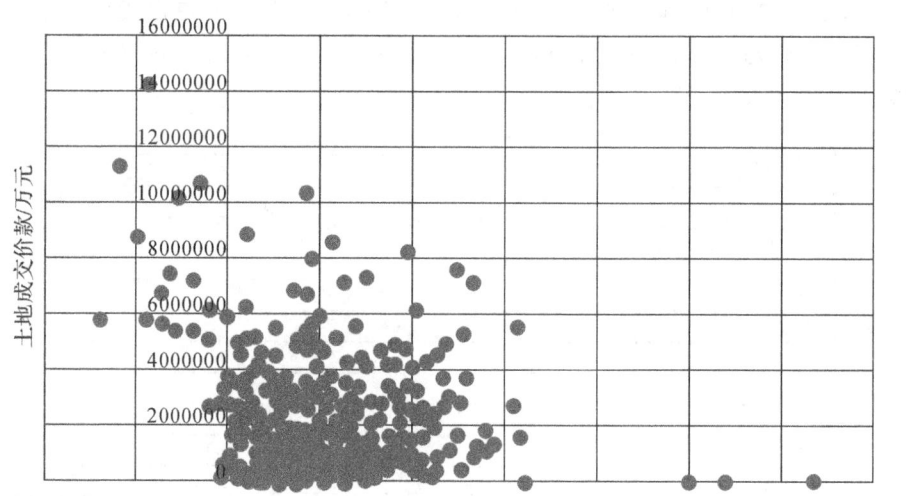

图1-5　一般公共预算赤字与土地成交价款的散点图

资料来源:中华人民共和国国土资源部.中国国土资源统计年鉴(2009—2014)[M].北京:地质出版社,2009—2014.

3.政绩考核与地方竞争说

除了上述的两种观点外,还有学者认为"政绩考核制度、地方政府横向竞争导致了土地财政"[7,16,17]。他们认为,许多地方政府在土地财政依赖度不断上升的同时,并没有增加相应规模的公共服务,反而是大兴土木、把大量的资金投向基础设施建设。因此,财政压力不是土地财政的根源,政治集权体制下地方政府官员重视经济绩效的政绩考核体制才是问题的关键。

Holmstrom 和 Milgrom[18]的委托—代理理论认为,在一个多任务目标体系中,如果激励机制中只包含可测性指标,则代理人的努力可能会被扭曲,即将精力完全集中在可测度的任务,而忽略不可测度但同样重要的任务。著名的"政治锦标赛"理论指出,下级政府官员的任免是由上级政府或中央政府决定的,而上级政府任命、提拔下级地方政府官员的最主要依据就是各个地方的相对经济绩效,这就致使地方政府官员有很强的动力去大力发展经济,以在相对经济绩效考核中能够胜出。

结合前述的委托—代理理论,在这种晋升锦标赛的激励模式下,地方政府官员会高度重视一些显性的、可测易测的经济指标,如 GDP 和财政收入,而忽略那些隐性的、不可测不易测的指标。傅勇和张晏[19]就通过实证检验证明,基于政绩考核下的政府竞争,造就了地方政府公共支出结构"重基本建设、轻人力资本投资和公共服务"的明显扭曲。

那么,在政绩考核制度下,地方政府该如何利用土地政策使经济增速和财政收入最大化呢? 整理上述理论文献的观点,根据政绩考核与地方竞争说,"土地财政"会有以下三种可能的途径。图 1-6 显示在政绩考核制度下,地方政府的土地使用政策,而图 1-7 显示在政绩考核制度下,地方政府出让土地的策略选择。

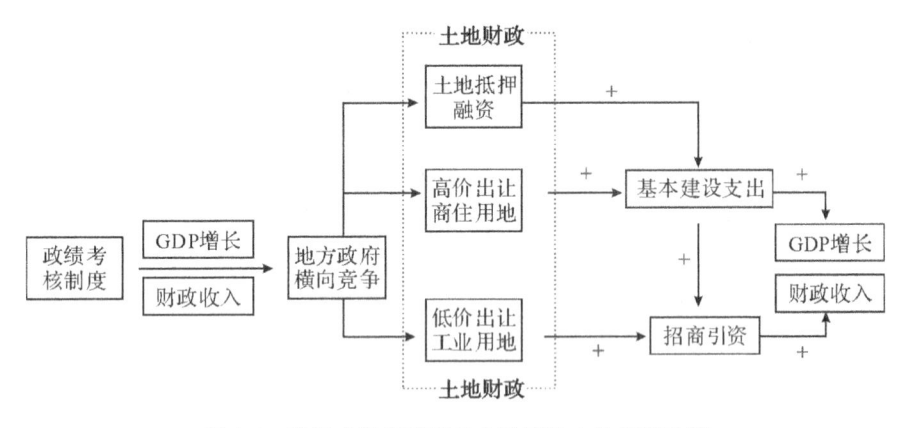

图 1-6　政绩考核制度下地方政府的土地使用政策

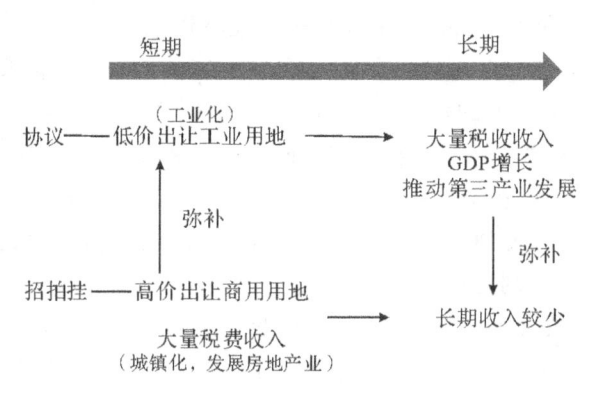

图 1-7 政绩考核制度下地方政府出让土地的策略选择

第一,通过低价出让工业用地来招商引资,进而促进 GDP 和财政收入增长。在 20 世纪 90 年代中期以后,围绕以外商直接投资为主体的流动性资本而进行的地区竞争,成为地区间 GDP 锦标赛的核心内容。而 1994 年实施的分税制改革,大大地限制了地方政府利用税收工具作为招商引资筹码的机会。在这种情形下,为了吸引外商直接投资,许多地方政府开始转向依赖于各种非税收手段,提供廉价工业用地和补贴性配套基础设施就是方法之一,甚至有些地区出现"拼地价""让利竞赛"等现象。在实际操作中,绝大部分用地特别是工业用地基本上以协议方式低价出让。以浙江为例,2006 年约有 1/4 的开发区出让价不到成本价的一半[20]。而低价出让土地吸引来的工业投资,在短期内只会增加固定资产投资,对 GDP 和财政收入的贡献需要较长的时期才会显现。因而,当期地方政府低价出让工业用地的损失就需要高价出让商住用地来弥补,即土地财政的第二条路径。通过垄断、限制供应量、抬高起拍价格,以及高价出让商住用地等方式,来弥补低价出让工业用地损失,同时获取更多的预算外资金。其中,房地产企业在销售住房过程中,为地方政府贡献了大量的税费收入。在实证层面,Tao 等[21]对 1999—2003 年之间 268 个地级市的统计数据进行经验分析的结果表明,商住用地成交数量的增加,有助于地方政府短期(0~2 年)内营业税收入的增加,而长期的影响并不显著。工业用地成交量的增加在长期(2~3 年)能够使得增值税、企业所得税、营业税以及税收总收入显著增加,并且随着年数的增加,工业用地对地方政府增值税收入增长程度的影响变得更加显著。土地财政的第三种方式,是将土地出让收入作为银行贷款的抵押,进而获得为地方基础设施投资的新管道。作为城市经济发展和城市建设面貌的载体和支撑体系,城市基础设施投资对于推动地方经济快速发展具有重要的作用。因此,地方政府具有强烈的扩大城市基础设施投资的动机。在分税制改革

以后,由于地方政府一般公共预算赤字的增加和专项转移支付专款专用的限制,预算内财政收入无法对城市基础设施建设提供有效的支持,于是地方政府纷纷寻求预算外收入来源,债务收入就是其中的重要组成部分。特别是2008年金融危机以后,地方性融资平台的数量和规模迅速增长。土地作为地方政府拥有的最大资产,成为其债务融资的最重要抵押品。而金融机构出于对房价持续上涨的预期,自然也愿意放款给用土地抵押的地方政府。根据《2015年国土资源统计公报》的统计,截至2015年底,中国84个重点城市抵押贷款总额达11.33万亿元。审计署披露,2013年6月底,地方政府性债务余额支出投向中,"市政建设"和"交通运输设施建设"合计占到全部债务的51.27%。这表明土地抵押贷款的大部分确实流向了基础设施建设。

综上所述,如果政绩考核体制确实是GDP和财政收入为主,那么地方政府实施"土地财政"行为就有了内在激励。可以说,土地财政是地方政府官员为提高晋升概率,而谋求借助土地开发推动GDP增长的主动之举。这会有两方面的影响,其一,低价让地来换取工业资本,推动本地的工业化,短期内带来固定资产投资,长期则能带动本地的经济增长并对第三产业产生溢出效应。其二,高价出让商住用地,扶持房地产企业,推动城市化进程,巨额土地出让收入既能弥补低价让地的损失,还能投入到城市基础设施建设,加速经济增长。基础设施建设不仅能提升对外商投资的吸引力,还能带动周围地区的地价房价,产生良性的循环。而地价房价持续上涨的预期使得地方政府能够用土地出让收入来贷款融资,进而投入到城市基础设施建设中。

(三)研究的主要结论

在本小节中,我们首先着重讨论了中国土地财政的现状和问题。土地财政,可以说是土地公有制和经济市场化背景下产生的"中国特色现象"。考虑到土地要素与中国地方经济的发展息息相关,一方面,土地财政在调动地方积极性、促进经济增长、完善城市公共基础设施方面的积极作用,推动了城市化和工业化的进程,同时,我们也不能忽视土地财政的膨胀带来的各种显性和隐性的风险,并可能带来的负面经济影响等。地方政府对土地财政的依赖,某种程度上导致了房地产的泡沫,房价居高不下。另外,土地财政的膨胀还会对产业结构和实体经济产生不利的影响,甚至加剧贫富差距,危害社会的稳定等。因此,土地财政非常值得学术界和政策界的强烈关注,并深入地理解可能造成地方政府土地财政的影响机制。

通过对现有文献的梳理和总结,学者们对土地财政的成因解释可以概括为三类。第一类是土地制度说,即政府对农地征收的垄断和土地变更的用途管制

是土地财政的基础。这背后的逻辑是,土地制度使得地方政府可以大量低价征地,再通过对土地供应一级市场的实质性垄断,对不同禀赋的城市实行差别化的供地策略来最大化土地出让收入,以此形成"土地财政";第二类是财政压力说,分税制改革使得地方财政经常面临"入不敷出"的财政压力,不得不寻求其他的收入来源弥补自身的财力缺口,土地财政则是地方政府主动"突围"的一个结果。第三类是政绩考核与地方竞争说,政治集权体制下地方政府官员重视经济绩效的政绩考核体制是土地财政的根源。一方面,地方政府通过低价出让工业用地,以此来吸引外资,推动工业化进程;另一方面,地方政府通过高价出让商住用地,以此获得财政收入,推动城市化进程,从而促进经济增长。地方政府陷入了利用土地要素来最大化经济增速的竞赛。

三、各地方政府的土地财政依赖程度研究①

(一)问题的提出

近20多年来,中国地方政府的财政收入对土地财政的依赖关系,引发社会各界的关注。在实践中,地方政府出于经济增长和财政收入的激励目标,而出现了不同程度的"卖地冲动",财政收入的来源过度地依赖于土地财政,这就是被广为诟病的"土地财政依赖症"。目前,学术界和政策界对土地财政的评价不一,周飞舟[22]认为,随着中国经济发展过程中土地需求量的不断增大,土地财政成为地方政府的"财政金矿",弥补了地方政府财政支出的不足。然而,当地方政府过渡依赖于土地财政,地方政府就会有动机推高地价、房价的上涨[11]。同时,这也导致了一些寻租腐败的机会。但是,考虑到衡量标准的不同,各地方政府的土地财政依赖评价略有不同。在2014年,由中国经济周刊、中国经济研究院,以"土地偿债在政府负有偿还责任债务中占比"等为衡量标准,联合研究发布了中国23个省份"土地财政依赖度排名报告",报告指出浙江、天津两地政府负有偿还责任的债务分别位居第一、第二,有高达2/3的份额要靠卖地来偿还[23]。而实际上,各地的土地财政也存在巨大的差异,杨圆圆[24]以1999—2010年中国省级数据为基础,研究发现中国地方政府的土地财政存在较大的时空差异,对土地财政的依赖程度也存在区域差异。平新乔等[25]则在"土地财政纯收入"基础上定义了土地财政的问题,并对全国31个省(市、区)的土地财政依赖度做了横向的结构分析,分析了演化的趋势,并指出土地财政的发展会引起区域之间不平等程度的进一步扩大。贾康和刘微[26]则指出,中国"土地财

---

① 感谢研究助理谢珈琪整理参考文献和收集数据。

政"呈现的是土地收入从总量到结构皆有失衡、土地配置与财政分配事实上有所游离,基本格局中主要构成因素畸重畸轻的现状。为了更为全面客观地对土地财政进行评价,我们从全国和省级两个层级出发,具体体现在土地出让收入、土地直接税收、土地间接税收、土地抵押贷款和土地财政结构等五个方面,来分析中国土地财政的依赖程度。

(二)各级政府土地出让收入规模

1. 全国层面土地出让收入

首先,我们先从全国层面的土地出让收入来分析中国土地财政的依赖程度。表 1-2 展示了 1999—2015 年,中国的土地出让收入规模以及其与地方一般公共预算收入的比值。图 1-8 显示 1999—2015 年全国土地出让合同价款及增速,从绝对值来看,中国全国的土地出让收入从 1999 年的 514.00 亿元到 2015 年的 2.98 万亿元,16 年间增长了 57 倍,年均上涨高达 36.22%。2013 年的土地出让收入达到最高值,达 4.37 万亿元。从相对规模来看,2000 年以前,土地出让收入与地方一般公共预算收入的比值较低,不到 10%,但随着城市住房市场化改革的全面推进,2000 年以后,这一比值大幅抬升,从图 1-9 可看出全国土地出让合同价款与地方一般公共预算收入比值历年的变化,从 2002—2015 年,土地出让收入与地方一般公共预算收入的平均比值为 48.57%,即土地出让收入约为一般公共预算收入的一半。这一比值的峰点在 2010 年,高达 67.62%。可见地方财政对土地出让收入的依赖性。

表 1-2　1999—2015 年全国土地出让合同价款及地方一般公共预算收入

年份	全国土地出让合同价款/亿元	地方一般公共预算收入/亿元	全国土地出让合同价款与地方一般公共预算收入之比/%
1999	514.33	5594.87	9.19
2000	595.58	6406.06	9.30
2001	1295.89	7803.30	16.61
2002	2416.79	8515.00	28.38
2003	5421.31	9849.98	55.04
2004	6412.18	11893.37	53.91
2005	5883.82	15100.76	38.96

续表

年份	全国土地出让合同价款/亿元	地方一般公共预算收入/亿元	全国土地出让合同价款与地方一般公共预算收入之比/%
2006	8077.64	18303.58	44.13
2007	12216.72	23572.62	51.83
2008	10259.80	28649.79	35.81
2009	17179.53	32602.59	52.69
2010	27464.48	40613.04	67.62
2011	32126.08	52547.11	61.14
2012	28042.28	61078.29	45.91
2013	43745.30	69011.16	63.39
2014	34377.37	75876.58	45.31
2015	29800.00	83002.04	35.90

资料来源:国土资源统计年鉴(1999—2015)[M].北京:地质出版社,1999—2015.

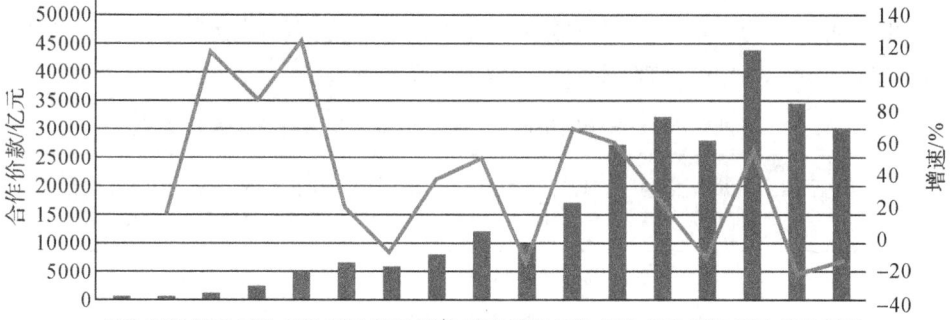

图 1-8 1999—2015 年全国土地出让合同价款及增速

资料来源:中华人民共和国国土资源部.中国国土资源统计年鉴(1999—2015)[M].北京:地质出版社,1999—2015.

16

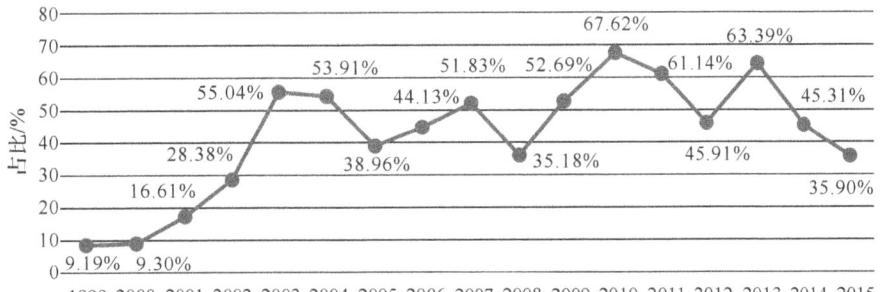

图 1-9 1999—2015 年全国土地出让合同价款与地方一般公共预算收入比值

资料来源:中华人民共和国国土资源部.中国国土资源统计年鉴(1999—2015)

[M].北京:地质出版社,1999—2015.

从图 1-9 亦可看出,2013 年以前,全国土地出让收入总体呈逐步上升趋势。2013 年以后,随着中国经济进入新常态,受经济增速放缓等因素影响,土地市场需求下降,土地供应量也随之下滑。而根据财政部的《全国土地出让收支情况》报告亦显示,2015 年,全国国有建设用地实际供应量同比下降 12.50%。在房地产高库存压力下,房地产开发企业对购置土地更加谨慎。2015 年,全国土地出让面积继续萎缩,同比下降 18.60%。配合供给侧结构性改革,2015 年国家在国有建设用地供应上实施差别化供地政策。工矿仓储用地和房地产用地占比分别较上年下降 0.80% 和 2.40%。①

这里有必要指出的一点是,中国全口径的地方财政收入包括:地方一般公共预算收入(本级收入+转移支付+税收返还)、政府性基金收入、社会保障基金收入、在当地缴纳的中央税收收入以及上划中央"四税"收入。其中,国有土地使用权出让收入包含在政府性基金收入中,即和地方本级的一般公共预算收入是两个独立的口径。因而,不少媒体将土地出让收入与地方本级一般公共预算收入的比重达到 60.00% 以上的现象,描绘成"地方政府 60.00% 以上的收入来自卖地","土地财政依赖程度将近七成",显然有失偏颇。

而比较合理的刻画土地财政依赖程度的指标应是土地出让净收入与地方政府可支配收入的比值。根据此指标,绘制出表 1-3 和表 1-4,其中表 1-3 呈现 2009—2015 年地方可支配财力,表 1-4 则是土地出让的成本、净收入以及土地出让净收入占地方可支配财力的比重。其中地方财政可支配收入为

---

① 由于基础设施用地价格较低,而房地产用地和工矿仓储用地价格较高,因此,用地类型结构的改变对于土地出让收入减少也有较大影响。

地方本级公共财政收入、中央税收返还和转移支付、地方政府预算外收入（2011 年起并入公共财政收入）和地方政府性基金收入的加总，再扣除征地和拆迁补助等成本性支出。而土地出让净收入则是指扣除成本费用后的土地出让收入。

表 1-3　2009—2015 年地方可支配财力

单位：亿元

年份	地方一般公共预算收入	中央税收返还和转移支出	地方政府预算外收入	地方政府基金性收入	成本性支出	地方可支配财力
2009	32602.59	28563.79	6062.64	15827.37	7693.44	75362.95
2010	40613.04	32341.09	5395.11	34341.97	16732.23	95958.98
2011	52547.11	39921.21	—	39178.93	24053.76	107593.49
2012	61078.29	45361.68		35396.20	22624.90	119211.27
2013	69011.16	48019.92		49450.40	34424.87	132056.61
2014	75876.58	51591.04	—	51361.19	33952.37	144876.44
2015	83002.04	55097.51	—	39558.88	26844.59	150813.84

资料来源：2009—2015 年财政收支情况（中华人民共和国财政部网站：www.mof.gov.cn）。

表 1-4　2009—2015 年土地出让净收入与地方财政可支配收入比值

年份	全国土地出让收入/亿元	全国土地出让成本性支出/亿元	成本性支出比重/%	土地出让净收入/亿元	土地出让净收入与地方财政可支配收入之比/%
2009	14239.70	7693.44	54.03	6546.26	8.69
2010	29397.98	16732.23	56.92	12665.75	13.20
2011	33477.00	24053.76	71.85	9423.24	6.59
2012	28886.31	22624.90	78.32	6261.41	5.25
2013	39072.99	34424.87	88.10	4648.12	3.52
2014	42940.30	33952.37	79.07	8987.93	6.20
2015	33657.73	26844.59	79.76	6813.14	4.52

资料来源：2009—2015 年全国土地出让收支情况（中华人民共和国财政部网站：www.mof.gov.cn）。

从 2011 年起,随着《国有土地上房屋征收与补偿条例》的出台,征地和拆迁工作更加规范,征地和拆迁成本有所提高,土地出让的成本性支出占土地出让收入比重从原来的 50.00％ 左右上升到了 80.00％ 左右(见表 1-4),即地方政府实际可支配的土地出让收益占土地出让收入的 20.00％ 左右,而土地出让净收入占地方政府可支配财力的比重也不高,2015 年仅为 4.52％。意即,尽管土地出让收入规模庞大,但是扣除成本以后,地方政府经营土地的净收益其实相当有限。加上 2004 年以来,国家先后出台了一系列政策,要求从土地出让收益中计提 7 项专项资金(如农业土地 15.00％、城市廉租住房保障资金 10.00％、农田水利建设 10.00％、教育资金 10.00％ 等)。因此,在土地出让净收益中,地方政府可统筹使用的财力减少。新政策的出台降低了地方政府操纵土地财政寻租的激励。

2.省级层面土地出让收入排行

而如从省级层面来分析土地财政依赖度,图 1-10 呈现了中国 31 个省(自治区、直辖市)1999—2014 年的土地出让收入总和及排序。从总量上看,1999—2014 年的 15 年间,土地出让收入超过 1 万亿元的省(自治区、直辖市)(第一梯队)有:江苏、浙江、山东、广东、辽宁、四川、北京、安徽。江浙两省作为中国经济和房地产业最为发达的省级行政单位,15 年间的土地出让收入分别高达 3.29 万亿和 2.51 万亿,遥遥领先其他省级行政单位。进入第一梯队的除了四川和安徽是中西部地区,其他均属东部地区。而过去 15 年间,东部 11 省(自治区、直辖市)的土地出让收入占到了全国的 64.00％。土地出让收入超过 5000 亿元的省(自治区、直辖市)(第二梯队)有:福建、上海、河北、湖北、重庆、河南、天津、湖南、江西。5000 亿元以下的省(自治区、直辖市)(第三梯队)有:云南、广西、陕西、内蒙古、贵州、吉林、黑龙江、山西、海南、新疆、甘肃、宁夏、青海、西藏。第三梯队中,除了海南属于东部地区,其他省级行政单位均为中西部。

然而,各省级行政单位土地出让收入与一般预算收入比值的排序却呈现出与总量排序截然不同的情况。图 1-11 呈现了 1999—2014 年中国 31 个省级行政单位的土地出让收入总和占一般预算收入总和的比重与排序。由图 3-4 可知,浙江省和江苏省不仅土地出让收入规模大,占一般公共预算收入的比重也很高,分别达到 88.60％ 和 75.06％,可见江浙两省的土地财政依赖程度较深。安徽、重庆、福建的土地出让收入并不是特别高,但由于一般公共预算收入规模相对较小,因此,排位大幅上升。而北京、上海和广东,虽然土地出让收入不菲,属于第一梯队,但是一般公共预算收入规模更大,因此排序靠后,比值分别为 40.30％、26.64％ 和 29.99％。可见相对而言,北上广地方财政对土地出让金的依赖并不强。

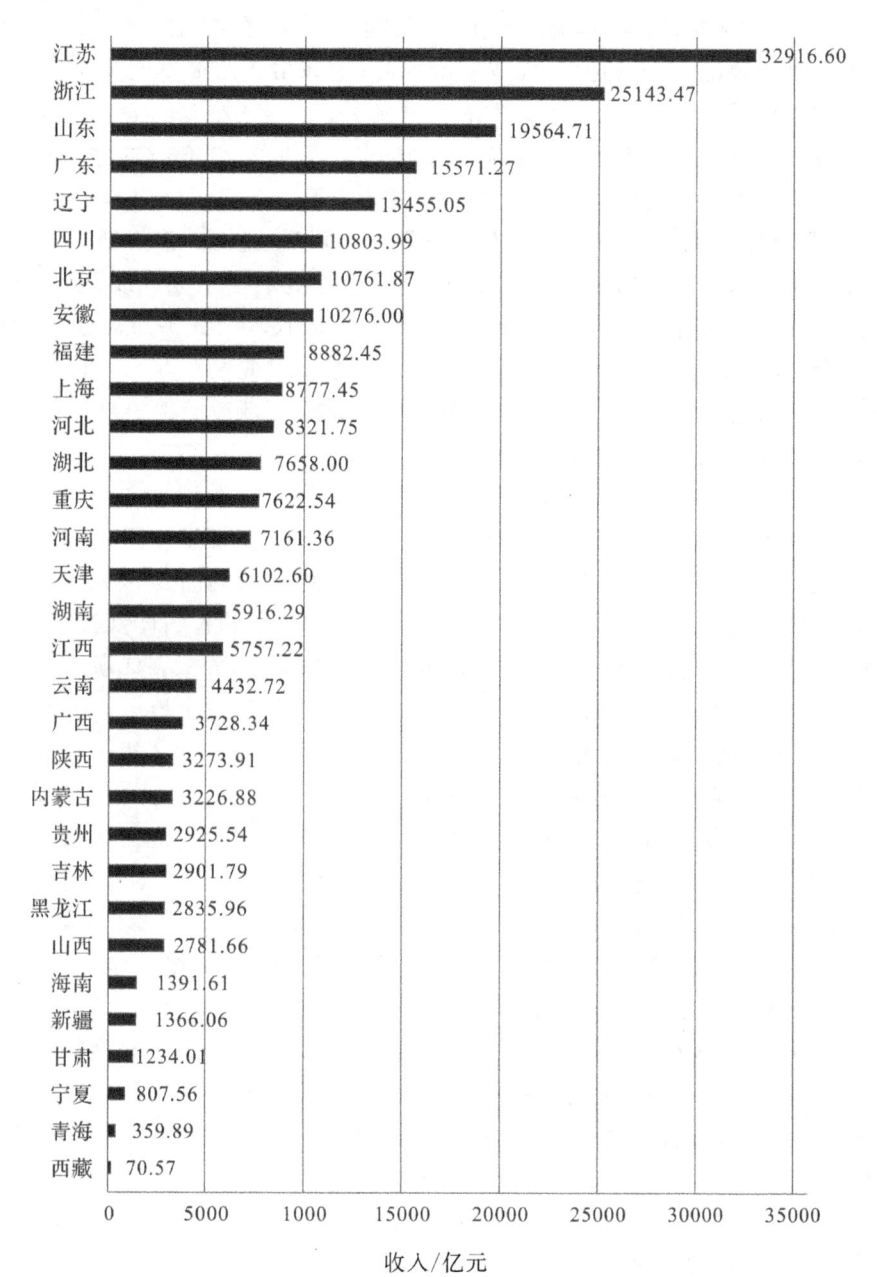

图 1-10　1999—2014 年 31 个省(自治区、直辖市)土地出让收入总计排序

资料来源:1999—2014 年全国土地出让收支情况(中华人民共和国财政部网站:www.mof.gov.cn)。

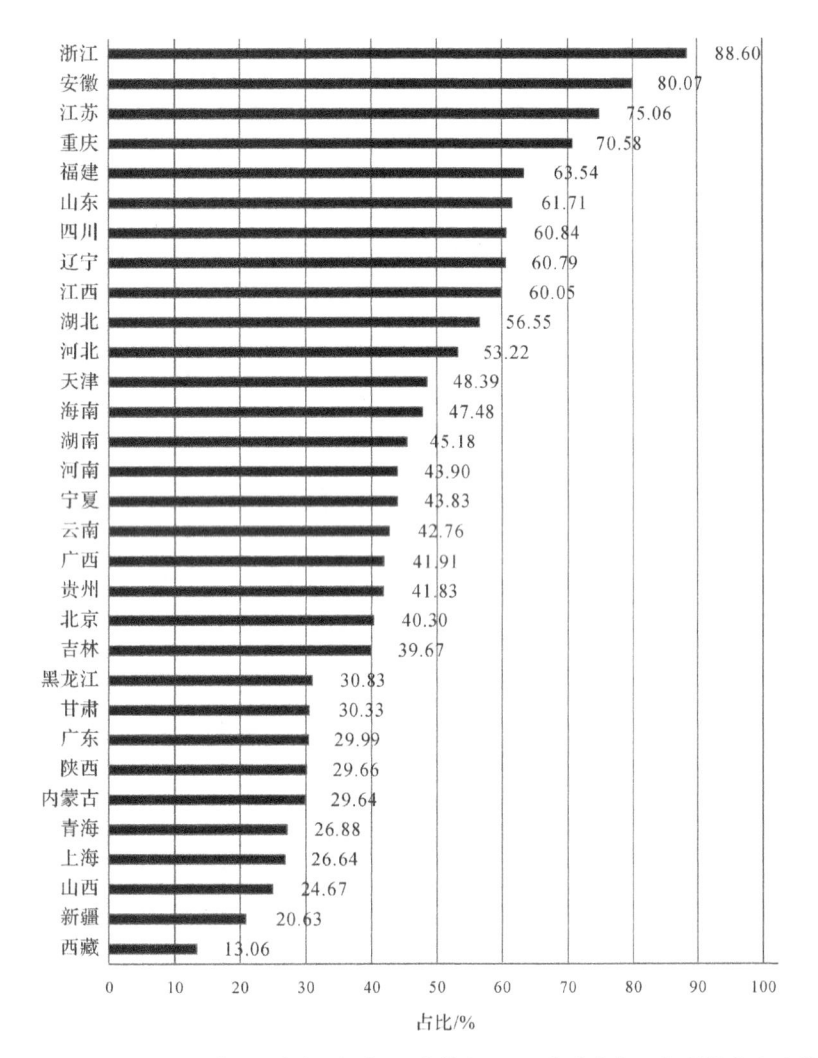

图 1-11　1999—2014 年 31 个省（自治区、直辖市）土地出让金与一般预算收入比值

资料来源：中华人民共和国国土资源部. 中国国土资源统计年鉴（1999—2014）[M]. 北京：地质出版社，1999—2014.

（三）各级政府土地直接税收和间接税收

1. 全国层面的土地直接税收

除土地出让金之外，土地财政亦会替政府带来土地税收。一般来说，土地直接税收涉及五个税种，包括房产税、城镇土地使用税、土地增值税、耕地占用税以及契税。表 1-5 展现了 1999—2016 年 17 年间全国的土地直接税收及其与地方一般公共预算收入的比重。1999 年，土地直接税收仅为 378.22 亿元，

2016 年,土地直接税收达 15018.00 万亿,占地方财政一般公共预算收入的比重也从 1999 年的 6.76% 上涨到 2016 年的 17.22%,地方财政对土地直接税收的依赖程度不断加深,具体见图 1-12。其中,契税和土地增值税是土地直接税收的主力军,两者在 2016 年都超过了 4000.00 亿元,占土地直接税收的 60.00% 左右。

表 1-5 1999—2016 年全国土地直接税收及占地方一般公共预算收入比重

年份	房产税/亿元	城镇土地使用税/亿元	土地增值税/亿元	耕地占用税/亿元	契税/亿元	总计:土地直接税收/亿元	土地直接税收与地方一般公共预算收入之比/%
1999	183.36	59.06	6.81	33.03	95.96	378.22	6.76
2000	209.38	64.76	8.39	35.32	131.08	448.93	7.01
2001	228.42	66.15	10.33	38.33	157.08	500.31	6.41
2002	282.38	76.83	20.51	57.34	239.07	676.13	7.94
2003	323.86	91.57	37.28	89.90	358.05	900.66	9.14
2004	366.32	106.23	75.04	120.09	540.10	1207.78	10.16
2005	435.96	137.34	140.31	141.85	735.14	1590.60	10.53
2006	514.85	176.81	231.47	171.12	867.67	1961.92	10.72
2007	575.46	385.49	403.10	185.04	1206.25	2755.34	11.69
2008	680.34	816.90	537.43	314.41	1307.54	3656.62	12.76
2009	803.66	920.98	719.56	633.07	1735.05	4812.32	14.76
2010	894.07	1004.01	1278.29	888.64	2464.85	6529.86	16.08
2011	1102.39	1222.26	2062.61	1075.46	2765.73	8228.45	15.66
2012	1372.49	1541.71	2719.06	1620.71	2874.01	10127.98	16.58
2013	1581.50	1718.77	3293.91	1808.23	3844.02	12246.43	17.75
2014	1851.64	1992.62	3914.68	2059.05	4000.70	13818.69	18.21
2015	2050.90	2142.04	3832.18	2097.21	3898.55	14020.88	16.89
2016	2221.00	2256.00	4212.00	2029.00	4300.00	15018.00	17.22

资料来源:中华人民共和国国土资源部.中国国土资源统计年鉴(1999—2016)[M].北京:地质出版社,1999—2016.

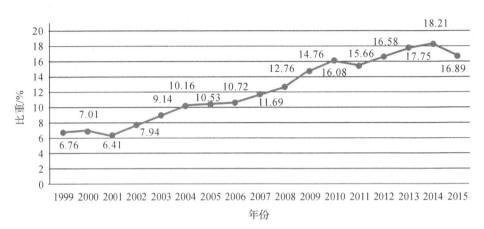

图 1-12　1999—2015 年土地直接税收与地方财政一般预算收入比重

资料来源:中华人民共和国国土资源部.中国国土资源统计年鉴(1999—2015)[M].
北京:地质出版社,1999—2015.

2.省级层面的土地直接税收排行

土地出让收入和土地直接税收的规模与各省级行政单位的经济水平和房地产市场发展程度息息相关,所以土地出让收入和土地直接税收的相关性也很高,相对来说,土地出让收入高的省级行政单位,土地直接税收总量也较高,直接税收的规模排序较出让收入的排序并没有明显的变动。图 1-13 呈现了中国31 个省份 1999—2014 年间土地直接税收总和的排序。

图 1-14 则是中国 31 个省份 1999—2014 年间土地直接税收占地方一般公共预算收入比重的排序。而相较于土地出让收入与一般公共预算收入比值,各省土地直接税收占一般公共预算收入的比重差异较小,总体在 10.00%～20.00%之间。其中,海南省由于房地产市场较为活跃,因此地方财政对土地直接税收的依赖性较强,土地直接税收占一般公共预算收入比重高达 22.70%。

3.各级政府土地间接税收

除土地直接税收外,土地间接税收亦为土地财政很重要的一部分。土地间接税收为建筑业和房地产业交纳的营业税和企业所得税中地方分享的部分,2001 年之前,企业所得税归地方所有。2002 年,企业所得税按照中央地方各50.00%的比例分成。2003 年及以后,中央和地方的分成比例为 60.00%和40.00%。表 1-6 显示了 2001—2014 年的土地间接税收的规模。其中地方分享的企业所得税即按照前述比例计算得出。由表 1-6 可知,近些年来,仅这两项税收收入就占到地方财政一般公共预算收入的 15.00%左右,由此可见,房地产业和建筑业为地方土地财政的主要财源。

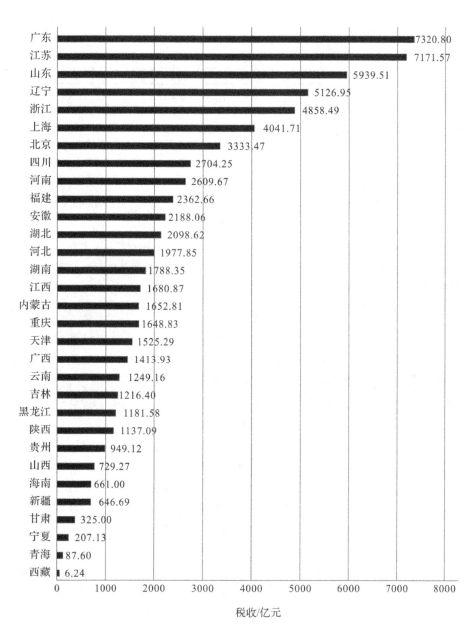

图 1-13　1999—2014 年 31 个省(自治区、直辖市)土地直接税收总计

资料来源:中华人民共和国国土资源部. 中国国土资源统计年鉴(1999—2014)

[M].北京:地质出版社,1999—2014.

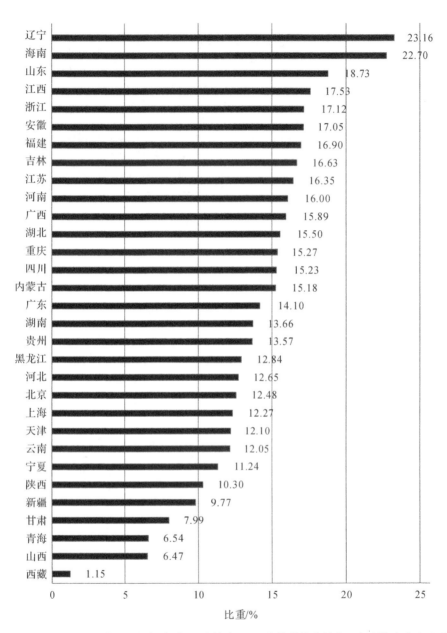

图 1-14 1999—2014 年 31 个省(自治区、直辖市)土地直接税收总量占一般预算内收入比重
资料来源:中华人民共和国国土资源部.中国国土资源统计年鉴(1999—2014)[M].
北京:地质出版社,1999—2014.

表 1-6　2001—2014 年土地间接税收

年份	建筑业和房地产业营业税/亿元	地方分享的建筑业和房地产业企业所得税/亿元	总计/亿元	占一般公共预算收入比重/%
2001	686.37	182.26	868.63	11.13
2002	933.01	70.63	1003.64	11.79
2003	1286.84	117.53	1404.36	14.26
2004	1632.33	153.34	1785.67	15.01
2005	1984.94	275.55	2260.48	14.97
2006	2470.67	361.54	2832.21	15.47
2007	3203.25	542.65	3745.90	15.89
2008	3265.12	658.10	3923.22	13.69
2009	4290.49	677.69	4968.18	15.24
2010	5567.83	993.86	6561.69	16.16
2011	6692.64	1251.34	7943.98	15.12
2012	7594.95	1367.24	8962.19	14.67
2013	9420.59	1669.72	11090.31	16.07
2014	10174.16	1776.42	11950.59	15.75

资料来源:国家税务总局. 中国税务年鉴(2001—2014)[M]. 北京:中国税务出版社,2001—2014.

(四)各级政府土地抵押贷款

1. 全国层面土地抵押贷款

2007 年,中国人民银行、财政部和国土资源部联合发布《土地储备管理办法》,确认土地储备机构能够以担保方式向金融机构申请贷款。给地方政府以未来的土地出让收入为担保进行贷款奠定了制度基础。此后,土地贷款迅速增长,形成了与土地高度联系的资金链:即土地开发依靠土地抵押贷款,贷款偿还依靠土地收益。土地收益被视为重要担保物或最终还款来源。

表 1-7 和图 1-15 呈现了 2009—2015 年中国 84 个重点城市的土地抵押贷款规模、增速及占地方一般公共预算收入的比重。据国土资源部统计,截至2015 年,84 个重点城市的土地抵押贷款总额达 11.33 万亿,是地方财政一般预

算收入的 1.36 倍。可见中国土地融资规模之大。不过如图 1-15 所示,土地抵押贷款规模的增速总体呈现下降的趋势,2015 年 84 个重点城市的土地抵押贷款增速约为 19.00%。

表 1-7　2009—2015 年 84 个重点城市土地抵押贷款规模

年份	土地抵押贷款/万亿	地方财政一般预算收入/万亿	土地抵押贷款与地方一般预算收入比值/%
2009	2.59	3.26	79.44
2010	3.53	4.06	86.92
2011	4.80	5.25	91.35
2012	5.95	6.11	97.42
2013	7.76	6.90	112.45
2014	9.51	7.59	125.34
2015	11.33	8.30	136.50

资料来源:2009—2015 年国土资源公报(中华人民共和国自然资源部网站:www.mlr. gov.cn)。

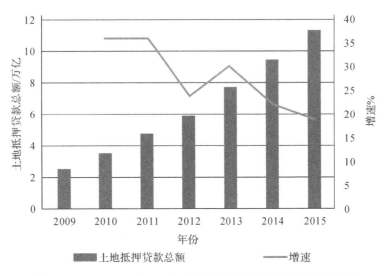

图 1-15　2009—2015 年 84 个重点城市土地抵押贷款规模及增速

资料来源:2009—2015 年国土资源公报(中华人民共和国自然资源部网站:www.mlr.gov.cn)。

前述土地抵押贷款的债务人不仅包括地方政府,还包括企业等主体。对于地方政府土地抵押贷款的准确数额,可查数据仅精确到 2010 年。据审计署 2011 年 6 月 27 日发布的《全国地方政府性债务审计结果》,截至 2010 年底,地方政府承诺用土地出让收入作为偿债来源的债务余额为 2.55 万亿元,共涉及 12 个省级、307 个市级和 1131 个县级政府。任泽平和宋双杰[6]对中国近年的土地融资规模进行了估算。截至 2013 年 6 月,地方融资平台在银行贷款、债权融资、信托融资三方面的债务总和估计为 14.52 万亿元,央行发布的《2010 年中国区域金融运行报告》表示,土地使用权抵押的贷款占比超过 20%。按此比例与土地使用权相关的债务总规模达到 2.94 万亿元。估计,到 2014 年地方债务总和为 17.30 万亿元,2015 年地方债务总和为 18.40 万亿元,土地融资规模分别为 3.46 万亿元和 3.68 万亿元。高企的土地抵押贷款可以说是悬在地方政府头上的一把"达摩克利斯之剑",一方面,为了偿还土地贷款,地方政府不得不更加依赖土地出让收入,抬高地价,导致地王频出,另一方面,伴随着土地抵押贷款规模的不断增加,面对占毛收入 80.00% 的土地出让成本性支出和占净收入 45.00% 的刚性计提基金,地方政府实际可支配的土地出让收益甚至难以覆盖债务利息支出,土地抵押贷款的风险陡增。

2. 省级层面土地抵押贷款排行

2014 年 1 月 23 日起,中国各省、自治区、直辖市的审计厅(局)陆续公布了各省级政府性债务审计结果。当年,《中国经济周刊》、中国经济研究院根据公布的地方债务审计结果,联合研究并发布了中国 23 个省份《土地财政依赖度排名报告》①,如表 1-8 所示。《土地财政依赖度排名报告》显示,从"承诺以土地出让收入偿还债务总额"的绝对值来看,23 个省(自治区、直辖市)中,北京、浙江和上海三地需要依靠土地收入来偿债的债务规模排在前三名,分别是 3601.27 亿元、2739.44 亿元和 2222.65 亿元;土地偿债规模最小的是吉林、山西和甘肃,分别是 586.16 亿元、268.94 亿元和 206.54 亿元。从"土地偿债在政府负有偿还责任债务中占比"来看,排名前三为浙江、天津和福建,分别是 66.27%、64.56% 和 57.13%;排名后三的则为甘肃、河北和山西,分别为 22.40%、22.13% 和 20.67%。表 1-8 显示,即使在土地偿债依赖度较小的省(自治区、直辖市),也至少有 1/5 的债务要靠土地出让收入偿还。

---

① 见 http://finance.qq.com/a/20140414/018061.htm。

图书在版编目(CIP)数据

土地财政四论 / 蔡璧涵等著. —杭州:浙江大学
出版社,2018.8
ISBN 978-7-308-18270-6

Ⅰ.①土… Ⅱ.①蔡… Ⅲ.①土地制度—财政制度—
研究—中国 Ⅳ.①F321.1

中国版本图书馆 CIP 数据核字(2018)第 114535 号

土地财政四论

蔡璧涵　周夏飞　朱秀君　朱柏铭 著

责任编辑	曾　熙
责任校对	高士吟
封面设计	春天书装
出版发行	浙江大学出版社
	(杭州市天目山路 148 号　邮政编码 310007)
	(网址:http://www.zjupress.com)
排　　版	杭州中大图文设计有限公司
印　　刷	虎彩印艺股份有限公司
开　　本	710mm×1000mm　1/16
印　　张	18
字　　数	350 千
版 印 次	2018 年 8 月第 1 版　2018 年 8 月第 1 次印刷
书　　号	ISBN 978-7-308-18270-6
定　　价	49.00 元

本书受"浙江大学不动产投资研究中心"资助
衷心感谢张坚董事长和叶宏伟博士！

FOUR ESSAYS ON
LAND FINANCE

土地财政四论

蔡璧涵　周夏飞　朱秀君　朱柏铭 /著

ZHEJIANG UNIVERSITY PRESS
浙江大学出版社

目　录

中,土地财政行为亟待修正;土地财政风险水平经历了先升后降的过程,表明近年来国家对于土地财政管控效果的释放,而"土地融资"债务风险成为当前最严重的风险;未来一个时期内,工程性公共产品供给难以摆脱对土地出让金的路径依赖,"房地产税"与土地出让金不是替代关系,对于土地资源、地产收益和房产收益,政府应采用不同手段进行调节。

著者

2018 年 2 月

给与需求的桥梁,本质上,亦为一种"寓征于价"的隐蔽税;从土地出让金收支运行的结果看,对相关主体具有"帕累托改进"效应。短期内工程性公共产品的供给难以摆脱对土地出让金的路径依赖,政府即便开征"房地产税",税收收入也替代不了土地出让金。作者建议未来在"租售并举"的背景下,政府应对土地出让制度和土地出让金分配制度做重大调整,对于土地资源、地产收益和房产收益,亦应采用不同手段进行调节。

本书的主要创新点表现为以下三个方面。

第一,研究视角创新。从政府激励行为研究土地财政的形成机理、从工业企业发展剖析土地财政的负面影响、从风险评估研究土地财政的综合效应、从公共产品补偿机制探究土地财政的性质定位,全书构建了土地财政的制度成因—负面影响—综合风险—性质定位的逻辑框架,视角独到新颖。

第二,研究方法创新。首先,注重理论机制的分析挖掘。如通过建立局部均衡模型考察地方政府投资决策的博弈过程,为理解土地财政与地方政府财政支出关系提供了理论机制的支撑;从房地产业挤占工业企业内部资金、金融体系长期信贷资金和地方政府财政资金角度探究土地财政对工业企业发展效应的影响机制;梳理了土地财政收入风险、土地财政支出风险和"土地融资"债务风险共同影响土地财政风险的机制;从工程性公共产品成本补偿的理论分析,挖掘土地出让金与公共产品关联关系的机制。其次,广泛运用大样本量的实证分析。如利用了 2009—2014 年的 101 个地市级城市数据,对工业用地地价和政府财政支出进行了分析;使用 2003—2012 年的 283 个地级市的面板数据对土地财政和政府政治周期的关系进行了分析;采用 2000—2013 年省级面板数据分析了土地财政与工业化水平的关系;以 2007—2014 年我国 A 股上市工业企业为样本,分析了土地财政与工业企业经营效率及创新水平的关系;采用 2005—2014 年我国地级市的面板数据对土地出让金与公共产品供给的关系进行了分析;采用 2006—2015 年全国和浙江省的数据对土地财政风险水平进行了测评。最后,善于用质疑的思路分析。如地价越高的省市,地方政府土地财政的依赖程度肯定越高吗? 土地出让金是地价、租金、税收或其他? 房地产税是否能替代土地出让金? 在质疑的分析中产生了富有创新意义的结论。

第三,研究结论创新。如地价水平最高的北京市、上海市和广东省,地方政府对经营土地的收入依赖性较小,这一发现为重新审视各地方政府财政收入结构的合理程度提供了借鉴;土地出让方式的操纵性行为与地方官员的政治周期紧密相关,这一发现为研究政治激励与地方政府土地出让行为提供了新的视角;土地财政扭曲了产业结构,引发了"早熟的去工业化"现象,有损工业企业的经营效率,不利于工业企业的创新和转型升级,因此在转变经济发展模式过程

前　言

近 20 年来,地方政府财政对土地出让收入的依赖受到了社会各界的广泛关注。土地财政这一"中国特色现象",既有积极效应,也隐藏着危机。本书从政府激励行为、工业企业发展、风险评估、公共产品补偿机制等四个不同角度切入,全方位研究中国的土地财政问题。

中国的地方政府对土地财政高度依赖,形势十分严峻,这背后的逻辑与地方政府的激励行为不无关系。因此,本书第一篇先试图从地方政府激励行为的角度,分析中国地方政府的土地财政现状和成因,考察和比较各省级政府对土地财政的依赖程度。作者发现,无论是理论模型或是实证分析均显示,地方政府的财政政策和土地财政息息相关,地方政府激励方式的改变亦导致土地出让政策产生周期性的变化。

地方政府的激励行为除对其土地出让政策有所影响之外,也影响了当地工业企业的发展,第二篇即从地区工业化水平、工业企业经营效率及工业企业创新能力的角度切入,探讨土地财政对工业企业发展的影响。由于发展房地产业的收益高于发展工业,使得地方政府偏好以房地产业作为地方的经济支撑,从而对工业产生了挤出效应,导致工业化水平下降。从短期发展效应来看,土地财政有损工业企业经营效率;而从长期发展效应来看,土地财政削弱了工业企业的创新水平。作者认为,在中国面临转变经济发展模式的过程中,土地财政行为亟待修正。

土地财政除了不利于工业企业的发展与创新之外,还面临许多问题与风险,第三篇即运用文献查阅、实地调查和统计分析等方法进行风险识别和传导路径分析,计算历年土地财政风险评估值,旨在提出化解风险的对策建议,助力土地财政进一步的健康运行。作者研究发现,预算制度的缺失和监管不力,以及支出结构安排的随意性,使得土地财政面临了支出风险。随着偿付期的密集到来,"土地融资"债务风险将成为当前最严重的危机。作者认为,新预算法的及时出台,也许能有效地缓解当前的债务风险。

最后一篇从工程性公共产品成本补偿机制的角度解释土地财政的本质。从发展历程来看,伴随城市化进程的加快,土地出让金成为工程性公共产品供化水平。

朱秀君副教授多年来从事产业经济和税收筹划的教学和研究。她负责的项目研究土地财政的风险。围绕土地财政的收入、支出及融资债务等论题，通过构建风险测评指标体系、采用熵权法确定指标权重，计算出了历年土地财政风险评估值。测评结果表明，土地财政风险水平经历了先"升"后"降"的过程，随着偿付期的密集到来，"土地融资"债务风险成为当前最严重的风险，新《预算法》的及时出台，有效地缓解了当前的债务风险。

朱柏铭教授长期从事公共财政、公共经济的教学和研究。他负责的项目站在工程性公共产品的角度分析论证土地出让金，认为土地出让金是一种独特的公共产品成本补偿机制，正是土地出让金架起了城市化进程中工程性公共产品供给与需求的桥梁。从本质上看，土地出让金是一种"寓征于价"的隐蔽税，而且以土地出让金补偿工程性公共产品的供给成本具有"帕累托改进"效应。未来一个时期内，工程性公共产品供给仍难以摆脱对土地出让金的路径依赖，"房地产税"与土地出让金不是替代关系，但是，在"租售并举"背景下，土地出让制度和土地出让金分配制度要做重大调整。

四位教师的研究各有侧重，也各有自己的风格。但是，有一点是共同的，他们都从不同角度对土地财政作了一个回顾性总结，在此基础上，对土地财政的未来发展趋势作了展望，并提出相关的政策建议。与理论界已有的关于土地财政问题的研究成果相比较，本书最明显的独特之处在于坚持客观性原则，四位作者秉承实事求是的原则，站在区域治理、产业结构、风险测评、公共产品供给等角度，运用文献查阅、实地调查和统计分析等方法进行研究，研究态度的客观性，加之研究方法的先进性，使得研究结论有充分的理论依据和事实根据作支撑，从而增强了说服力。

土地财政是一个涉及面广、影响因素多的复杂问题，课题的研究难度相当大。他们在较短的时间内能取得这样的成果，实属不易。尽管研究成果不可能臻于完美，但是，本书的出版，无疑能进一步推动人们对于土地财政更深刻的认识。

史晋川
2018 年 1 月

（史晋川系浙江大学经济学院教授、博士生导师，浙江大学金融研究院院长，浙江大学不动产投资研究中心主任，国家级哲学社会科学领军人才。）

序

    2011 年 3 月 8 日,浙江大学不动产投资研究中心成立,我担任中心主任。中心由浙江大学经济学院、公共管理学院和建筑工程学院的相关专业研究人员组成,以研究不动产投资管理为主,同时涉及不动产规划管理、不动产环境评价、不动产法律等方面的研究。校友张坚董事长、经济学院教师叶宏伟博士等出资 1200 万元设立了浙江大学不动产研究基金,支持中心的课题研究。多年来,中心充分整合利用现有各种资源,面向全校师生支持各类不动产问题的研究,取得了较大的成效,也产生了较大的影响。

    2016 年,不动产投资研究中心对教师项目的资助锁定在土地财政领域,有意让教师们从不同角度就同一个论题进行研究。众所周知,我国于 1998 年全面停止住房实物分配,实行住房分配货币化。从 2002 年 7 月 1 日起,所有经营性开发的项目用地都通过招标、拍卖或挂牌方式进行公开交易。于是,地方政府不仅获得了大量的土地出让收入和房地产税收,而且通过土地抵押获得巨额的贷款,由此形成了引人注目的土地财政现象。自 2013 年起,随着经济增速的放缓以及房地产市场调控的加强,土地财政规模有所回落。有人据此认为,土地财政已经到了淡出历史舞台的时候。在这样的背景下,对"土地财政"问题做专门的研究显得特别有意义。

    承担这个课题的四位教师都来自经济学院财政学系,经过一年多的辛勤努力,他们的研究成果终于问世了。

    蔡璧涵老师在美国完成硕士和博士阶段的学业后到浙大任教,专门从事公共选择理论的教学和研究。她负责的项目侧重研究土地财政和地方政府激励的关系,着重讨论地方政府财政支出和政治周期对土地出让行为的影响,认为地方政府对土地财政的高度依赖,其背后的逻辑无一不与地方政府的激励行为密切相关。

    周夏飞副教授多年来从事企业财务问题的教学和研究。她负责的项目侧重研究土地财政对工业企业发展的影响,认为当发展房地产业的收益率远远超过工业的收益率时,地方政府更愿意以房地产业作为经济的支撑,这样就对工业产生了挤出效应。土地财政引导资源从工业向房地产业转移,从而降低工业

1

表 1-8　部分省(自治区、直辖市)土地偿债规模及比重排行榜(截至 2012 年)

省份	统计口径(承诺以土地出让收入为偿债来源的各级政府)	土地偿债规模/亿元	土地偿债规模排名	土地偿债在政府负责偿还责任债务中的占比/%	占比排名
浙江	省、市、县政府	2739.44	2	66.27	1
天津	市政府	1401.85	10	64.56	2
福建	省级、8 个市本级、67 个县级政府	1065.09	11	57.13	3
海南	省级、2 个市级、12 个县级政府	519.54	20	54.74	4
重庆	市本级及 36 个区县政府	1659.81	8	50.89	5
北京	市本级、14 个区县政府	3601.27	1	50.00～60.00	6
江西	11 个市级、90 个县级政府	1022.06	12	46.72	7
上海	市级和 16 个区县	2222.65	3	44.06	8
湖北	13 个市级、72 个县级政府	1762.17	6	42.99	9
四川	18 个市级、111 个县级政府	2125.65	4	40.00	10
辽宁	13 个市级、49 个县级政府	1983.20	5	38.91	11
广西	自治区、市、县	739.40	16	38.09	12
山东	14 个市本级、81 个县本级政府	1437.34	9	37.84	13
江苏	13 个市级、73 个县级	—①	—	37.48	14
安徽	16 个市级、76 个县级政府	901.99	14	36.21	15
黑龙江	8 个市级、18 个县级	652.88	17	36.10	16
湖南	14 个市级、96 个县级	942.42	13	30.87	17
广东	19 个市级、63 个县级政府	1670.95	7	26.99	18
陕西	10 个市级、32 个县级政府	631.86	18	26.73	19
吉林	6 个市级、18 个县级政府	586.16	19	22.99	20
甘肃	10 个市级、28 个县级政府	206.54	22	22.40	21
河北	11 个市级、59 个县级政府	795.52	15	22.13	22
山西	6 个市级、10 个县级	268.94	21	20.67	23

注:①江苏省未公布偿债规模。

资料来源:刘德炳:哪个省更依赖土地财政? [J].中国经济周刊,2014(14):20-23.

(五)各级政府土地财政结构

1.全国层面土地财政结构

对地方政府来说,土地要素有限,土地出让金又是一次性的收入,通过出让土地获得的收益并不具有持续性。而土地直接税收能够在土地或者房屋流转过程中持续的征收,具有稳定性和调整土地利用方向、抑制投机的功能。从监管的角度来讲,土地税收属于地方财政一般公共预算收入,土地出让金则属于政府性基金收入,前者的规范性、正规性和透明性程度高于后者。但中国的土地财政却存在明显的结构上的偏离,土地出让收入的规模远大于土地税收。表1-9和图1-16呈现了1999—2015年土地出让收入与土地直接税收的比值。从1999—2003年,随着城市住房市场化改革的推进,土地出让收入与土地直接税收的比值持续提升,2003年,土地出让合同价款一度达到土地直接税收的6倍。2003年以后,随着土地税收征收的规范与加强,土地出让合同价款与土地直接税收的比值呈现波动下降的趋势。2015年,土地出让合同价款是土地直接税收的2.12倍。这显示出中国土地财政结构上的问题,过度依赖土地出让金,具有稳定持续性的土地税收却偏低。

表1-9 1999—2015年土地出让合同价款和土地直接税收的比值

年份	全国土地出让合同价款/亿元	土地直接税收/亿元	全国土地出让合同价款与土地直接税收之比/%
1999	514.33	378.22	135.99
2000	595.58	448.93	132.67
2001	1295.89	500.31	259.02
2002	2416.79	676.13	357.44
2003	5421.31	900.66	601.93
2004	6412.18	1207.78	530.91
2005	5883.82	1590.60	369.91
2006	8077.64	1961.92	411.72
2007	12216.72	2755.34	443.38
2008	10259.80	3656.62	280.58
2009	17179.53	4812.32	356.99
2010	27464.48	6529.86	420.60
2011	32126.08	8228.45	390.43

续表

年份	全国土地出让合同 价款/亿元	土地直接 税收/亿元	全国土地出让合同价款与 土地直接税收之比/％
2012	28042.28	10127.98	276.88
2013	43745.30	12246.43	357.21
2014	34377.37	13818.69	248.77
2015	29800.00	14020.88	212.54

资料来源:中华人民共和国国土资源部.中国国土资源统计年鉴(1999—2015)[M].北京:地质出版社,1999—2015.

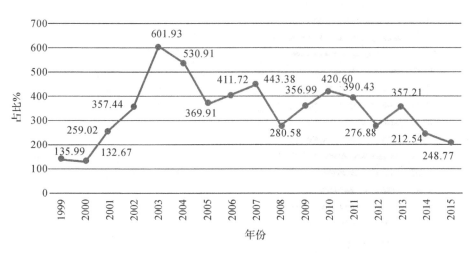

图 1-16　1999—2015 年全国土地出让合同价款与土地直接税收比值

资料来源:中华人民共和国国土资源部.中国国土资源统计年鉴(1999—2015)[M].北京:地质出版社,1999—2015.

2.省级层面土地财政结构排行

分省来看,土地偏离程度最高的为西藏,由于西藏房地产市场很不发达,土地直接税收中房产税、城镇土地使用税、耕地占用税和契税近乎为 0,因此,西藏的土地出让收入和土地直接税收收入比值明显超过其他省(自治区、直辖市)。除西藏之外,土地财政偏离程度最严重的省(自治区、直辖市)分别是浙江、安徽、重庆、江苏、河北、青海、天津和四川。东部和中西部省(自治区、直辖市)各半,这些省(自治区、直辖市)的土地出让收入是土地直接税收的 4 倍以上。主要三大省级行政区北京、上海和广东,土地财政偏离程度相对较小,比值分别为 3.23、2.17 和 2.13。图 1-17 呈现了中国 31 个省(自治区、直辖市)的土

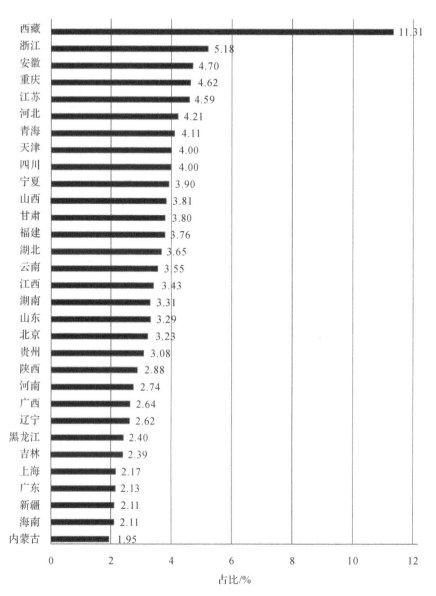

图 1-17 1999—2014 年 31 个省（自治区、直辖市）土地出让收入与土地直接税收比值
资料来源：中华人民共和国国土资源部. 中国国土资源统计年鉴（1999—2014）
[M].北京：地质出版社，1999—2014.

地出让收入与土地直接税收比值及排序。

（六）研究的主要结论

本节从土地出让收入、土地直接税收、土地间接税收、土地抵押贷款的绝对和相对规模等多个角度,对各地方政府土地财政的依赖程度进行了全面的分析,主要结论如下。

从全国层面来看,首先,中国的土地出让收入规模庞大,约为地方一般公共预算收入的 50.00%,土地出让收入对地方财政意义重大。但是 2013 年以来,随着经济增速放缓、土地市场需求下降,以及土地供应结构调整等原因,中国的土地出让收入规模开始下降。其次,虽然土地出让收入规模庞大,但是土地出让的成本性支出比重却高达 80.00% 左右,地方政府在经营土地过程中获得的土地出让净收益并不高,仅为土地出让收入的 20.00% 左右。再者,土地直接税收在地方一般公共预算收入中的比重逐步提升,2016 年约为 17.00%。土地间接税收则保持在 15.00% 左右的水平。而土地抵押贷款的官方公开数据为 2010 年的 2.55 万亿元,任泽平和宋双杰[6]估计 2014 年和 2015 年的土地抵押贷款规模为 3.50 万亿元左右。在土地抵押贷款的风险不断增加的同时,地方政府不得不持续推高地价水平,也导致房价的居高不下。总的来说,中国的土地财政存在明显的结构上的偏离,土地出让收入的规模远大于土地税收。

从各省级行政区情况来看,虽然北京、上海和广东的地价水平位居全国前列,土地出让收入、土地直接税收、土地间接税收和土地抵押贷款的绝对值排名非常靠前,但是相对值,即土地出让收入、土地直接税收与地方一般公共预算收入的比值均较为靠后,土地财政的结构偏离程度也相对较小。背后的原因可能是,作为中国经济水平最为发达的三个地区,北上广的产业结构更为多元,地方政府的收入结构较为多元,也更为合理,地方政府对经营土地的收入依赖性更小。

较为出乎意料的是浙江省,土地出让收入是一般公共预算收入的 88.60%,排名全国第一。土地直接税收是一般公共预算收入的 17.12%,排名全国第五。土地抵押贷款占地方政府债务比重 66.27%,排名全国第一。土地财政结构偏离程度,排名第一(除西藏外),土地出让收入是土地直接税收收入的 5.18 倍。浙江省堪称全国最为依赖土地财政的省级行政区,对土地财政依赖程度非常高。背后的原因可能在于,首先,浙江省本身是中国房地产业最为发达的省份之一,房地产业占全省产业结构比重高,造成土地出让收入占比较高;其次,浙江省的土地房产相关税收还不完善,导致土地财政结构的偏离;第三,北京、上海和广东的基本建设相对较为完善,而浙江省的基本建设投资空间较前三者更大,因此地方政府迫切地需要土地出让收入、土地抵押贷款用于城市基建。

但近年来,《中国房地产报》指出,随着房地产市场的分化调整,除一线城市及部分二线城市外,大部分地区房地产市场面临着较大的运行压力,商品房及土地市场成交情况均不甚理想,房地产税收收入亦相应下降,这使得地方土地财政依赖度未来可能被迫降温,走向较稳定且价格合理的房产市场。

四、土地财政与地方政府财政支出研究 [①]

(一)问题的提出

土地财政是中国特有的经济现象。中国地方政府通过出售用于工业、商业和住宅用途的土地使用权益,来获得财政收入。自 1994 年分税制改革后,地方政府开始逐渐依赖于土地财政。这是因为,在税制改革后,来自中央政府的转移支付相对减少,而地方政府需要承担的支出事项却日益增加。因而,不与中央政府共享的预算外收入已成为地方政府的主要收入来源[27]。出于财政方面的动机,地方政府需要获得预算外收入,来解决辖区内的财政预算问题,Li[28]和 Xie 等[29]的研究,讨地方政府通过私人谈判,将土地使用权出让给房地产开发商的过程中,地方官员存在的寻租机会等。Li 和 Kung[30],Kung 和 Chen[31]亦发现,地方政府用于住宅和商业用途的土地使用权出让金是攫取预算外收入的主要来源。根据国土资源部的统计,在 2010 年,土地出让金收入与地方财政预算收入的比例为 0.68,而在 2000 年前,这一比例远低于 0.10,显示地方政府对于土地财政的依赖在近几年快速增加。中国土地财政的重大影响也已经引起了学术界的高度关注,一部分学者开始探讨政府财政收支能力与商业用地的相关性,主要文章关注于房地产市场[5,32,33,34],他们普遍认为地方政府的财政激励是推动房价上涨的重要因素。此外,同前所述,土地财政的来源被认为与政绩考核与地方官员的竞争相关,因此,另一部分学者则关注于探讨晋升激励和工业用地之间的相关性,他们认为,通过为企业提供土地,特别是工业用地,可以刺激当地经济发展,好的经济发展则能为地方官员提高未来晋升的机会[21,31,35,36,37]。这就激励了地方政府压低土地出让费来吸引更多的企业进驻和投资的行为。

本篇研究则着重于探讨第二个问题,政府工业用地出让和地方政府激励的关联性。从前述可知,土地出让与地方政府在升迁方面激励的关联,已有许多文献探讨,因此,本文偏重于探讨工业用地出让和地方政府公共财政激励的相关性,尤其着重于地方政府的财政支出。除了促进地方经济发展之外,财政需求是否为地方政府出让工业用地的激励呢?首先,我们需要先了解地方政府财政支出和土地出让金之间的关联,两者的关联由图 1-18 表示。

---

① 此篇章共同参与人为河南大学蒋村逢老师和南京审计大学黄千祐老师。同时感谢研究助理潘治东。

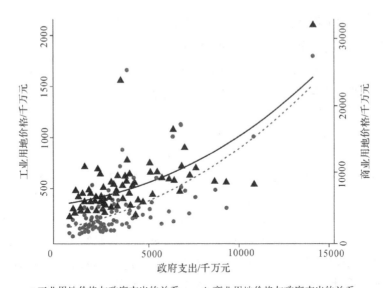

● 工业用地价格与政府支出的关系　　▲ 商业用地价格与政府支出的关系

图 1-18　101 个地级市的工、商业用地价格与政府支出的关系（2009—2014）

资料来源：中华人民共和国国土资源部. 中国国土资源统计年鉴（2009—2014）[M]. 北京：地质出版社，2009—2014.

　　图 1-18 采用 2009—2014 年 101 个地级市的数据，横轴为地方政府的财政支出，纵轴为地方政府的工业和商业用地土地出让费用（以下称为土地价格），而实线表商业土地出让，虚线则表工业土地出让。如图 1-18 所示，虽然商业用地的地价比工业用地的地价高出许多，但是两者均与地方政府的财政支出呈现正相关。除此之外，如将异常值排除在外，这些拟合曲线将是近似线性的。显示地方政府为了地方财政需求，而有出让地方工业土地的激励，而这背后机制为何？此种正相关性质为本篇研究的动机。

　　本篇的目的着重于探讨地方政府支出与工业地价的相关性。首先，先构建一个简单的模型来解释相关性背后的可能机制。模型刻画了地方公共财政的特性，即地方政府是具有垄断地位的土地供给者，并致力于极大化经济绩效，以求极大化其升迁机会。此模型中，我们亦考虑土地的购置成本，收购土地的成本在土地财政中发挥着重要的作用，但是由于数据不可得，使得土地成本在目前的文献中很少被提及，因此，此为本文一重要突破点。而模型也显示土地的购置成本是土地价格和财政支出的决定因素。此外，当政府支出对企业生产力扮演一重要的角色时，土地购置成本的增加会同时导致土地价格和政府支出的增加，这也就解释了图 1-18 所存在的政府支出和地价之间的正相关关系。更进一步的，我们也使用实证的估计结果来证明理论模型，实证结果显示当控制其他变量时,政府财政支出和土地价格仍存在着正相关性。

(二)土地财政和政府支出的理论模型

为了考察土地财政和政府支出的关系,我们构建了一个简单的理论模型。在模型中,设定有两个参与者,一个代表性企业和一个地方政府。该企业的产出用柯布道格拉斯(C-D)生产函数来刻画,并且这里政府的总支出和土地都对企业的生产有贡献,具体形式如下:

$$y = G^{\beta} k^{1-\alpha} l^{\alpha} \tag{1}$$

其中,y, k, l 和 G 分别表示企业的产出、资本、土地和政府总支出。α 和 β 分别代表土地和政府支出占产出份额。乍看起来,该模型设定的生产函数是规模报酬递增的,这可能看起来是不符实际的。但是,实际上,当企业位于郊区或偏远地区时,交通和基础设施投资对于生产来说可能是非常重要的,因此,生产函数是规模报酬递增是符合现实状况的。假设企业选择 k 和 l 来最大化生产利润,而 r 和 P_l 分别是资本和土地的价格。为了简化起见,我们暂时不考虑资本市场,且 k 是固定的,为严格的正数。所以,我们可以求得企业生产一单位的产品对资本和土地的需求。假定 k^d 表企业对资本的需求,而 l^d 表企业对土地的需求,两者需求如下:

$$k^d = [(1-\alpha)G^{\beta}/r]^{\frac{1}{\alpha}} l, \tag{2}$$
$$l^d = [\alpha G^{\beta}/P_l]^{\frac{1}{1-\alpha}} k$$

除企业之外,另一个参与者是地方政府。很多研究中国政治经济学的学者,如 Li 和 Kung[30] 及 Xu[38] 都认为,由于地方官员的晋升激励,地方政府有动机去促进经济的发展。因此,地方政府的目的在寻求最大化地区生产总值(亦即地方经济发展),我们假定地方生产总值如下所示:

$$\text{GDP} = N \cdot y = N \cdot G^{\beta} k^{1-\alpha} l^{\alpha} \tag{3}$$

其中,GDP 是企业的总产出,N 为企业的数量。

在此,我们假定时间只有一期,因此,地方政府的预算应满足以下的均衡:

$$P_l N \cdot l - \mu N \cdot y - G = 0 \tag{4}$$

这里,μ 是地方政府的土地重置成本,假定每单位土地的成本是固定的,地方政府通过向企业出让土地使用权来获取财政收入,从而补偿土地的重置成本和提供公共产品。由于在中国,土地财政一重要的特征为地方政府是土地的垄断提供者,因此,地方政府会把企业对土地的需求式(2)纳入考虑范围,从而来设定提供土地的数量和价格。概而言之,地方政府的问题是选择 G, l 和 P_l 来最大化以下的拉格朗日函数:

$$L = N \cdot G^{\beta} k^{1-\alpha} l^{\alpha} + \varphi_1 [P_l N \cdot l - \mu N \cdot y - G] + \varphi_2 \left(\frac{\alpha G^{\beta} \frac{1}{1-\alpha}}{P_l} k - l \right)$$

其中，φ_1 和 φ_2 是拉格朗日乘子。

解出以上的拉格朗日函数，可求得地方政府土地数量和价格的均衡：

$$P_l^* = \frac{\alpha + \beta}{\alpha}\mu$$

$$G^* = \left[\frac{\beta}{\alpha}\left(\frac{1}{\alpha+\beta}\right)^{\frac{1}{1-\alpha}} Nk^* \mu^{\frac{-\alpha}{1-\alpha}}\right]^{\frac{1-\alpha}{1-\alpha-\beta}}$$

$$l^* = \left[\frac{\beta}{\alpha}\left(\frac{1}{\alpha+\beta}\right)^{\frac{1}{1-\alpha}} Nk^* \mu^{\frac{-\alpha}{1-\alpha}}\right]^{\frac{(1-\alpha)\beta}{1-\alpha-\beta}} \left(\frac{1}{\alpha+\beta}\right)^{\frac{1}{1-\alpha}} \mu^{\frac{-1}{1-\alpha}}k^*$$

首先，我们给定 μ 是正数，P_l^*、G^* 和 l^* 亦均为正数。上述的均衡解显示 P_l^* 和 G^* 都不依赖于彼此，而是受其他变量影响。它们的相关性主要是由 α、β 和 μ 所决定的。同时，可以证明的是，如果 $\beta > \alpha + 1$，随着 μ 的增加，P_l^* 和 G^* 同时也会增大。由此可见，这两者呈现正相关。然而，如果 $\beta < \alpha + 1$，随着 μ 的增加，P_l^* 将会增加，而 G^* 会减少，两者呈现负相关。图 1-19 描绘了当给定固定的 N 和 k^* 时，在此两种条件下，即 $\beta > \alpha + 1$ 和 $\beta < \alpha + 1$，随着 μ 的增加（数值假定从 5 到 6）将会呈现相反的相关性。意即，当 $\beta > \alpha + 1$ 时，政府支出和土地价格如图 1-19 的点线所显示，接近于线性的且呈现正相关，这和图 1-19 中显示的相关性相类似，这或许表明在当下的中国，$\beta > \alpha + 1$ 的条件是成立的。图 1-19 中的点画线则呈现出在 $\beta < \alpha + 1$ 条件下，政府支出和土地价格是呈现负相关性。

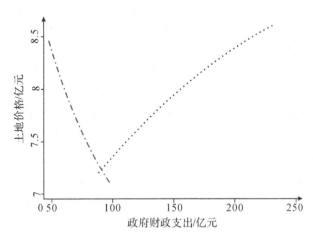

图 1-19 随着重置成本的增加（μ：5→6）土地价格和政府支出的理论相关性变化情况
注：$N = 100$，$k^* = 1$。点线：$\alpha = 0.8$，$\beta = 0.35$；点画线：$\alpha = 0.6$，$\beta = 0.25$。

此模型所揭示的经济学含义是,由于土地价格的构成包含$\frac{\alpha+\beta}{\alpha}$,代表土地价格取决于政府支出和土地对企业产出的相对重要性。当地方政府知道政府支出在企业产出的作用是非常重要(即 β 较大)时,它可能通过索取更高的土地价格,从而将土地重置成本转嫁给企业。另一方面,地方政府通过收取更多的土地出让金,可以提供更多的财政支出,从而来刺激经济的发展。而由于工业用地通常位于郊区或农村地区,地方政府必须为企业生产提供必要的基础设施和能源,而与公共投资相比,单个企业的私人资本投资是相对较小的。因此,当土地重要性相对较高,意即满足 $\beta>\alpha+1$ 的条件下,政府支出与工业地价会呈现正相关。

(三)土地财政和政府支出的经验证据

图 1-19 显示了地方政府支出与土地价格两者之间的关系。通过控制其他变量,此章节将进行实证分析来进一步检验这种相关性。本篇所用的数据来自2009—2014 年的《中国统计年鉴》和《中国城市统计年鉴》,研究的样本涵盖了2009—2014 年的 101 个地级市城市。由于地级市政府是土地定价和分配的基本单位,因此使用该地区层级数据。基础回归是线性的,计量模型设定如下:

$$y_{i,t} = \gamma x'_{i,t-1} + \varepsilon_{i,t} \tag{5}$$

其中,i 和 t 分别表示城市和年份。被解释变量 y 是价格,x 是一系列控制变量,包括政府支出及其滞后性,γ 为对应的系数,ε 是误差项。由于土地的重置成本不可观测,并且与其他变量的相关性较不明确的,因此,工具变量法是不适用的。而由于在回归中,根据模型,误差中的土地重置成本以相同的方向同时影响到土地价格和政府支出,所以可能存在的内生性问题并不会使此实证研究的结果失效,我们也可以预期政府支出的系数为显著的。除政府支出外,其他控制变量,包括人均国内生产总值、外国直接投资、劳动力工资、固定资产存量、土地供应等。时间趋势也受到控制。由于随着土地价格的上涨,地方政府将会获得更多的财政收入,同时财政支出也会增加。为了避免此相关性导致结果的偏误,所以除土地供应外,所有控制变量均滞后一年。实证分析的估计结果如表 1-10 所示。其中前四列采用固定效应模型,后两列采用空间固定效应模型,政府支出为主要解释变量,工业或商业用地土地价格作为被解释变量。

表 1-10　土地价格和政府支出的关系

地价	变量					
	(固定效应)				(空间固定效应)	
	工业用地	商住用地	工业用地	商业用地	工业用地	商业用地
$Government$	2.83×10^{-5} *	0.0007 *	4.25×10^{-5} **	0.0012 *	4.14×10^{-5} ***	0.0012 *
$Expenditure_{t-1}$	(1.59×10^{-5})	(0.0004)	(1.72×10^{-5})	(0.0007)	(1.59×10^{-5})	(0.0007)
$GDP\ per\ capita_{t-1}$			0.0030 *	0.0228 *	0.0034 *	0.0235 *
			(0.0017)	(0.0128)	(0.0017)	(0.0128)
FDI_{t-1}			1.05×10^{-5}	0.0013	0.00002	0.0013
			(4.41×10^{-5})	(0.0018)	(4.36×10^{-5})	(0.0018)
$Labor\ Wage_{t-1}$			0.0017	−0.0036	0.0016	−0.0039
			(0.0018)	(0.0226)	(0.0016)	(0.0221)
$Fixed\ Asset_{t-1}$			-1.10×10^{-5} **	−0.0002 **	-1.14×10^{-5} **	−0.0002 **
			(4.61×10^{-6})	(0.0001)	(4.45×10^{-6})	(0.0001)
$Industrial\ Land\ Supply_t$			0.0002 **		0.0002 ***	
			(0.0001)		(0.0001)	
$Commercial\ Land\ Supply_t$				0.7123		0.7138
				(0.8657)		(0.8564)
$Spatial\ correlation$					−0.5942 **	−0.0443
					(0.2477)	(0.1736)
$Constant$	408.758 ***	3198.083 ***	318.435 ***	2510.675 **		
	(37.3340)	(821.7573)	(100.998)	(1126.008)		
Time Trend	包含	包含	包含	包含	包含	包含
Obs	504	504	504	504	500	500

注：*** ，** ，* 分别表示在 1％、5％、10％水平上显著，括号中为稳健标准差。空间固定效应方法要求平衡面板数据，因此观测值略小于固定效应的情形。

　　在前两列的固定效应估计中，政府支出与土地价格在 10％显著水平上呈现正相关。在第三和第四列中，加入了其他的控制变量(包括人均国内生产总值，外国直接投资，劳动力工资，固定资产存量，工业和商业土地供应等)，再加入控制变量后，政府支出与工业用地价格的正相关性更为显著。而从控制变量上看，各地方政府的人均 GDP 与工业、商业用地地价呈现显著的正相关关系，而地方政府的固定资产与工业、商业用地地价则有显著的负相关关系，而外商直接投资和劳动力的工资水平对两者的地价则没有显著的影响。商业用地土地价格相关性较弱的原因可能是从事商业活动的企业在生产过程中，所依赖的公共服务要少于工业企业，所以，地方政府不能将土地重置成本进行转嫁，让商业企业来支付费用。土地供应与价格之间存在的正相关关系，和供需法则不符

合,可能的原因是因为土地供给是由政府垄断,地方官员会在需求较大或价格
较高时释放更多的土地,以其极大化收益,所以在回归结果中呈现正相关。最
后两列中,则采用空间固定效应方法来进行稳健性检验,模型的设定是空间自
回归,即将上一年的土地价格加在式(5)的右侧,并允许地域之间与邻近地区的
土地价格存在相关性。

$$y_{it} = \rho \Sigma y_{i,t-1} + x'_{i,t-1}\gamma + \varepsilon_{it} \qquad (6)$$

式(6)中,Σ是空间权重矩阵,每个元素表两个地级市之间的空间距离,ρ是要
估计的相应参数,显著的ρ表示地级市的土地价格之间存在着空间相关性。
之所以考虑土地价格的空间相关性,是因为各地级市之间可能会对企业投资
进行竞争,导致土地价格与空间距离相关联[21]。假定价格的空间效应由距
离决定,两个地级市距离越近,ρ价格的相关性越大。ρ的理论值严格限制在
-1和1之间①。表1-10第五第六列空间计量模型估计结果表明,对于工业
用地而言,政府支出与土地价格之间呈现正相关性,商业用地价格亦呈现正
相关性。此一结果与固定效应相吻合,确认了模型的稳健性。对于其余的控
制变量,结果也与固定效应相类似。此外,表1-10亦显示地级市的工业用地
价格空间相关性估计值呈负相关,这意味着某一地级市的土地价格往往与邻
近地区的土地价格相反。而商业用地土地价格的空间相关性则不显著。

此外,我们还考察地级市官员的个人特征,如年龄、性别、教育、任期,是
否在本地出生或提拔等,作为控制变量进行稳健性检验。估计的结果如
表1-11所示。研究发现,除了年龄变量外,其他的特征都不随时间变化。因
此,我们使用随机效应模型替代表1-10的固定效用模型。表1-11中,前四列
采用随机效应模型,后两列采用空间随机效应模型,政府支出为主要解释变
量,工业或商业用地土地价格作为被解释变量。表1-11显示这些变量与土
地价格之间没有显著的相关性,也不影响其他变量的估计结果,因此在表中
未予以汇报。总之,政府支出与土地价格,特别是工业用地地价的正相关关
系是非常稳健的。

---

① 对于面板数据中应用的空间相关性的详细介绍,请参见相关计量经济学文献,例如 Anselin
等[39]和 Elhorst[40]。

表 1-11　土地价格和政府支出的关系(控制地级市领导人的个人特征)

地价	变量					
	(随机效应)				(空间随机效应)	
	工业用地	商业用地	工业用地	商业用地	工业用地	商业用地
Government	4.33×10^{-5}**	0.0008*	5.67×10^{-5}***	0.0014***	5.28×10^{-5}***	0.0011*
Expenditure$_{t-1}$	($1.87\times10-5$)	(0.0004)	(2.02×10^{-5})	(0.0005)	(1.93×10^{-5})	(0.0006)
GDP per capita$_{t-1}$			0.0023**	0.0287***	0.0027***	0.0271**
			(0.0008)	(0.0093)	(0.0009)	(0.0135)
FDI$_{t-1}$			-4.34×10^{-5}	-0.0001	2.40×10^{-5}	0.0017
			(4.56×10^{-5})	(0.0020)	(4.52×10^{-5})	(0.0019)
Labor Wage$_{t-1}$			0.0017	-0.0289	0.0016	-0.0124
			(0.0015)	(0.0240)	(0.0014)	(0.0235)
Fixed Asset$_{t-1}$			-9.36×10^{-6}**	-0.0002***	-9.85×10^{-6}**	-0.0002**
			(4.24×10^{-6})	(0.0001)	(4.45×10^{-6})	(0.0001)
Industrial Land Supply$_t$			0.0002**		0.0003**	
			(0.0001)		(0.0001)	
Commercial Land Supply$_t$				0.6880		0.7810
				(0.8680)		(0.8518)
Spatial correlation					-0.4228*	-0.0565
					(0.2377)	(0.1533)
Constant	339.0429***	5822.394***	281.635***	4106.211**		
	(92.7105)	(3243.903)	(103.3804)	(3098.736)		
Time Trend	包含	包含	包含	包含	包含	包含
Obs	504	504	504	504	500	500

注:***、**、*分别表示在1%、5%、10%水平上显著,括号中为稳健标准差。空间固定效应方法要求平衡面板数据,因此观测值略小于固定效应的情形。

(四)研究的主要结论

鉴于土地财政在中国地方政府的财政方面非常重要,本篇从观察的特征事实出发,即地方政府支出和地价正相关的关系,探讨此相关性背后的影响机制。首先,本文构建了一个局部均衡模型,试图进行解释,本篇指出当地方政府发现,政府支出会对企业产出产生巨大影响时,地方政府会通过索取更高的土地出让价格,来转嫁土地重置的成本给企业。在现实操作中,由于工业用地通常位于郊区或农村地区等公共设备较为匮乏的地方,为吸引企业投资,地方政府必须为企业生产提供基础设施和能源,此为一庞大的财政支出。与公共投资相比,单个企业的私人资本投资作用是微乎其微的。因此,地方政府通过出让土地获得的财政收入,可以提供更多的公共服务,与企业互利,进而实现经济发展目标。这也是为什么我们能观察到,土地价格与政府开支之间存在着显著的正相关关系,但是,值得注意的是,本篇仅试图提供背后机制,并无法证明两者之间是否存在因果关系。

在实证检验的过程中,我们利用2009—2014年的101个地级市城市数据,采用固定效应对工业用地地价和政府财政支出进行简单的线性回归分析,研究发现两者之间存在着显著的正相关关系,验证了我们的理论模型。此外,我们亦采用空间固定效应的方法进行了稳健性检验。最后,则考察地级市官员的个人特征,如年龄、性别、教育、任期,是否在本地出生或提拔等作为控制变量,进一步进行更严格的实证研究来检验这种相关性,估计结果支持了模型的预测,即工业用地地价的正相关性比商业地价更为显著。无论是理论或是实证模型均显示,政府支出与土地价格,特别是工业用地地价的正相关关系是非常稳健的。

本篇的贡献之一是该模型考虑了土地的重置成本,这在以往的文献中鲜有讨论。在模型的设定中,土地重置成本是影响土地价格和政府支出的参数。但是,土地重置成本究竟是变量还是参数呢?这个问题不仅与中国的土地财政有关,还涉及地方政府征地手段,以及影响的农村和郊区的福利。与本篇研究相关的另一个主题是住宅用地。由于住宅用地本身是产品而不是投入要素,与公共财政的相关性及其背后的机制与工商业用地不同,而有鉴于住宅用地价格远高于其他地区,出让土地使用权的收入占地方财政收入的份额极高,对于民生的影响亦更为广阔,相关的问题值得在更多的理论框架和政策影响下开展讨论!

五、土地财政与地方政府政治周期研究[①]

(一)问题的提出

在过去的30多年里,中国经济取得了迅速的增长。学界普遍认为,在干部管理体系的驱动下,中国地方官员对仕途的强烈关注在经济发展方面发挥了显著的作用[41]。这种干部管理体系,为地方官员提供了"胡萝卜加大棒"(晋升或降级)的激励来实现经济发展的核心目标。自20世纪80年代以来,辖区内的

---

① 此篇共同参与人为河南大学蒋村逢老师和加州州立大学长滩分校的 Jack Hou 老师。并感谢研究助理潘治东。

经济表现成为中央考核地方官员的重要标准之一①。因此,为了增加晋升的机会,地方官员有动机去促进当地的发展和繁荣。地方官员对仕途的关切已经被证明与其辖区内的经济发展密切相关[42],甚至也影响当地官员的政策选择[43-46]。另一方面,财政分权也被认为是经济快速发展的主要驱动因素之一。在 20 世纪 80 年代至 90 年代初,以分权为主的财税改革,为地方当局提供了促进经济增长从而带来更多财税收入的激励[30,47]。例如,地方官员喜欢通过建设基础设施项目,提供税收优惠和简化行政规则来营造亲商和促进发展的环境,从而吸引投资和增加税收[21]。随着 1994 年的分税制改革,地方政府的财政收入份额从 1993 年的 78% 急剧下降到 1994 年的 45%(见图 1-20)。然而,财政支出的分配并没有变化,地方政府负责平衡自己的预算[36]。各级政府把财政责任施加于下一级政府,这就导致了地方政府严重的财务负担,事权和财权分配不平均。在 2016 年,地方政府预算收入占全国的 55%,而地方政府支出却高达 85%。因此,出于财政预算的考虑,地方政府在追求收入和发展经济方面变得更加积极。

图 1-20　1978—2015 年地方政府财政收入和支出占全国财政收入和支出的比重

资料来源:中华人民共和国国家统计局. 中国统计年鉴(1978—2015)[M].北京:中国统计出版社,1978—2015.

---

①　近些年来,用 GDP 来衡量经济绩效的做法已并非考核唯一衡量标准。但是,人们依然可以认为,这仍然会是中央考核地方官员的标准之一。

1994 年分税制改革后,中央政府又在 2002 年要求从地方政府中扣除高达 50.00% 的企业所得税,而 2003 年增加到 60.00%,这导致了地方政府财政收入大幅度下降,地方政府财源紧迫,却又需要提供公共服务。当面临提供公共服务的财政压力时,地方政府被迫寻找替代性的收入来源来履行公共财政义务,平衡预算和其他自身利益[30]。对于地方政府来说,为弥补财政支出,预算外收入的税收无须缴交给中央政府。在这种财政背景下,土地财政,即地方政府通过土地出让产生的收入来维持财政支出,成为中国地方政府财政收入的主要来源之一[48]。地方政府在出让土地使用权后,可以从第三方收取土地出让费用等。根据中国国土资源部的统计,土地出让金从 2009 年的 514 亿元猛增至 2015 年的 29800 亿元,年增长率为 36.22%。在 2000 年以前,地方政府土地出让收入占财政收入的比例低于 10.00%,但至 2010 年,经过 30 多年的经济改革后,地方政府对土地出让收入占财政收入的比例高达 67.62%,这明显表明了地方政府对土地财政的依赖程度越来越高(见图 1-20)。大量的文献相继表明了在中国快速城镇化的背景下,土地财政激励措施的重要性。如 Cao 等[5]将城市快速扩张归因于低成本土地的征用,地方政府能够以低成本获得农民的土地,进而通过推动房地产和建筑业的发展(而不是促进工业化),从而最大限度地增加税收[30]。Lichtenberg 和 Ding[49]发现土地转换和城市空间扩张与土地出让的经济效益相关联。Ye 和 Wu[50]使用 1999—2009 年中国地级市的数据,研究发现经济发展较好的城市在推动土地城市化方面更具侵略性,此外,地方政府对"土地财政"的依赖性日益增加,也促使了房价的上涨[5,34]。

在中国,土地征用和土地使用权转让是由地方政府来管辖的。在地方政府征收土地后,土地出让有四种不同形式:协议、公开招标、拍卖和挂牌。私人协议的出让是指土地使用者和地方政府之间的一对一谈判。在谈判中,参与方必须考虑各种问题,从经济效益和成本到政治、法律、社会、文化,技术甚至心理问题[51]。此外,通过协议出售的土地由于多为非公开的,交易价格远低于市场价值,这导致某些地方官员能借由协议出售土地创造更多的寻租机会[21,28]。因此,在许多情况下,土地资源可能未被最有效地利用,而这也是滋生腐败的主要根源[52]。再者,比较常见的,有些地方政府会特意降低土地价格,包括免费出让土地,以吸引企业投资、促进 GDP 增长[53]。另外一种土地出让的形式则为拍卖①,拍卖通常包括多个投标人,以更透明的方式出让使用权,并带来了更高

---

① 本文将公开招标,拍卖和挂牌统称为拍卖,因此三者的出让方式相似,均有多个投标人,过程较为公开透明,与协议出让有显著差异。文中除非特别说明,不然"拍卖"即为此三种出让方式的统称。

的交易价格[21]。地方政府尽管失去了寻租机会,但是却可以从城市土地市场中获得更多的土地出让收入[28]。许多的文献探讨了不同的土地出让策略的差异。Tao 等[21]利用 1999—2003 年的地市级数据,研究了经由协议还是拍卖进行土地出让对地方财政产生的影响。Wang 和 Hui[53]通过 2000—2012 年的 202 个中国城市公开拍卖住宅用地交易的数据,探讨了城市土地开发空间格局,发现城市领导对仕途的关注与城市土地开发向外扩张呈正相关。Wang 和 Hui[53]则比较了两种土地拍卖类型"英式拍卖"和"两阶段拍卖",研究发现后者更可能推高房价,尤其是在敏感的政治事件期间。此外,Cai 等[52]提供强有力的证据表明,"两阶段拍卖"由于缺乏跳跃性的报价和价格差异,往往伴随着腐败问题。而 Yang 等[54]通过应用北京的数据,也证实了这两种拍卖机制的价格差异。然而,这两种不同的土地出让方式(即协议与拍卖)是怎样被地方官员的激励所驱动的? 地方官员与土地出让机制相关的战略空间选择是什么? 面对这一系列问题,本篇着眼于通过审视中国土地财政周期,来探究地方官员的激励措施与这两种土地出让方式的关联性。

目前,许多研究考察了政治周期对官员财政行为的影响。Guo[43]将在县级层面的政府总预算周期视为干部管理制度引起的地方官员对仕途的关切,研究发现,地方官员往往在第三、四年期间增加总支出,从而最大限度地提高晋升机会。Gong 等[45]研究发现,在地级市以政治预算周期为依据的基础上,城市领导层对仕途的关注所造成的政治预算周期与重要的政治事件的时间是同步的,尤其在省级党代会召开期间。而 Tsai[36]则重点考察了省级政府的预算周期,研究发现省级领导的任期对预算周期的影响可以说是无足轻重的,主要因为省级官员频繁的政治调动,导致他们对于任期充满不确定性,也就不会因为任期而改变经济或财政政策。虽然任期对预算周期的影响不显著,但 Tsai[36]发现,由于省级领导的"双重"身份,不但担任地方领导班子,亦为中央政府精英,使得他们激励遵从中央政府的政策,因此,在全国党代会期间,可以清楚地观察到政治周期,意即省级政府的政治预算循环和五年一度的全国党代会召开时间息息相关。Gong 等[45]也发现了类似的结论,而他们将省级行政单位的政治周期归因于地方官员对经济表现的激励和反腐败制度。据我们所知,目前还没有其他研究是以土地财政为重点的政治周期。由于土地财政是地方政府预算融资最重要的来源之一,因此理清地方官员的财政激励与相应的土地出让策略之间的关系是非常重要的。本篇不仅对地方官员对土地财政的依赖情况进行了深入分析,还将对研究政治预算周期的经济学文献有所贡献。

在本篇中,首先,我们会简要回顾土地改革及其演变的背景。然后,我们重点关注地方政府在土地财政上的财政和政治激励,识别土地出让策略的可能机制。为了"利益"(政治租金和财政收入)最大化,我们认为地方官员有动机去操控土地出让政策,主要是通过私人谈判或不同时间点的公开拍卖来调整土地使用的空间分配。由于土地财政的规划和执行主要为地级市政府主导,本篇的分析关注于地级市层面,重点考察了对各级地市政府最重要的政治事件,其一为省级党代会对土地财政周期的影响,其二为地级市官员的任期对土地财政周期的影响。省级党代会为省级政府最重要的政治事件,亦涉及地市基本上所有重大政治问题和官员的换届选举,每五年举行一次,由于地级市官员的大部分重大政治安排都是在省级党代会期间决定的,地级市领导就会有激励措施,在这个关键时刻用经济绩效来打动他们的上级,极大化升迁的可能性。因此,我们也预期他们在省级党代会召开时,会相应地操纵土地出让的策略。如果我们的假设是正确的,那么土地财政周期与党代会周期应该是同步的。另外,国家和党的宪法规定地方官员的任期为五年,这意味着地方官员的评估更有可能在任期第 3 年或第 4 年的时间内进行,由于地方官员晋升期望的变化,土地财政周期也可能受到影响。为了说明推动地级市领导人在土地出让策略上的行为,可能存在不同的机制,我们提出了一个简单的理论模型,结果表明一个以仕途晋升为主导,利润最大化的地方官员有动机去通过在不同时期操纵土地出让策略,从而来最大限度地提高他的晋升机会和财政收入,因此导致了土地财政周期的变动。

在实证上,本篇利用 2003—2012 年中国 283 个地级市数据,探讨了土地财政周期的存在,着重于协议或拍卖的土地出让数量(如"面积")和土地出让价格的变化。实证结果表明,中国的土地财政周期与省级党代会周期同步,在党代会召开前两三年,地级市领导通过降低协议出让土地的份额,并增加拍卖土地的份额,达到极大化利益的目标。在省级党代会召开期间(当年或前一年),则出现了相反的情况:通过协议出让土地的份额增加,而拍卖出让土地的份额减少。我们认为,尽管一系列改革限制政府避免通过私人协议进行土地出让,但反而使得地级市领导人有策略性地利用土地出让手段,达到其对于制造业或商业/住宅目的的需求。我们的实证结果与我们的理论模型预测相一致。除了土地面积之外,实证结果也显示,土地价格也存在着土地财政周期,显示土地出让的份额与土地价格之间存在负相关关系。研究结果表明,为了在党代会期间最大限度地提高经济绩效,地级市领导人的土地财政策略选择更有可能受到政治激励和财政激励的推动。但是,地级市领导的任期对土地财政周期的影响是微乎其微的,可能也与其面对极大任期不确定性相关。我们的实证结果表明,土地财政周期和省代会息息相关,中国地方领导人的财政策略不仅仅受财政预算分配的约束,土地使用空间分配和土地价格亦构成了地方官员的土地出让政策,对中国的地方经济发展和波动了发挥了关键性的作用。

(二)土地财政与地方官员的激励

1. 土地财政的制度背景

在介绍理论模型之前,我们先简短介绍土地财政的制度背景。自20世纪90年代以来,土地财政已成为地方政府预算资金的最重要来源之一。1990年,国务院通过了《城镇国有土地使用权出让和转让暂行条例》,从而正式建立了城市土地市场体系,地方政府管理土地征收和土地使用权转让,并负责向城市土地使用者出让使用权,其中商业用途40年,工业用地50年,住宅用地则为70年。1998年出台的《土地管理法》进一步规范了征地的法律框架和征地补偿标准,根据《土地管理法》的规定,地方政府能够合法获得集体所有的农村土地,几乎所有用于非公共城市用地的土地(如商业、住宅和工业用地)必须经过合法的征地程序并先转为国有城市土地[5],农村土地所有者(如农民或农村集体)不允许私自转为城市用地,由于他们在土地价格的谈判能力上也相对较低,使得政府往往能以较便宜的价格收购农村土地。许多学者认为,正是这样的城乡土地转换推动了中国过去几十年来的快速城市化和工业化进程[48,49]。

中国对土地使用权的出让最早是在1987年的深圳出现的,当时协议出让的期限是50年。1992年,中国对土地使用权转让进行了调整,并重点关注外商和私营企业使用的土地。如前所述,招标、拍卖和挂牌不像私人协议(通常是通过一对一或闭门式谈判),在出让使用权时更加透明,因此,2002年开始,政府针对招标、拍卖和挂牌有了一系列的规定,国土资源部首先出台《招标拍卖挂牌出让国有土地使用权规定》,规定商住土地应通过招标,拍卖或挂牌出让。2003年和2006年又分别出台《协议出让国有土地使用权规定》和《关于加强土地调控有关问题的通知》进一步规范了城市土地使用的制度①。前者强调,如果两个以上的潜在买家进行竞争,特定地块的土地使用权不能通过协议进行出让,以维持土地出让的公平和透明,后者则规定,通过招标、拍卖或挂牌的形式出让工业用地使用权,地价应高于基准价格,避免政府为了吸引投资,不合理地压低土地价格。所有这些规定的目的是为了使土地出让法制化,地方官员能通过更透明的过程出让土地。但实际执行面上,大部分城市土地出让仍然是通过

---

① 在这些制度下,中央政府并没有有效的措施来对土地使用权转让进行限制。地方政府则具有自由裁量权,并且可以利用土地使用权出让满足自身的政治和经济利益。

协议的方式,特别是制造业工业用地,为了吸引投资,地方政府甚至采用了假拍卖的方式[21],从 1993—1998 年,89％的土地使用权通过协议出让,仅 11％通过招标或拍卖出让[5],而从 1995—2002 年,协议仍占出让约 86％的土地交易份额[56]。虽然《招标拍卖挂牌出让国有土地使用权规定》颁布,在中央政府的压力下,通过招标和拍卖的方式出让住宅和商业用地的份额有所增加,但是大部分制造用地的土地使用权仍通过协议出让[5]。

2. 地方官员的激励和土地出让策略

如前所述,20 世纪 80 年代的财政改革激励了地方官员增加财政收入的需求,地方官员不仅要平衡其管辖区内的预算,还要发展地方经济。另外,在干部管理体系的驱动下,地市级领导也有政治激励来实现经济绩效,从而最大限度地获得提升、晋升的机会,土地财政的收益也被证明与政治升迁正向相关。因此,地方官员既有财政也有政治上的激励去操纵土地出让策略,极大化自己的利益。

土地出让策略(通过协议或拍卖)会产生两个收入来源:一个是一次性的土地出让费用等;另一个则来自未来的税收[21]。通过拍卖出让的土地,通常出让费用相当可观,但此仅为一次性付款,一旦交易结束,资金流就断了。如需产生持续的收入,则需要依赖交易完成之后的税收,但不同土地用途可能税收金额也不同。例如,商业用途的土地出让往往会在最初产生一大笔出让金,但之后税收比例较低,而住宅用途的土地,由于中国目前并没有普遍实施房产税,交易之后的税收微乎其微,但工业和制造业用地的出让(虽然一开始的土地出让金和商住土地比起通常较为低廉),则有可能在交易完成后提供大量的长期应纳所得税额[21]。更重要的是,制造业是当地经济发展的主要动力,通常具有很大的溢出效应,可刺激周边地区服务业的发展,进一步创造高薪就业机会,引进技术。为此,地方政府为了吸引工业投资和提高 GDP 增长,通常以非常低的价格(有时甚至无偿)策略性地出让土地[21,37]。此外,由于协议出让土地的透明度较低,导致地方官员有寻租空间,因此,地方官员经常选择协议来进行出让工业用地的交易。工业用地出让导致了过低的土地出让金,影响地方政府的财政收支,为了完成财政任务,这些官员会利用公开拍卖商业和居住用地来提高商用和居住土地价格,通过开发商业和住宅用地来弥补工业用地出让的低廉出让金,从而最大限度地增加财政收入[57],而商业地价的上涨也可能引发地方政府的土地囤积,威胁到地方可持续发展[58]。由以上所述可知,土地出让金溢价即使大幅上涨,但是大部分收益仅来自出让居住和商业用地,而非工业用地。此种商业和工业用地价格的差异,不仅符合地方官员的财政激励意图,也与当地官员仕途关切的政治激励有关,即中央政府制定的干部管理制度,引发地方政府为了吸引投资而不惜降低工业用地价格的逐底竞争(race to the bottom),亦为"锦标赛竞争"[38,59])。

　　总而言之,在干部考核制度下,地方官员有动机去促进当地的经济增长,从而提高晋升机会,同时创造足够的财政收入来履行财政义务。然而,他们也有动机策略性采取两种土地融资方式,增加寻租机会:意即通过协议低价出让土地,或通过拍卖高价出让土地。地方官员有意地采取这两种差异性策略,特别是利用每种土地出让方式的土地供应面积,借由利用土地供给极大化本身利润。大量的文献关注到这两种土地财政的策略差异,检验了地方政府对土地出让的财政激励和对经济效益的影响[34,48,53],但是鲜有研究讨论土地出让机制策略操纵的问题。据我们所知,在土地财政周期方面,目前还没有重点关注地方官员的激励措施与这两种土地出让策略之间联系的研究,本篇旨在填补这一研究的空白。

(三)土地财政与政治周期理论模型

　　在干部管理体系的驱动下,如果地级市领导通过操作土地出让策略来获取财政收入和促进经济增长,那么,地级市领导将会怎样分配土地来最大限度地提高他们的晋升机会呢?我们构建了一个简单的理论模型,分析以协议或拍卖出让土地策略的选择,来表明土地财政政治周期可能的模式。

　　1.理论模型的设定

　　我们假设地级市领导人是热衷于职权的,且升迁与否是唯一考量(office-motivated),而他们的晋升是由上级政府所决定的(省级政府)。上级政府部门以他们的个人能力①来评估考核地级市领导人,为简化模型,我们假设个人能力仅由他们在辖区内的财政能力和经济绩效表现来决定。我们用 R 表示在地级市领导人辖区内的财政收入,G 表示辖区内的经济增长。地级市领导人的目标是极大化被提拔升迁的可能性,晋升的决定是由上级政府部门根据地级市领导人在辖区内以往的财政能力和经济绩效表现来决定②。因此,在地级市领导人任职期间 R 和 G 的加总,与地级市领导人被提拔的机会呈现正相关关系。此外,令 V_F 和 V_E 为价值函数(value function),代表创造的财政收入和经济绩

─────────

　　①　尽管党政官员的晋升决定通常涉及许多非制度因素,如政治关系和派别之间的竞争等[60]。但是,为了简化起见,这里我们仅考虑地级市领导人的个人竞争力。

　　②　升迁与否是根据官员之前的表现来决定,这个假设普遍与政治经济周期模型的设定相同[61,62,63]。在我们的模型中,驱动的机制类似于政治经济周期。在政治经济周期模型中,一个地方官员有动机去取悦选民,从而最大限度地赢得选举,在我们的土地财政周期模式中,地方官员则是有动机来取悦上级政府,并最大限度地提升晋升机会。

效的效用,两者均假设为边际收益递减,即 $V'_F>0, V'_E>0, V''_F<0$ 和 $V''_E<0$。因此,一个地级市领导人的竞争力由 $V_F+\alpha V_E$ 来衡量,这里 α 表示上级政府部门考量经济绩效相对财政收入的权重。基于之前的讨论,我们得知,如果一个地级市领导任期 t 年,那么,V_F 和 V_E 的形式分别为:

$$V_F(R) = V_F\left(\sum_{s=0}^{t}\delta^s R_{t-s}\right),\ 其中,0<\delta<1 \tag{7}$$

$$V_E(G) = V_E\left(\sum_{s=0}^{t}\beta^s G_{t-s}\right),\ 其中,0<\beta<1$$

$$\tag{8}$$

这里的 δ 和 β 分别代表上级党政部门对地方官员过去的财政收入和经济发展绩效的减损考量。根据标准的政治经济周期概率模型的假设[63],δ 和 β 的值都很小,这也就是说地级市领导人最近的表现在影响上级的晋升决定上远比过去重要得多。

模型假设有两个时期,$t-1$ 期和 t 期。每个时期可用的土地面积表示为 L_{t-1} 和 L_t。在每个时期,一个地级市领导可以决定如何通过不同的土地出让策略来分配土地:通过协议出让的土地数量用 L^n 表示,而通过公开拍卖的土地则用 L^a 表示。为了最大限度地发挥效益,所有可用的土地将在每个时期用完,所以在 t 期,$L_t=L^n_t+L^a_c$,在 $t-1$ 期,$L_{t-1}=L^n_{t-1}+L^a_{t-1}$。这两种不同的土地出让策略会产生不同的财政收入来源,并导致不同的经济影响。这两种土地出让策略的区分在我们的设定中至关重要。我们假设通过协议出让的土地价格用 p^n 表示,而通过拍卖出让土地的价格用 p^a 表示。不同土地出让方式的出让金差别极大,土地拍卖的价格远远高于协议,所以我们设定 $p^a \gg p^n$。因此,在 t 期时,地级市领导在辖区内的财政总收入是 $R_t=L^n_t p^n_t+L^a_c L^a_t$①。另外一方面,我们要探讨土地出让对经济成长的影响,由于在实践中,通过协议出让的土地更多用于工业目的[5,21],并产生很大的溢出效应,所以协议出让土地通常被认为是有助于地方经济增长。值得注意的是,在这里,我们的模型只考虑了土地使用直接的财政和经济效应,而忽视了财政收入对经济增长的间接影响,因此,虽然拍卖出让土地可以产生财政收入,进一步可能间接促进经济增长,但导致的财政支出所创造的经济增长是难以衡量的,这取决于地级市领导人的预算分配,超出了我们的讨论范围。因此,该模型排除了财政收入进一步推动当地经济增长的因素。由上可得,在 t 期,一个地级市领导人在其辖区内创造的经济增长可用 $G_t=f(L^n_t)$ 来表示,这里 f 表示以协议出让土地所带来的经济绩效函

---

① 为了简化起见,我们仅考虑每种土地出让带来的直接财政收益。

数,并且满足 $f'>0$ 和 $f''<0$。

模型中事件的时间安排如下:首先,在每一时期,地级市领导人决定协议和拍卖土地的数量。然后,在 t 期结束时,上级政府部门根据对地级市领导人的竞争力(财政能力和经济表现)来进行评估,从而做出是否晋升的安排。

2. 土地资源配置

地级市领导为了最大限度地增加被提拔的可能性,努力地提高他们的个人竞争力。因此,他们的目标函数是:

$$\max(V_F(R) + \alpha V_E(G)) = V_F\left(\sum_{s=0}^{t}\delta^s R_{t-s}\right) + \alpha V_E\left(\sum_{s=0}^{t}\beta^s G_{t-s}\right) \quad (9)$$

这里 S=0.1。另外,地级市领导人同时面临的土地资源约束式为 $L_t = L_t^n + L_t^a$ 和 $L_{t-1} = L_{t-1}^n + L_{t-1}^a$。通过将 $R_t = L_t^n p_t^n + L_t^a L_t^a$ 和 $G_t = f(L_t^n)$ 代入式(9),并且通过一阶条件,可求得式(10)和式(11),即为地方领导人在 $t-1$ 期和 t 期以协议出让土地的数量:

$$L_{t-1}^n : V'_F\delta(-P_{t-1}^a) + V'_F\delta P_{t-1}^n + \alpha V'_E\beta\frac{\partial f}{\partial L_{t-1}^n} = 0 \quad (10)$$

$$L_t^n : V'_F(-P_t^a) + V'_F P_t^n + \alpha V'_E\frac{\partial f}{\partial L_t^n} = 0 \quad (11)$$

将式(10)和式(11)合并,我们可得

$$V'_F \cdot \left[(P_t^a - P_t^n) - \delta(P_{t-1}^a - P_{t-1}^n)\right] + \alpha V'_E \cdot \left[\beta\frac{\partial f}{\partial L_{t-1}^n} - \frac{\partial f}{\partial L_t^n}\right] = 0 \quad (12)$$

由于 V_F 和 V_E 是凹函数,$V'_F>0$ 和 $V'_E>0$。如果等式 $(P_t^a - P_t^n) - \delta(P_{t-1}^a - P_{t-1}^n)<1$ 满足的话,那么 $\beta\frac{\partial f}{\partial L_{t-1}^n} - \frac{\partial f}{\partial L_t^n}>0$ 成立。考虑到 f 也是凹函数,不等式 $\beta\frac{\partial f}{\partial L_{t-1}^n}>\frac{\partial f}{\partial L_t^n}$ 成立,所以必有 $L_{t-1}^n<L_t^n$,而且这个不等式对于任意 β 均成立,这里 $0<\beta<1$。反之,如果 $(P_t^a - P_t^n) - \delta(P_{t-1}^a - P_{t-1}^n)>0$ 成立,那么必然 $\beta\frac{\partial f}{\partial L_{t-1}^n} - \frac{\partial f}{\partial L_t^n}<0$ 成立。当 $\beta\frac{\partial f}{\partial L_{t-1}^n}<\frac{\partial f}{\partial L_t^n}$ 时,如果 β 比较大时,那么 $\frac{\partial f}{\partial L_{t-1}^n}<\frac{\partial f}{\partial L_t^n}$;如果 β 比较小时,则有 $\frac{\partial f}{\partial L_{t-1}^n}>\frac{\partial f}{\partial L_t^n}$。前一种情况要求 $L_{t-1}^n>L_t^n$,而后一种情况与之相反,$L_{t-1}^n<L_t^n$。由此我们可求得一个地级市领导人的最优的土地配置安排,见命题1。

命题 1:一个以晋升为唯一目标的地级市领导人,当 $(P_t^a - P_t^n) - \delta(P_{t-1}^a - P_{t-1}^n)<0$ 时,相比于 $t-1$ 期,会偏好在 t 期更多地通过协议的方式出让土地($L_{t-1}^n<L_t^n$)。而在相反的条件下,即 $(P_t^a - P_t^n) - \delta(P_{t-1}^a - P_{t-1}^n)>0$,只

要贴现因素 β 足够小，相比于 $t-1$ 期，一个地级市领导人仍然会偏好于在 t 期以协议的方式出让更多的土地（$L_{t-1}^n < L_t^n$）。

这个简单的模型表明，为了职位的晋升，地级市领导人有动机去操纵土地资源的配置。考虑到 $P^a \gg P^n$，$P_t^a - P_t^n$ 表示在 t 期，通过拍卖比协议的方式出让一单位的土地能获得的财政收入；而 $P_{t-1}^a - P_{t-1}^n$ 表示在 $t-1$ 期，通过拍卖比协议的方式出让一单位土地能获得的财政收入。因此，$(P_t^a - P_t^n) - \delta(P_{t-1}^a - P_{t-1}^n)$ 表示两个时期土地配置的财政收入差距，并且贴现到 t 期。当 $(P_t^a - P_t^n) - \delta(P_{t-1}^a - P_{t-1}^n) < 0$ 满足时，一个地级市领导人在 t 期以协议出让土地的机会成本比 $t-1$ 期的更小些。此外，当 β 小于 1 时，表示相比于 $t-1$ 期，地级市领导人将会更加重视 t 期的经济增长。因此，一个热衷升职的地级市领导人偏好于在 t 期以协议的形式出让土地。另一方面，当相反的条件满足时，$(P_t^a - P_t^n) - \delta(P_{t-1}^a - P_{t-1}^n) > 0$，相比于 $t-1$ 期，地级市领导人在 t 期通过重新配置土地（即拍卖转变为协议出让），能获得更高的财政收入，这表明在 t 期以协议出让土地的机会成本更高。当面临着获取财政收入还是经济发展的权衡时，β 值对于地级市领导人的决定是非常重要的。当 β 值比较大时，这表明在 $t-1$ 期的经济绩效是相对重要的。然而，如前所述，我们与标准的政治经济周期模型保持一致，所以 β 值通常是非常小的，这也就是说，地级市领导人在 t 期的经济表现比 $t-1$ 期在影响他的政治前途上更为重要。因而，即使在 t 期以协议出让土地的机会成本更高，但是它可以被 t 期的经济绩效（重新分配土地，即拍卖转化为协议出让）所补偿。因此，现实中更可能观察到在 t 期以协议出让土地多于 $t-1$ 期。

了解了协议出让的理想分配之外，通过拍卖出让的土地在这两期里该如何分配呢？假设两期土地的供给（L）均是固定的，即 $L = L_t = L_{t-1}$，则可得 $L = L_t^n + L_t^a = L_{t-1}^n + L_{t-1}^a$。而根据命题 1 的结论，可以推导出命题 2。

命题 2：一个以晋升为唯一目标的地级市领导人，当 $(P_t^a - P_t^n) - \delta(P_{t-1}^a - P_{t-1}^n) < 0$ 时，相比于 $t-1$ 期会偏好在 t 期更少地通过拍卖的方式出让土地（$L_{t-1}^a > L_t^a$）。而在相反的条件下，即 $(P_t^a - P_t^n) - \delta(P_{t-1}^a - P_{t-1}^n) > 0$，只要贴现因素 β 足够小，相比于 $t-1$ 期，一个地级市领导人也会偏好在 t 期更少地通过拍卖的方式出让土地（$L_{t-1}^a > L_t^a$）。

命题 2 成立的条件为不等式 $L_{t-1} \geq L_t$ 成立。我们认为，在现实世界里，这一不等式 $L_{t-1} \geq L_t$ 成立是合理的，此不等式意味着土地资源是有限的，所以，可利用土地的总量随着时间逐渐减少，政府的供给也会逐步下降，因此我们的模型假设是符合现实意义的。总结来看，基于我们的模型，可以推导出这样两个假设。其一,在官员考核提拔期间,地级市领导人有动机增加以协议出让土地的数量,而在官员考核提拔之前,则与之相反,会减少协议出让土地的数量;其二,关于通过拍卖出让土地,则呈现出相反的模式:在官员考核提拔期间,地级市领导人有动机减少以拍卖出让土地的数量,而在官员考核提拔之前,则会增加拍卖出让土地的数量。

(四)土地财政与政治周期经验证据

1. 研究数据描述和介绍

为探讨上述的理论模型,本篇采用 2003—2012 年中国的 283 个地级市面板数据①。在这段时期,土地出让收入是地市级政府主要的财政收入来源之一。数据的来源管道众多,土地出让的数据来源于《中国国土资源统计年鉴》(中华人民共和国国土资源部,2004—2013),该年鉴概述了土地资源的土地开发利用情况,包括通过不同的出让方式来统计土地出让的数量和收入。城市的人口经济资料则来自《中国城市统计年鉴》(中华人民共和国国家统计局,2004—2013)。另外,我们构建了政治变量,包括地级市领导的个人特征和省级党代会的时间安排,这些数据主要来自《中国地市级党委书记数据库2000—2010》[64]以及官方媒体发布的中国领导干部数据库②。部分缺失的官员信息,我们通过互联网搜索引擎从新华网、人民网和百度百科等进行了补充。

在本篇中,主要被解释变量是土地出让变量,包括每种土地出让方式的供地面积和价格。所有土地变量和经济数据均以现行人民币计价,然后根据各省的统计年鉴,采用"社会零售物价总指数"进行贴现,其中 2003 年指数设定为 100。为了确保结果不受异常值的影响,我们对所有变量进行了 5% 和95% 的极端值处理(Winsorize)。图 1-21 显示了 2003—2014 年通过协议和拍卖的土地出让的宗数,在此期间,通过协议出让土地宗数随时间而下降,而拍卖出让的宗数逐渐增加。而通过协议和拍卖/招标,土地出让的成交额和面积的变化也呈现出类似的趋势,如图 1-22 所示。尽管通过协议出让土地的成交额相当稳定,但是拍卖土地的收入大幅增加(图 1-22)。这种变化可能来自于房地产市场快速发展的结果[28]。因为土地销售增加,财政收入大幅增加,所以地方政府支持房地产业蓬勃发展,以获得更高的税收和经济增长[57]。但当考虑土地出让的单位价值时,两种出让方式均显示出相同的土地价格上涨

---

① 这些城市来自中国的 27 个省级行政单位(不包括北京、上海、天津、重庆四个直辖市)。

② 见 http://cpc.people.com.cn/gbzl/index.html。

趋势,如图1-23所示。从图1-23中可以看出,通过协议出让土地的价格远远低于拍卖价格,这符合我们先前的推论,地方政府通过协议的方式来降低土地价格从而吸引工业投资,并且通过拍卖来提高地价进行补偿。

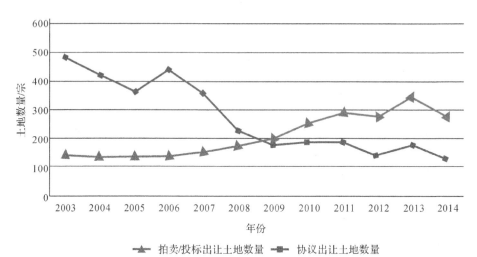

图1-21　2003—2014年通过拍卖和协议出让土地地块的数量

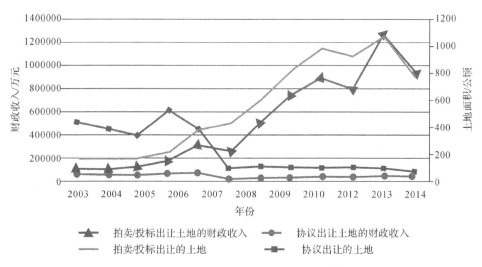

图1-22　2003—2014年通过拍卖和协议出让土地的数量和财政收入

在我们的实证模型中,主要控制变量包括结构和人口指标。结构指标包含人均国内生产总值(GDP)和地方财政赤字。相对而言,富裕的城市比贫穷的城市创造更多的财政收入,因此采用人均GDP控制地级市间经济状况的变化。

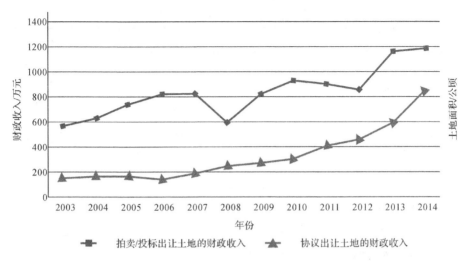

图 1-23　2003—2014 年通过拍卖和协议出让土地的单位价值

此外,地方财政赤字反映了一个城市的财政状况。一个有预算赤字的城市,可能更多地依赖土地财政作为收入来源,从而通过拍卖来提高地价。这里的人口指标是各地级市的总人口。核心的自变量是省级党代会召开的时间,省级党代会每五年定期举行一次,几乎一半的省(自治区、直辖市)在全国党代会召开前一年举办省级党代会,其中半数在全国党代会的同一年举行(见表 1-12)①。省级党代会被认为是省级行政单位最重要的政治事件之一,决定着地级市官员晋升与否,激发官员在省级党代会期间策略性的操控土地出让政策。此外,我们还考虑了地级市领导人任期对土地财政周期的影响。表 1-13 显示了这些土地变量和控制变量的描述性统计。

表 1-12　31 个省(自治区、直辖市)党代会的时间安排

省级党代会(PCCP) 的时间安排	省(自治区、直辖市)
2001,2006,2011	河北、山西、内蒙古、辽宁、江苏、福建、江西、河南、湖南、广西、云南、西藏、新疆
2002,2007,2012	北京、天津、吉林、黑龙江、上海、浙江、安徽、山东、湖北、广东、海南、重庆、四川、贵州、陕西、甘肃、青海、宁夏

---

① 自 20 世纪 90 年代以来至 2012 年,全国党代会召开的年份是 1992 年、1997 年、2002 年、2007 年和 2012 年。

表 1-13　主要变量描述性统计

变量	观测值	均值	方差	最小值	最大值
协议出让土地					
Area(公顷)	3297	225.51	460.59	0.01	8957.8
Value(万元)	3293	49367.86	120147.5	0.01	3144778
Price(万元/公顷)	3293	351.52	2090.11	0.0003	115354.9
Number of Cases	3287	277.05	533.53	1	6900
拍卖出让土地					
Area(公顷)	3349	560.99	693.47	0.27	6481.78
Value(万元)	3349	515977.3	1036456	24.79	1.41E+07
Price(万元/公顷)	3349	722.69	905.29	3.37	21569.55
Number of Cases	3346	211.28	213.03	2	1918
控制变量					
Population（万元）	3385	410.1	239.32	16.37	1238.5
GDP（万元）	3382	1.16E+07	1.50E+07	317731	1.65E+08
Revenue（万元）	3385	842021.2	1453742	11842.24	2.05E+07
Expenditure（万元）	3385	1442489	1687900	33050	2.14E+07
政治变量					
Tenure	3393	2.83	1.7	1	12

2.研究的模型和方法

本篇的目的是考察中国地级市的土地财政周期,重点关注省级党代会的影响,计量模型如下:

$$Land\ Policy_{it}=\beta_1\ PCCP_{it-2}+\beta_2\ PCCP_{it-1}+\beta_3\ PCCP_{it}+\beta_4\ PCCP_{it+1}+$$
$$\beta_5\ PCCP_{it+2}+\beta_6\ X_{it}+\beta_7\ Trend_t+u_{it} \quad (13)$$

被解释变量是土地财政的变量,即在 t 年第 i 个城市通过协议或拍卖的方式出让土地的地价。核心的解释变量是二元变量,$PCCP$ 代表省级党代会,$PCCP_{it-2}$、$PCCP_{it-1}$、$PCCP_{it}$、$PCCP_{it+1}$ 和 $PCCP_{it+2}$ 分别表示省级党代会召开前两年、前一年、当年、后一年和后两年,以此来反映官员对土地财政的财政激励行为。X_{it} 是控制变量,包括总人口、国内生产总值、滞后的地方预算收入和地方预算支出。同时,我们考虑了时间趋势和城市固定效应。同时,需要指出的是,在估计省级党代会的影响时,我们控制的是时间趋势而不是年固定效应,这是因为,半数地级市的党代会在全国党代会召开同一年举行,另一半的城市在全国党代会召开的前一年举行。一旦省级党代会和年份的虚拟变量包含在模型中,就很难从其他时间效应中识别出省级党代会效应,且容易导致多重共线性问题,使估计结果难以解释。

第二个估计模型考察了地方官员的任期对土地政策的影响。核心的解释变量为官员的任期,由于地方官员任期($Tenure$)与土地政策选择可能存在着非线性的关系。因此,我们采用任期和任期的平方向去估计两者间可能存在的曲线关系,我们用任期和其平方向替代了第一个估计回归模型中的省级党代会变量,而得到第二个估计模型——式(14)。在这个模型中,考虑了年固定效应和城市固定效应,进行估计的计量模型如下:

$$Land\ Policy_{it} = \alpha_i + \theta_1 Tenure_{it} + \theta_2 Tenure_{it}^2 + \theta_3 X_{it} + \varphi_i year_t + \varepsilon_{it} \quad (14)$$

然而,一个人的任期与相应的土地政策之间可能不存在线性或曲线关系,为了去探讨此非线性关系,我们使用地方官员任期的虚拟变量,根据我们的数据,由于不到10%的地级市领导会在职位上超过五年,所以,我们以此为基础,构建变量 $Tenure1$ 到 $Tenure5$[①]。

3. 实证研究主要分析结果

(1)省级党代会对土地供给面积和价格的影响

表 1-14 和表 1-15 展示了省级党代会对土地财政周期的实证结果,地方领导人在党代会时会选择协议还是拍卖的土地出让策略。我们重点关注虚拟变量省级党代会的系数,其反映了在省级党代会期间土地供给数量的变化。值得注意的是,省级党代会五年一届,只有四个虚拟变量被包括在内,以避免多重共线性的问题。表 1-14 表明,在省级党代会期间(会议召开前一年和当年)[②]通过协议出让的土地面积往往会增加;它们不仅具有统计学意义,而且在数量上也相对较大,相比之下,这种影响在省级党代会结束后($PCCP_{t+1}$,$PCCP_{t+2}$ 和 $PCCP_{t-2}$)变为负向。表 1-14 的实证结果符合我们的假设,即地级市领导有动机将出让土地作为一种形式的投机活动,具体来说,在省级党代会结束后,地方官员倾向于减少以协议的方式出让土地,以便其可以在关键时刻使用,从而提高晋升机会。所以在省级党代会召开年份,为了产生更多的经济效益和最大限度地提升经济表现,地级市领导激励增加以协议的方式出让土地,从而吸引更多的工业方面的投资。

---

① 如果一个地级市领导在他任期的第一年,$Tenure1$ 等于 1;如果不在任期的第一年,则等于 0。$Tenure2$、$Tenure3$、$Tenure4$ 和 $Tenure5$ 采用相同的定义方法。

② 我们把 $PCCP_{t-1}$ 和 $PCCP_t$ 视为 $PCCP$ 年份,是因为在省级党代会召开前一年,一些政策和晋升决定已经要确定了。因此,地级市领导可能有动机来提前做好准备。

表 1-14　省级党代会对以协议形式出让土地的影响

	被解释变量:协议出让土地的对数				
$PCCP_{(t-2)}$	0.31*** (0.05)	−0.05 (0.07)	−0.51*** (0.06)	−0.33*** (0.05)	
$PCCP_{(t-1)}$	0.65*** (0.05)	0.29*** (0.07)	−0.18*** (0.05)		0.33*** (0.05)
$PCCP_{(t)}$	0.82*** (0.06)	0.46*** (0.07)		0.18*** (0.05)	0.51*** (0.06)
$PCCP_{(t+1)}$	0.36*** (0.07)		−0.46*** (0.07)	−0.29*** (0.07)	0.05 (0.07)
$PCCP_{(t+2)}$		−0.36*** (0.07)	−0.82*** (0.06)	−0.65*** (0.05)	−0.31*** (0.05)
$Log(Population)$	0.03 (0.72)	0.03 (0.72)	0.03 (0.72)	0.03 (0.72)	0.03 (0.72)
$Log(GDP)$	0.61** (0.27)	0.61** (0.27)	0.61** (0.27)	0.61** (0.27)	0.61** (0.27)
$Log(Deficit_{t-1})$	0.01 (0.01)	0.01 (0.01)	0.01 (0.01)	0.01 (0.01)	0.01 (0.01)
Time trend	Yes	Yes	Yes	Yes	Yes
City Fixed Effect	Yes	Yes	Yes	Yes	Yes
R^2 Obs	0.59	0.59	0.59	0.59	0.59

注:***,**,*分别表示在1%、5%、10%水平上显著,括号中为稳健标准差。

表 1-15 反映了在省级党代会召开前后,拍卖出让土地面积的变化情况。除了第 4 列外,表 1-15 的所有回归均表明,在省级党代会召开期间,拍卖的土地数量趋于减少,这与在省级党代会召开前相当大规模的"积累"相关。即使没有详细的数据显示土地出让方式和土地出让目的之间的相关性,但现有文献表明,通过协议出让的土地更有可能用于制造业,而通过拍卖出让的土地更有可能涉及商业/住宅用途。所以,地级市领导有可能抬高商业/住宅用地的价格,以最大限度地增加土地出让收入,所以有策略地减少拍卖土地的数量,以期控制土地供应,Wang 和 Hui[53]亦指出土地供给为地方官员操纵土地财政的重要工具之一。

表 1-15　省级党代会对以拍卖形式出让土地的影响

被解释变量:拍卖出让土地面积的对数

$PCCP_{(t-2)}$	−0.01	−0.01	0.07**	0.04*	
	(0.03)	(0.03)	(0.03)	(0.02)	
$PCCP_{(t-1)}$	−0.06*	−0.06*	0.03		−0.04*
	(0.03)	(0.03)	(0.03)		(0.02)
$PCCP_{(t)}$	−0.08**	−0.09***		−0.03	−0.07**
	(0.03)	(0.03)		(0.03)	(0.03)
$PCCP_{(t+1)}$	0.006		0.09***	0.06*	0.02
	(0.03)		(0.03)	(0.03)	(0.03)
$PCCP_{(t+2)}$		−0.004	0.08**	0.05*	0.01
		(0.03)	(0.03)	(0.03)	(0.03)
$Log(Population)$	−0.88*	−0.88*	−0.88*	−0.88*	−0.88*
	(0.007)	(0.007)	(0.007)	(0.007)	(0.007)
$Log(GDP)$	0.31*	0.31*	0.31*	0.31*	0.31*
	(0.18)	(0.18)	(0.18)	(0.18)	(0.18)
$Log(Deficit_{t-1})$	0.01*	0.01*	0.01*	0.01*	0.01*
	(0.007)	(0.007)	(0.007)	(0.007)	(0.007)
Time trend	Yes	Yes	Yes	Yes	Yes
City Fixed Effect	Yes	Yes	Yes	Yes	Yes
R^2 Obs	0.83	0.83	0.83	0.83	0.83

注:***,**,*分别表示在 1%,5%,10%水平上显著,括号中为稳健标准差。

表 1-14 和表 1-15 中的实证分析结果(即两种不同的土地出让机制)支持我们的假设。另外,其他的结果也提供了间接的支持,尽管地方财政赤字对以协议出让土地的影响是不显著的,但是也显示正向的关系,并且在以拍卖出让的土地面积作为被解释变量时,地方财政赤字表现出轻微的显著性,这表明财政预算问题或多或少是决定土地供应的影响机制之一。当地方政府出现财政赤字时,地方政府倾向于增加土地供应量,以获取超额的财政租金。

由此可见,土地供给的土地财产周期与省级党代会的周期是同步的,但是,两种土地出让方式呈现出不同的机制。除了土地供给外,我们还需要进一步探讨土地财政的地价周期来支持我们的研究结果。所以,我们使用土地出让的价格作为被解释变量,实证分析结果见表 1-16,以省级党代会召开后一年(即 $PCCP_{t+1}$)为基准年①。从表 1-16 的第 2 列可以看出,在省级党代会召开后,通过协议出让土地

———————————

① 由于 $PCCP_{t+1}$作为基准,所以省略该变量。如果控制不同 PCCP 年份作为协变量时,结果是一致的。

的价格有所增加,而在省级党代会期间地价相对较低。实证结果表明,地级市领导人可能会在省级党代会召开年份增加协议出让的土地,并有策略地提供低于市场价格的"低价"地价。而对于通过拍卖出让的土地,或多或少地观察到相反的模式(表 1-16 的第 3 列)。在省级党代会召开之后,通过拍卖出让土地的价格与省级党代会期间(特别是前一年)相比相对较低。实证结果表明,地级市领导人可能会在省级党代会召开前增加土地的囤积,从而通过拍卖获得地价高峰期,并且可以在省级党代会年份能够进行土地的投机。这与 Du 和 Peiser[58] 的发现一致,即地价和土地囤积量之间存在正相关关系。总而言之,地级市领导有动力压低协议的地价来吸引制造业投资,同时通过拍卖提高地价,增加财政收入,追求财政租金。

表 1-16　省级党代会对土地价格的影响

	协议	拍卖
$PCCP(t-2)$	0.09*** (0.03)	− 0.08*** (0.02)
$PCCP(t-1)$	− 0.04 (0.03)	− 0.005 (0.02)
$PCCP(t)$	0.04 (0.03)	− 0.09*** (0.02)
$PCCP(t+2)$	0.15*** (0.03)	− 0.14*** (0.02)
Time Trend	Yes	Yes
City Fixed Effect	Yes	Yes
Control Variables	Yes	Yes
R^2	0.60	0.70
Obs	2732	2773

注:*** ,** ,* 分别表示在 1%、5%、10% 水平上显著,括号中为稳健标准差。控制变量包含人口、人均国内生产总值和地方财政收支。

(2)地级市领导任期的影响

表 1-17 和表 1-18 分别以土地出让的面积和土地价格为被解释变量,考察了地方领导任期对土地财政周期的影响,任期($Tenure$)和任期的平方项($Tenure^2$),以及 $Tenure$ 的虚拟变量等的系数为主要的解释变量。第 2 列和第 4 列中的任期和任期的平方项的系数反映了官员任期对土地财政的曲线效应,而第 3 列和第 5 列的任期($Tenure$)的虚拟变量的系数则侧重于估计可能存在的非线性关系。表 1-17 第 3 列表明,在地级市领导任期开始时,协议出让的土

地数量相对较高,而这种影响在任期第四年减弱。与之相反,在任期的第四年,地级市领导更偏爱于增加拍卖出让土地的数量。这种结果或多或少与省级党代会的周期相一致,由于任期的不确定性,地级市领导为得到上级主管部门的重视,因此,他有动机在一上任时便去关注土地政策。虽然通常来说,地方政府领导的任期是五年,但实际上,五年的期限限制并没有被严格执行。根据我们的计算,从2003—2014年,地级市领导在任期的前三年内进行职务调整的比例高达45%以上,这表明地级市领导的政治变迁存在着高度的不确定性。因此,他们可能有动机在任职的初期便来操纵土地政策。所以,我们观察到在这段时期,协议出让土地数量的增加,而拍卖出让土地的份额相对较低,这与之前讨论的省级党代会周期的模式相似。然而,表 1-18 中的所有系数都是不显著的,这表明地级市领导的任期对土地价格的影响可能是极微小的。在中国,官员任期的限制可能不是严格的,地级市领导的任期和政府换届的不确定性导致在其任期内操控土地政策的动机较少,从表 1-17 和表 1-18可以看出,除少数情况外,地级市领导的任期对土地财政周期的影响几乎是可以忽略不计的。

表 1-17　地方官员任期对土地出让面积的影响

	协议出让土地面积(对数)		拍卖出让土地的面积(对数)	
Tenure	0.01 (0.04)		0.03 (0.02)	
Tenure_square	−0.007 (0.006)		−0.005 (0.003)	
Tenure1		0.17* (0.09)		0.05 (0.05)
Tenure2		0.21** (0.09)		0.03 (0.05)
Tenure3		0.18** (0.09)		0.08 (0.05)
Tenure4		0.10 (0.09)		0.10* (0.05)
Tenure5		0.03 (0.09)		0.07 (0.05)
Year Fixed Effect	Yes	Yes	Yes	Yes
City Fixed Effect	Yes	Yes	Yes	Yes
Control Variables	Yes	Yes	Yes	Yes
R^2	0.47	0.47	0.17	0.17
Obs	2733	2734	2772	2773

注:**,*分别表示在5%、10%水平上显著,括号中为稳健标准差。控制变量包含人口、人均国内生产总值和地方财政收支。

表 1-18　地方官员任期对土地出让价格的影响

	协议出让土地价格（对数）		拍卖出让土地价格（对数）	
$Tenure$	−0.04 (0.02)		0.009 (0.01)	
$Tenure\_square$	0.005 (0.003)		−0.002 (0.002)	
$Tenure1$		−0.02 (0.05)		0.04 (0.03)
$Tenure2$		0.03 (0.06)		0.05 (0.03)
$Tenure3$		−0.02 (0.06)		0.04 (0.03)
$Tenure4$		−0.05 (0.05)		0.03 (0.03)
$Tenure5$		−0.07 (0.05)		0.02 (0.03)
Year Fixed Effect	Yes	Yes	Yes	Yes
City Fixed Effect	Yes	Yes	Yes	Yes
Control Variables	Yes	Yes	Yes	Yes
R^2	0.30	0.29	0.05	0.05
Obs	2731	2732	2772	2773

注：括号中为稳健标准差。控制变量包含人口、人均国内生产总值和地方财政收支。

4.稳健性检验

（1）地方官员任期和省级党代会的影响

尽管前面的实证结果表明，地级市领导的任期对土地财政周期几乎没有什么影响，这可能是因为地级市领导人的任期和省级党代会的时间安排是重合的。因此，在原来的省级党代会模型的基础上，我们加入了地级市领导任期的第一年的虚拟变量($Tenure1$)和不同的省级党代会虚拟变量的交叉项，以此反映与省级党代会周期相关的政府换届的影响，由于 $PCCP_{t+1}$ 作为基准，所以该变量省略。在控制不同省级党代会年份作为协变量时，我们得到的结果均为一致的。另外，以协议出让土地的数量为被解释变量，如果用 $Tenure2$ 和 $Tenure3$ 取代 $Tenure1$，则回归分析的结果相似但是效应减弱的；如果更换为 $Tenure4$ 和 $Tenure5$，回归分析的结果均不显著。这样的结果表明，一个地级市领导在他上任初时对此有更大的关注[1]，回

———

[1]　部分回归结果并没有展示，如果有需要可以向作者索取。

归分析的结果见表 1-19。表 1-19 的第 2 列表明,所有交叉项的系数都其对应的省级党代会年份正负相一致,并且其大多数是显著的(除了 $PCCP_{t-2} \times Tenure1$ 和 $PCCP_{t+2} \times Tenure1$),这意味着新上任的地级市领导人可能有更多的动机,根据省级党代会的周期来操控协议出让土地的份额。这可能的原因是,新上任的地方领导面临着高度的不确定性,强烈地希望在任期初能够用政绩表现来打动他的上级,增加升迁的概率,从而导致了更为显著的土地财政周期。然而,这样的影响对于拍卖出让土地的份额并不显著(见表 1-19 第 3 列)。新上任的地级市领导这样的偏好可能是因为与拍卖出让土地相比,协议出让土地或许更容易被实现和操纵,并且使当地精英们能够追求预期的收益。另外,该模型对省级党代会变量得出的结果与我们前面的结论(见表 1-14 和表 1-15)几乎一致,这显示了结果的稳健性。

表 1-19 地方官员任期和省级党代会对土地财政的影响

	协议出让土地	拍卖出让土地
$PCCP(t-2)$	−0.33***	0.05*
	(0.05)	(0.03)
$PCCP(t-2) \times Tenure1$	−0.06	−0.04
	(0.11)	(0.06)
$PCCP$	0.13**	−0.05
	(0.05)	(0.03)
$PCCP \times Tenure1$	0.17*	0.06
	(0.10)	(0.06)
$PCCP(t+1)$	−0.16**	0.07**
	(0.08)	(0.03)
$PCCP(t+1) \times Tenure1$	−0.37***	−0.03
	(0.11)	(0.05)
$PCCP(t+2)$	−0.62***	0.06
	(0.06)	(0.03)
$PCCP(t+2) \times Tenure1$	−0.12	−0.02
	(0.09)	(0.07)
Time trend	yes	yes
City Fixed Effect	yes	yes
Control Variables	yes	yes
R^2	0.59	0.83
Obs	2734	2773

注:***,**,* 分别表示在 1%、5%、10% 水平上显著,括号中为稳健标准差。控制变量包含人口、人均国内生产总值和地方财政收支。

（2）地方官员辖区特征和省级党代会的影响

以上的实证分析结果表明,地级市领导激励通过协议或拍卖的方式对土地出让进行分配。然而,我们有必要考虑可能来自各个城市之间其他差异所造成的影响。例如,每个城市在制造业或商业/住宅开发方面都有自己的比较优势,这可能会限制地级市领导人对土地投机的行为。为了验证结果是稳健的,我们按照工业产值的平均值,将城市分为工业化和非工业化城市,构建了一个是否工业化的虚拟变量。在省级党代会基础模型中,我们加入了是否工业化城市虚拟变量和不同省级党代会虚拟变量之间的交叉项,从而考察在工业化和非工业化城市之间土地出让政策操纵情况的变化,回归分析结果见表 1-20。表 1-20 的第 2 列表明,所有交叉项的系数都与其对应的省级党代会虚拟变量的系数符号相反,但是并不显著。然而,对于拍卖出让土地的情况,少量的交叉项（$PCCP \times Industrialized\ city$ 和 $PCCP_{t+1} \times Industrialized\ city$）系数是显著的,但是它们对应的省级党代会虚拟变量是不显著的（见表 1-20 的第 3 列）。为了使结果更加清楚容易解释,我们采用一般线性约束检验,具体的结果见表 1-20 的底部表格。表 1-20 的底部表格表明,对于协议出让土地的情况而言,非工业化城市的土地财政周期更为明显;对于拍卖出让土地的情况而言,工业化城市则表现更为明显。这个实证结果表明,非工业化城市更注重吸引制造业投资,而工业化城市则更多地集中从住宅和商业房地产中收取租金。对于有利于发展制造业的城市而言,地方官员会花费更多的精力来促进商业/住宅行业,所以投机性的土地财政周期被体现出来,反之亦然,表明财政收入和经济表现之间的权衡对于地级市领导未来的仕途至关重要,因此地级市领导的土地政策必须着重两者均衡的发展。

表 1-20　省级党代会对工业化和非工业化城市的土地财政的影响

	协议出让土地	拍卖出让土地
$PCCP(t-2)$	−0.43*** (0.08)	0.05 (0.04)
$PCCP(t-2) \times$ $Industrialized\ city$	0.14 (0.11)	0.02 (0.05)
$PCCP$	0.21*** (0.07)	0.02 (0.04)
$PCCP \times Industrialized\ city$	−0.02 (0.10)	−0.14*** (0.05)
$PCCP(t+1)$	−0.41*** (0.12)	−0.003 (0.04)

续表

	协议出让土地	拍卖出让土地
$PCCP(t+1)\times$ Industrialized city	0.23 (0.16)	0.12* (0.07)
$PCCP(t+2)$	−0.69*** (0.08)	0.06 (0.05)
$PCCP(t+2)\times$ Industrialized city	0.06 (0.12)	−0.03 (0.08)
Time Trend	yes	yes
City Fixed Effect	yes	yes
Control Variables	yes	yes
R^2	0.57	0.82
Obs	2734	2773

	Test of General Linear Restriction			
	非工业化城市	工业化城市	非工业化城市	工业化城市
$PCCP(t-2)$	−0.42*** (0.08)	−0.28*** (0.07)	0.05 (0.04)	0.07* (0.04)
$PCCP(t)$	0.21*** (0.07)	0.19** (0.08)	0.02 (0.04)	−0.11*** (0.04)
$PCCP(t+1)$	−0.41*** (0.12)	−0.19 (0.11)	−0.003 (0.04)	0.12** (0.05)
$PCCP(t+2)$	−0.69*** (0.08)	−0.64*** (0.08)	0.06 (0.05)	0.03 (0.05)

注：***，**，* 分别表示在 1%、5%、10% 水平上显著，括号中为稳健标准差。控制变量包含人口、人均国内生产总值和地方财政收支。

（3）地方官员个人特征和省级党代会的影响

地级市领导的个人特征差异也可能导致这种机制。许多文献发现，地方官员的政策偏好取决于他们的社交网络[65-67]。与"非本地"官员相比，"本地"官员，即在当地逐级提拔的官员，拥有更好的社交网络，会倾向于出台迎合地方精英的政策。因此，土地财政周期可能会随着地方官员对当地不同的熟悉程度而存在差异。根据职业发展轨迹和出生地，我们将地级市官员分为"本地"和"非本地"，构建是否"本地"的虚拟变量。一个"本地"的地级市领导表示其主要的升迁是在他所管辖的城市内发生，或他是出生在他所管辖的城市内，因此，本地官员与当地精英有很好的关系。而"非本地"的地级市领导表示他是从其他城市调任过来的,也不出生在他所管辖的城市,所以与当地精英的联系较少。通过将是否"本地"的虚拟变量和不同省级党代会虚拟变量的交叉项添加到省级党代会基准模型中,以此来刻画对土地利用的影响是否因地级市领导而异,回归分析结果见表 1-21。表 1-21 中所有交叉项的系数均不显著,表明地方官员的"本地性"对土地财政周期的影响是无足轻重的。在表 1-21 的底部表格亦展示了一般线性约束检验,证实这样的结论。

表 1-21　地方官员个人特征和省级党代会对土地财政的影响

	协议出让	拍卖出让
$PCCP(t-2)$	-0.37^{***} (0.09)	0.07 (0.04)
$PCCP(t-2) \times Localness$	-0.000 (0.12)	-0.01 (0.05)
$PCCP$	0.17^{**} (0.08)	-0.02 (0.04)
$PCCP \times Localness$	0.03 (0.12)	-0.03 (0.05)
$PCCP(t+1)$	-0.32^{***} (0.12)	0.05 (0.05)
$PCCP(t+1) \times Localness$	0.01 (0.15)	0.007 (0.06)
$PCCP(t+2)$	-0.65^{***} (0.08)	0.09^{*} (0.05)
$PCCP(t+2) \times Localness$	-0.02 (0.10)	-0.08 (0.06)
Time Trend	yes	yes
City Fixed Effect	yes	yes
Control Variables	yes	yes
R^2	0.58	0.82
Obs	2696	2736

	Test of General Linear Restriction			
	非本地	本地 I	非本地	本地 I
$PCCP(t-2)$	−0.37***	−0.37***	0.07	0.05
	(0.09)	(0.08)	(0.04)	(0.04)
$PCCP(t)$	0.17**	0.20***	−0.02	−0.05
	(0.08)	(0.08)	(0.04)	(0.04)
$PCCP(t+1)$	−0.32***	−0.31***	0.05	0.06
	(0.12)	(0.11)	(0.05)	(0.04)
$PCCP(t+2)$	−0.65***	−0.67***	0.09*	0.006
	(0.08)	(0.07)	(0.05)	(0.05)

注：***，**，* 分别表示在 1%、5%、10% 水平上显著，括号中为稳健标准差。控制变量包含人口、人均国内生产总值和地方财政收支。

(五)研究的主要结论

以上分析表明，中国地方官员的财政安排不仅仅受财政预算拨款的限制，在干部管理体系的驱动下，土地财政亦为重要的财政来源之一，而土地出让的空间分配和价格则为地方官员利用土地财政的重要政策，影响了中国的地方经济发展和波动。以往的文献中广泛讨论了中国土地财政的重要性。然而，鲜有研究考察地方官员有策略性地对土地出让方式的利用问题。在 21 世纪之初，尽管中央政府颁布了土地管理的相关法规，越来越多的土地以拍卖的形式进行出让，但是大部分土地供应仍通过协议进行，这表明地方政府利用土地使用权的出让方式和"逐底竞赛"的过程。

如前所述，我们构建了一个理论模型，刻画了土地财政和政府政治周期的关系。为了增加晋升的机会，地方政府官员在省级党代会召开前夕，会非常注重辖区内的经济绩效，就会通过增加协议出让的土地，也会减少拍卖出让的土地面积，达到其目的。为验证此理论模型，我们使用中国 2003—2012 年的 283 个地级市的面板数据，研究发现在省级党代会召开期间，地方领导对土地出让方式进行利用是显著的。在这段时间里，地级市领导增加以协议出让土地的份额，从而吸引投资提高晋升机会，并且降低以拍卖出让土地的份额，以提高商业/住宅用地的财政收入。本篇的实证结果表明中国的政治周期不仅与财政预算安排有关，而且亦与土地的空间分配相关。具体来说，一个地级市领导有针对性地倾向于通过协议或拍卖的方式来操控土地的出让情况。由此可见，中国地方领导的财政行为和土地政策偏好是被政治体制所束缚的。

参考文献

[1] 朱秋霞.中国土地财政制度改革研究[M].上海：立信会计出版社，2007.

[2] 财政部财政科学研究所,北京大学林肯中心"中国土地财政研究"课题组,苏明,等.中国土地财政现状分析[J].经济研究参考,2014(34):18-27.

[3] Ding C. Land Policy Reform in China：Assessment and Prospects[J]. *Land Use Policy*, 2003,20(2):109-120.

[4] Zhu K L,Roy P. Securing Land Rights for Chinese Farmers：A Leap Forward for Stability and Growth：A Leap Forward for Stability and Growth[J]. *Yale Economic Review*,2009,2(5):15.

[5] Cao G Z, Feng C C, Tao R. Local "Land Finance" in China's Urban Expansion：Challenges and Solutions[J]. *China & World Economy*,2008,16(2):19-30.

[6] 任泽平,宋双杰.地王之谜：来自地方土地财政视角的解释[EB/OL].[2016-08-24]. http://finance.ifeng.com/a/20160824/14788082 0.shtml.

[7] 周黎安.中国地方官员的晋升锦标赛模式研究[J].经济研究,2007(7):36-50.

[8] 王文剑,覃成林.地方政府行为与财政分权增长效应的地区性差异——基于经验分析的判断、假说及检验[J].管理世界,2008(1):9-21.

[9] 梁若冰.财政分权下的晋升激励、部门利益与土地违法[J].经济学,2010,9(4):283-306.

[10] 张青,胡凯.中国土地财政的起因与改革[J].财贸经济,2009(9):77-81.

[11] 张双长,李稻葵."二次房改"的财政基础分析——基于土地财政与房地产价格关系的视角[J].财政研究,2010(7):5-11.

[12] 李郇,洪国志,黄亮雄.中国土地财政增长之谜——分税制改革、土地财政增长的策略性[J].经济学(季刊),2013,12(3):1141-1160.

[13] 董再平.经济转轨时期我国财政分权问题研究[D].成都:成都西南财经大学,2008.

[14] 张丽华,李保春,张吕,等.我国土地财政生成机理分析及解决思路[J].财政研究,2010(12):25-27.

[15] 范子英.土地财政的根源：财政压力还是投资冲动[J].中国工业经济,2015(6):58-58.

[16] Li H B,Zhou L A. Political Turnover and Economic Performance：the Incentive Role of Personnel Control in China [J]. *Journal of Public Economics*, 2005, 89 (9-10): 1743-1762.

[17] 曹广忠,袁飞,陶然.土地财政、产业结构演变与税收超常规增长——中国"税收增长之谜"的一个分析视角[J].中国工业经济,2007(12):13-21.

[18] Holmstrom B,Milgrom P. Multitask Principal-Agent Analyses：Incentive Contracts, Asset Ownership,and Job Design[J]. *Journal of Law, Economics, & Organization*. 1991(7):24-52.

[19] 傅勇,张晏.中国式分权与财政支出结构偏向：为增长而竞争的代价[J].管理世界,2007(3):6.

68

[20] 陶然,袁飞,曹广忠.区域竞争、土地出让与地方财政效应:基于 1999—2003 年中国地级城市面板数据的分析[J].世界经济,2007(10):15-27.

[21] Tao R, Su F B, Liu M X, et al. Land Leasing and Local Public Finance in China's Regional Development:Evidence from Prefecture-level Cities[J]. *Urban Studies*,2010, 47(10):2217-2236.

[22] 周飞舟.大兴土木:土地财政与地方政府行为[J].经济社会体制比较,2010(3):77-89.

[23] 刘德炳.哪个省更依赖土地财政? 本刊首次发布 23 个省份"土地财政依赖度"排名报告[J].中国经济周刊,2014(14):20-23.

[24] 杨圆圆."土地财政"规模估算及影响因素研究[J].财贸经济,2010(10):69-76.

[25] 平新乔,黄昕,安然.地方财政对于土地财政依赖度的区域比较[J].区域经济评论,2015(5):87-95.

[26] 贾康,刘微."土地财政":分析及出路——在深化财税改革中构建合理、规范、可持续的地方"土地生财"机制[J].财政研究,2012(1):2-9.

[27] Eckaus R S. Some Consequences of Fiscal Reliance on Extrabudgetary Revenues in China[J]. *China Economic Review*,2003,14(1):72-88.

[28] Li J. Land Sale Venue and Economic Growth Path:Evidence from China's Urban Land Market[J]. *Habitat International*,2014(41):307-313.

[29] Xie Q S, Ghanbari A R, Redding B. The Emergence of the Urban Land Market in China:Evolution,Structure,Constraints and Perspectives[J]. *Urban Studies*,2002,39 (8):1375-1398.

[30] Li H,Kung K S. Fiscal Incentives and Policy Choices of Local Governments:Evidence from China. *Journal of Development Economics*,2015(116):89-104.

[31] Kung K S,Chen T. Land Revenue Windfalls,Signaling,and Career Incentive of China's Local Leaders[D]. Working Paper,2014.

[32] Fan L,Zi S Q. Theory Study and Empirical Research about Impact of Land Finance on Housing Price[J]. *Resource Development and Market*,2012,29(2),136-140.

[33] Lu W,Liu C H. Fiscal Expenditure,Land Finance and Housing Price Bubble - Measurement and Empirical Study Based on Provincial Panel Data[J]. *Finance and Trade Economics*,2012(12),21-30.

[34] Pan J N,Huang J T,Chiang T F. Empirical Study of the Local Government Deficit, Land Finance and Real Estate Markets in China[J]. *China Economic Review*,2015 (32),57-67.

[35] Tan R,Qu F,Heerink N,Mettepenningen E. Rural to Urban Land Conversion in China—How Large Is the Over-conversion and What Are Its Welfare Implications? [J]. *China Economic Review*,2011,22(4),474-484.

[36] Tsai P H. Fiscal Incentives and Political Budget Cycles in China[J]. *International Tax and Public Finance*,2016,23(6),1030-1073.

[37] Wang Z,Zhang Q H,Zhou L A. To Build Outward or Upward: The Spatial Pattern of Urban Land Development in China[D]. *Working Paper*,2016.

[38] Xu C G.. The Fundamental Institutions of China's Reforms and Development. *Journal of Economic Literature*,2011,49(4),1076-1151.

[39] Anselin L,Gallo J L,Jayet H. *Spatial Panel Econometrics*[M]//In Mátyás L,Sevestre P (Eds.). *The Econometrics of Panel Data. Advanced Studies in Theoretical and Applied Econometrics*[M]. Heidelberg:Springer,2008:5625-5660.

[40] Elhorst J P. Spatial Panel Data Models[M]//In Fischer M,Getis A (Eds.). *Handbook of Applied Spatial Analysis*[M]. Heidelberg:Springer,2010:377-407.

[41] Maskin E,Qian Y Y,Xu C G. Incentives,Information,and Organizational Form[J]. *Review of Economic Studies*,2000,67(2),359-378.

[42] Ye C,Li H B,Zhou L A. Relative Performance Evaluation and the Turnover of Provincial Leaders in China[J]. *Economic Letters*,2005(88):421-425.

[43] Guo G. China's Local Political Budget Cycles. *American Journal of Political Science*,2009,53 (3):621-632.

[44] Wu J,Deng Y H,Huang J,et al. Incentives and Outcomes: China's Environmental Policy[J]. *Capitalism and Society*,2014,9(1):Article 2.

[45] Gong L T,Knight B G,Xiao J,et al. Political Budget Cycles of Prefectures in China [D]. Peking University Working Paper,2016.

[46] Wang Z,Zhang Q H,Zhou L A. To Build Outward or Upward: The Spatial Pattern of Urban Land Development in China. Peking University Working Paper,2016.

[47] Lin J Y,Liu Z Q. Fiscal Decentralization and Economic Growth in China[J]. *Economic Development and Cultural Change*,2000,49(1):1-21.

[48] Wu Q,Li Y L,Yan S Q. The Incentives of China's Urban Land Finance[J]. *Land Use Policy*,2015(42):432-442.

[49] Lichtenberg E,Ding C R. Local Officials as Land Developers:Urban Spatial Expansion in China[J]. *Journal of Urban Economics*,2009(66):57-64.

[50] Ye Lin,Wu A M. Urbanization,Land Development,and Land Financing:Evidence from Chinese Cities[J]. *Journal of Urban Affairs*,2014(36):1-15.

[51] Urbanaviciene V,Kaklauskas A,Zavadskas E K. The Conceptual Model of Construction and Real Estate Negotiation. *International Journal of Strategic Property Management*,2009,13(1):53-70.

[52] Cai H B,Henderson J V,Zhang Q H. China's Land Market Auctions:Evidence of Corruption[J]. *RAND Journal of Economics*,2013,44(3):488-521.

[53] Wang Y,Hui E C. Are Local Governments Maximizing Land Revenue? Evidence from China[J]. *China Economic Review*,2017(43):196-215.

[54] Yang Z,Ren R R,Liu H Y,et al. Land Leasing and Local Government Behavior in

China:Evidence from Beijing[J]. *Urban Studies*,2015,52(5):841-856.

[55] Gong L T,Xiao J,Zhang Q H. Promotion Incentive:Corruption and Its Implications on Local Fiscal Cycles in China[D]. Working paper,2014.

[56] Lin G,Ho S. The State,Land System,and Land Development Processes in Contemporary China[J]. *Annals of the Association of American Geographers*,2005,95(2):411-436.

[57] Li J. Central-local Conflict and Property Cycle:A Chinese Style[J]. *Habitat International*, 2011(35):126-132.

[58] Du J F,Peiser R B. Land Supply,Pricing and Local Governments' Land Hoarding in China [J]. *Regional Science and Urban Economics*,2014(48):180-189.

[59] Su FB,Tao R,Xi L,Li M. Tournament Thesis Reexamined and Alternative Explanatory Framework[J]. *China and World Economy*,2012,20(4):1-18.

[60] Bo Z Y. *The Institutionalization of Elite Management in China*[M]//In Naughton B J,Yang D L (Eds.). *Holding China Together*[M]. Cambridge:Cambridge University Press,2004.

[61] Nordhaus W. The Political Business Cycle[J]. *Review of Economic Studies*,1975(42): 169-190.

[62] Hibbs D. Political Parties and Macroeconomic Policy[J]. *American Political Science Review*,1977(71):1467-1487.

[63] Drazen A. The Political Business Cycle after 25 Years[J]. *NBER Macroeconomics Annual*,2000(15),75-138.

[64] Chen S. From Governance to Institutionalization:Political Selection from the Perspective of Central-local Relations in China-Past and Present (1368-2010)[D]. Department of Economics,Fudan University Working Paper,2015.

[65] Tsai L. Solidary Groups,Informal Accountability,and Local Public Goods Provision in Rural China[J]. *American Political Science Review*,2007,101(2):355-372.

[66] Persson P,Zhuravskaya E. The Limits of Career Concerns in Federalism:Evidence from China[J]. *Journal of the European Economic Association*,2016,14(2):338-374.

[67] Xu Y Q,Yao Y. Informal Institutions,Collective Action,and Public Investment in Rural China[J]. *American Political Science Association*,2015,109(2):371-391.

第二篇 土地财政与工业企业发展效应研究

周夏飞　应欣璇　马　腾

[提　要]本篇从地区工业化水平、工业企业经营效率及创新能力的角度,研究土地财政对工业企业发展的影响。研究发现,土地财政扭曲了产业结构,引发了"早熟的去工业化"现象,其中房价上涨为主要影响渠道,政府规模扩张是重要渠道;土地财政有损工业企业的经营效率,主要原因是土地财政背景下银行对工业企业贷款期限结构的短期化,以及企业偏好房地产投资;土地财政阻碍了工业企业创新,通过房地产投资上升和政府研发补助缩减产生"挤出效应"。研究结论凸显了地方政府行为对经济发展转型的影响。

[关键词]土地财政;工业化;经营效率;创新

Research on Land Finance and It's Influence on the Development of Industrial Enterprises

ZHOU Xiafei　YING Xinxuan　MA Teng

Abstract:This part investigates the influence of land finance on the development of industrial enterprises,including the effects on the level of industrialization,operational efficiency and innovation of industrial enterprises. The research finds that,land finance distorts industrial structure and results in premature de-industrialization,in which the increase of property price is the main channel while the expansion of government scale is an important channel. Land finance weakens the operational efficiency of industrial enterprises,and the shortened bank loan maturity structure is the main channel while the outspread real estate investment is an important channel. Land finance damages the enthusiasm for innovation,which results from the increasing interest in real estate and the decreasing public R&D subsidies. Our empirical research indicates that land finance gives rise to real estate bubble and impedes industrial transformation and upgrading. Our conclusion highlights the impacts of the behavior of local government on the transformation of economic development.

Key Words:Land Finance;Industrialization;Operational Efficiency;Innovation

一、导言

自 1994 年分税制改革以来,土地出让收入逐渐成为地方政府财政收入的重要组成部分,近年来广受学者关注。土地财政的形成源于地方政府的差别定价策略,通过"低价出让工业用地、高价出让商住用地",地方政府以低价甚至零成本的工业用地价格"招商引资",发展高税行业来提高税收收入,以高昂的商住用地出让收入获得大量的土地出让金来增加预算外收入,从而缓解财政压力。自 2000 年以来,地方政府对土地财政的依赖性逐渐增强,如表 2-1 所示,我国土地出让金的总规模在 1999 年仅为 514.29 亿元,不足当年地方财政收入的 10%;2013 年土地出让金的总规模达到 43745.30 亿元,平均年增长率达到 68.37%。土地财政俨然成为地方政府的"第二财政"[1]。

表 2-1 1999—2014 年我国土地出让金及其占财政收入的比重

年份	土地出让金/亿元	地方财政收入/亿元	比重/%
1999	514.29	5594.87	9.19
2000	595.60	6406.06	9.30
2001	1295.89	7803.30	16.61
2002	2416.79	8515.00	28.38
2003	5421.31	9849.98	55.04
2004	6412.18	11893.37	53.91
2005	5883.82	15100.76	38.96
2006	8077.64	18303.58	44.13
2007	12216.72	23572.62	51.83
2008	10259.80	28649.79	35.81
2009	17179.53	32602.59	52.69
2010	27464.48	40613.04	67.62
2011	32126.08	52547.11	61.14

续表

年份	土地出让金/亿元	地方财政收入/亿元	比重/%
2012	28042.28	61078.29	45.91
2013	43745.30	69011.16	63.39
2014	34377.37	75876.58	45.31

资料来源：1999—2014年中国统计年鉴（中华人民共和国国家统计局网站：www.stats. gov.cn）。

　　对土地财政迅速发展的缘由，理论界主要有两个观点：财税激励和晋升激励。财税激励起源于分税制改革。在财政集权改革历程中，地方政府财政收支由"盈余剪刀"变为"赤字剪刀"，事权增多导致地方政府难以通过"节流"以减缓收不抵支的窘境，不得不探寻其他的"开源"渠道。土地出让收入作为一种几乎全部归属于地方的预算外收入，成为地方政府缓解财政压力的主要来源[2,8]。晋升激励则来源于中国特色的政绩考核体制引导而生的"晋升锦标赛"[9]。在以GDP为核心的考核体系激励下，"低价出让工业用地、高价出让商住用地"的差别定价策略能够为地方政府取得更多财政收入并投资于基础建设，拉动地区经济[10,11]。土地财政有助于地方政府开展横向竞争，以"招商引资"的方式为地方官员在"晋升锦标赛"中博取私人利益[9,12]。

　　作为土地的所有者、供给者和垄断者，地方政府"三位一体"的身份[13]使其成为土地要素价格的操控者。土地作为主要的生产要素之一，对企业的生产经营活动以及未来发展具有直接影响。然而，在土地财政背景下，土地固有的生产要素角色被淡化，反而被添上了投资与投机的浓重色彩。在商住用地一级市场价格高悬的背景下，房地产业异军突起，成为近年来我国经济的主要增长点之一，与之对比，以工业为主的实体经济发展日渐低迷，尤其是自2006年起，工业增加值占GDP的构成由42.00%的顶点下滑至2015年的34.30%，而房地产业则一路保持上扬趋势，至2015年达到6.10%的高位，如图2-1所示。已有研究发现土地财政是房地产业过度发展和房价上涨的内生性动因[14,17]，土地财政规模膨胀扭曲了地方政府的发展偏好，吸引工业资本流入高回报的房地产业，从而对工业产生"挤出效应"。因此，本篇首先立足于地方政府行为与决策，试图考察土地财政对地区整体工业化水平的影响。

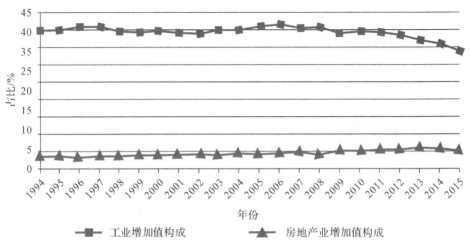

图 2-1 1994—2015 年工业与房地产业增加值构成

资料来源：1994—2015 年中国统计年鉴（中华人民共和国国家统计局网站：www.
stats. gov. cn）。

采用 2000—2013 年省级面板数据，本篇研究发现，在分税制改革及"晋升
锦标赛"的双重激励下，地方政府产生了对发展房地产业的强烈偏好，对工业发
展产生了直接挤出效应；高房价提升了劳动力的生活成本、降低了工业企业的
利润率，土地财政扩大了政府规模、强化了政府对资源配置效率的负面影响，进
而对工业产生了间接挤出效应。实证研究证明，土地财政规模越大，工业化水
平越低，且这种现象集中于我国东部地区；渠道检验还发现，高房价是土地财政
降低工业化水平的主要渠道，政府规模扩张是重要渠道。稳健性检验证明，土
地财政对工业化的负面效应并非源于服务业的成熟发展，而是房地产业的过度
膨胀对工业的"挤出效应"。因此，土地财政激发的工业化水平降低是一种"早
熟的去工业化"。

进一步地，本篇从微观企业的角度细化考察土地财政对工业的"挤出效
应"，着重考察土地财政对工业企业经营效率及创新的影响。土地财政造成房
地产业回报率远超尚处于产业链下游的工业，吸引工业企业投资于房地产或经
营房地产业务，挤占了主营业务投入，不利于工业生产。同时，高回报、短周期
的房地产投资也扭曲了投资价值观，工业企业更不愿意从事高风险、周期长的
创新活动，不利于我国实体经济的转型升级。

以 2007—2014 年我国 A 股上市工业企业为样本，实证研究发现，土地财
政的力度越大，工业企业经营效率越低。土地财政引发银行对工业企业贷款期
限结构的缩短，加大了工业企业的偿债压力，导致企业风险承担水平和融资稳

定性预期降低,专注于降低成本及提高产品质量的积极性下降,从而影响工业企业经营效率;房地产的高利润率吸引了工业企业大量资金流入房地产投资,对主营业务的"折价效应"显著,从而也影响了工业企业经营效率。进一步地,土地财政对工业企业的创新水平有抑制作用,且企业房地产投资增加和政府研发补助减少是土地财政降低工业企业创新的重要渠道。土地财政诱发工业部门资源错配,工业企业将创新投资转移至回报率更高、回收期更短的房地产业,既不利于工业企业主营业务的生产经营,也不利于工业创新;土地财政助推地方经济和财政过分依赖于房地产业,诱使地方政府降低了对于工业企业的创新补贴,限制了工业企业的创新投入。

与既有研究相比,本篇存在的创新点有:(1)从地区工业化水平、工业企业经营效率及工业企业创新能力的角度,系统研究土地财政对工业企业发展的影响。(2)在引入财政集权和"晋升锦标赛"的理论基础上,分析了土地财政对地区工业化水平的"挤出效应",并从房价和政府规模两个角度剖析了其中的传导机制,通过实证研究证明房价上升是土地财政导致工业化水平下降的主要渠道,政府规模扩张是土地财政导致工业化水平下降的重要渠道。(3)本篇发现土地财政降低了工业企业经营效率,并深入探究了银行贷款期限结构和房地产投资的渠道机制,证明银行贷款期限结构缩短是土地财政削弱工业企业经营效率的主要渠道,房地产投资增长是土地财政削弱工业企业经营效率的重要渠道。土地财政引发银行业贷款期限偏向性行为,长期贷款涌入房地产业,缩短了工业企业的期限结构;土地财政诱使工业企业进行高回报的房地产投资,主营业务投入减少,因而经营效率受到制约。(4)本篇发现土地财政削弱了工业企业的创新水平,且工业企业的房地产投资偏向和政府研发补助减少是土地财政影响工业企业创新的重要渠道。土地财政诱发资源错配,工业企业将创新投资转移至回报率更高、回收期更短的房地产业;土地财政对经济增长和财政收入的贡献诱使地方政府过度依赖房地产业,缩减了对工业企业的研发补助,不利于工业企业的创新。本篇的研究有利于重新审视我国产业结构和经济发展的健康程度,指出土地财政可能导致地方政府财政支出结构和工业企业生产经营及投资方向的转变,强调土地财政推动的"早熟的去工业化"可能造成社会经济不可持续、不稳定发展的严重后果,为转变我国经济发展方式提供了一定借鉴。

二、土地财政与工业化水平

(一)问题的提出

工业化最初指随着工业的发展,工业在整体经济水平中占比逐渐升高,产业结构从农业向非农转变的过程;而后期的研究逐渐从广义角度进行定义,工业化被赋予了经济发展、人均收入上升等更为丰富的内涵[18,21]。从概念上来看,工业化与经济发展密不可分,我国生产性服务业发展滞后[19],工业仍将长期成为实体经济发展的支撑,因此从一定意义上来看,工业发展的健康程度能够代表经济增长的可持续性[22]。

乔晓楠和杨成林[23]在研究不同国家的去工业化现象中提出"早熟的去工业化"概念,是指在技术并未提升的情况下,工业丧失了劳动力成本优势,导致投资方向转移。就我国现状而言,工业仍缺乏核心技术,而劳动力成本不断上升,工业企业的利润率面临下滑的严峻态势,由于资本的逐利性本质,工业投资会转移至利润率更高的虚拟经济部门,服务业的发展丧失工业基础,"早熟的去工业化"特征明显。这种并非效率的产业结构升级,可能使得整体经济陷入中等收入陷阱,不利于经济的可持续增长[23]。

马克思主义经济学认为,去工业化现象归根到底是资本逐利性的结果[23]。但不能忽视地方政府在我国产业结构演变过程中的重要角色。大量学者指出地方政府对经济的干预[24]和财政行为波动[25]延缓了我国产业结构升级的节奏,而产业政策可以促进地区产业结构的合理化和高级化[26]。与以往文献不同,本文从地方政府的土地财政出发,考察土地财政对地区工业化水平的影响。

土地财政围绕"低价出让工业用地、高价出让商住用地"的区别定价策略展开。在分税制改革后,地方政府通过提高征税效率和发展工业、房地产业等高税行业的手段来化解财权与事权不平等的局面[27]。地方政府压低工业用地价格、大力发展基础设施建设的引资行为,降低了工业企业的厂房租金成本,能够吸引工业投资,促进地区工业增长[28,30];而对于商住用地,地方政府通过限制供应、抬高价格,获得不菲的商住用地出让收入,弥补了地方财政收支缺口,同时高涨的地价成为地方政府债务融资的主要担保,为地方政府继续参与工业用地低价竞争提供了资金来源[29]。但自2007年起,国家对地方政府低价协议出让工业用地的行为进行严格限制,并出台一系列政策完善落实工业用地"招拍挂"出让制度。受此影响,工业用地价格有所上涨,工业企业用地成本提高,进而降低企业利润率。因此,地方政府发展工业的收益受到限制。相比增速放缓的工业,第三产业尤其是房地产业蓬勃发展,为地方政府快速产生GDP和财政收入提供了新的渠道。在"五年一任"的任期限制下,地方政府对房地产业的依赖增强,既希望能够通过土地出让收入扩大预算外收入,又希望房地产业带动地区经济,扩大税基,增加预算内尤其是地方独享的营业税等税收收入。地方政府的倾向性发展偏好可能引致产业结构扭曲,畸形发展的房地产业最终会对工业产生"挤出效应",发生"城市化虚高"和"产业结构虚高"的现象[13]。因此,在我国产业结构转型升级的过渡阶段,地方政府的土地财政行为对工业化的影响值得重新审视。

(二)土地财政对工业化水平影响的理论分析

1.土地财政对地区工业化水平的影响机制

就地方官员而言,与工业相比,发展房地产业具有极大的优势。从行业自身特点来看,我国工业全要素生产率低下,产能过剩问题严重,投资效率远不及房地产业,具有一定的风险性[13,28],相比之下,房地产业具有收益时效性强、风险性低等特点,能够在短期内提升地区整体经济。在土地财政的杠杆作用下,发展房地产业的收益被进一步放大。首先,土地财政拓宽了地方政府发展房地产业的收益渠道,为地方政府带来两笔快速实现的收入:一是在土地出让当期即能实现的高额出让收入;二是以营业税为主的房地产业相关税收,通常在建造和销售环节实现。而同为高税行业的工业,投资回收期通常较长,从土地出让到企业形成生产能力、为地方政府带来持久稳定的增值税收入的时期远久于房地产业[7]。在"晋升锦标赛"的激励下,地方官员五年一任的任期限制,加大了他们进行短期行为的倾向[31],发展工业更可能是为下一任官员"做嫁妆",而房地产业则可以在短期内带来高额收益。其二,在财政集权改革不断深化的进程下,营业税作为地方独享税的优势日益凸显。由于增值税属于共享税,地方政府发展工业的收益会被中央攫取 75%,且增值税由脱离地方政府管辖的国税系统征收,降低了地方政府发展工业的积极性[1];而营业税为仅有的地方独享税之一,征收管理全部由地方控制,地方政府能够获得提高征税效率的全部收益,且由于建筑业和房地产业均缴纳营业税,会对建筑收入产生双重征税[27,32],因此从收益绝对量和征收管理权的角度来看,地方政府发展房地产业的动机更强。其三,从地方政府融资角度来看,土地是地方政府撬动银行资金、实现房地产投融资的重要工具,而房地产市场带来的土地出让收入和相关税收收入也是政府偿还基础设施投资巨额贷款的资金保障[28,29]。由此,房地产与土地财政之间更可能存在互联互动的效应,土地财政推高了商业地租,而房地产价格也拉动了土地财政增长[33],地方政府对房地产业的偏爱也就不难理解。

在地方政府引导下,土地财政引导房地产业的畸形发展,使得地区产业结构偏倚第三产业;同时也对地区工业发展产生了间接的"挤出效应"。高企的土地价格会不断推高房价,提高劳动力的生活成本,抑制人口城市化,同时劳动者为维持生活会要求更高的工资,企业工资成本上升,利润率下降;土地财政疏通了地方政府的收入渠道,激励地方政府扩大政府规模,即通过增加财政支出来引导产业发展方向、强化市场控制能力,导致资源高度集中于房地产业,更不利于地区工业的发展[31,34]。土地财政对工业化水平的影响机制如图 2-2 所示。

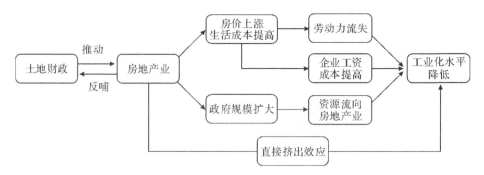

图 2-2　土地财政对工业化水平的影响机制

基于以上分析,提出假说 2.1:

在其他条件相同的情况下,土地财政抑制了工业化水平。

2. 土地财政影响工业化水平的区域差异

由于历史原因和要素禀赋差异等因素,我国工业化进程产生了东、中西部区域性差异。东部地区率先进入新型工业化,而中西部地区工业产出效率较低,且承接了较多由东部地区迁移的高耗能高污染企业,与新型工业化进程的差距愈发明显[22]。在要素资源禀赋较高的东部地区,较高的经济发展水平和低价出让工业用地的策略成功吸引工业投资和人口流入,工业化发展程度高。而中西部地区由于要素禀赋条件相对落后,在招商引资和人才引进上无法与东部地区竞争,地区要素禀赋限制了高价出让商住用地以支撑地方政府发展工业的空间,进而也约束了中西部地区参与工业用地低价竞争,因此相对东部而言,中西部地区工业化程度较低。在工业化进程已经存在显著差异的背景下,陶然等[7]提出,要素禀赋条件不同使得土地财政对工业化水平的负面效应出现区域性差异。

东部地区加速的工业化进程产生了强大的溢出效应,带动了服务业的发展,加剧商住用地供不应求的现象,直接推动房价上涨。同时由于东部经济发展水平比较高,土地增值比较快,地方政府也可通过更为市场化的方式高价出让部分商住用地来弥补工业用地出让所带来的亏空[7]。由此,相比于中西部地区,东部地区出现了房地产业过度繁荣的现象,对工业产生了直接的"挤出效应"。东部地区一路高涨的房价带来了劳动力生活成本的上扬,使得无法承受高房价的低端劳动力向中西部转移;另一方面也提高了工业企业的工资成本,对低附加值的工业产生了挤出效应[35]。而中西部地区凭借土地和劳动力要素成本相对低廉等优势,承接了较多由东部地区迁移的低效率工业企业,减缓了地方政府发展房地产业的畸形偏好,部分地区工业化水平还有所提高。

由此,提出假说 2.2:

与中西部地区相比,土地财政主要对我国东部地区的工业化水平产生负面效应。

3.土地财政影响工业化水平的中介渠道:房价

在土地财政的背景下,商住用地一级市场价格被地方政府推高,房地产商的购地成本不断上升。房地产商将高额的商业地价通过价格机制最终转移至消费者手中,最终反映为房价不断上升。因此,高房价的本质是高地租[36]。而另一方面,高房价能够提升官员任期内政绩,并打通地方政府的融资渠道,提高融资抵押物的价值,缓解财政压力[28,29,37]。尽管近年来国家出台多项政策以调控房价("国十条""国八条"等),但在土地财政激励下地方政府配合中央调控动力不足。总的来说,土地财政与房价"互联互动",既加速劳动力外流,又提高了留存劳动力生活成本、增加企业人力成本,对地区工业化水平产生负面影响。

已有研究发现,房价上涨能够影响劳动力要素流动,进而调整产业结构。经赫尔普曼(Helpman)修正的克鲁格曼(Krugman)标准新经济地理学模型,将住房价格引入劳动力地区间流动的影响机制,指出高房价会降低劳动力的效用,削弱该地区的劳动力集聚。国内较多的研究也证实了房价是影响地区要素集聚、倒逼产业结构优化升级的重要因素[29,35,38,39]。地方政府过度抬高商住用地出让价格的行为带来房价飙升,使得房地产市场发展脱离了正常的市场规律与运作节奏,进而产生了"负面溢出效应"。高房价诱发劳动力迁出,也提高了劳动力的迁入成本,限制人口城市化的集聚效应[34]。在我国工业企业全要素生产率尚未出现明显提高的情况下,劳动力净流出趋势必然导致地区工业发展受挫。

另一方面,政府将出售土地作为政府的土地出让收入,使得房价等与城市化过程相关的劳动力生活成本提高。倘若劳动力价格仍维持在较低水平,会挫伤劳动积极性,导致劳动力流失;同时,低收入会导致内需不足,加剧国内资本与劳动收入的两极分化,收入差距扩大可能导致富人增加服务性消费,而穷人会将收入主要用于农产品消费,降低对工业品的需求,减缓工业化进程[23]。不论是从企业自身还是宏观经济来看,房价上涨必然要求劳动力价格也上升,然而这也加剧了企业的工资成本负担。工资成本的提高直接导致了生产成本的提高[40]。对于以廉价劳动力为优势的我国工业企业而言,工资成本的上涨减少了利润和现金流,降低经营效率与产出。部分工业企业在未形成工业技术优势时已经失去了劳动力价格优势,致使常年亏损而缩小产值,最终面临倒闭而退出市场,发生"早熟的去工业化"现象[23]。因此,在中国经济增长主要依靠外延式增长的阶段,房价上涨带来了劳动力成本的增加,也带来了工业竞争力的下降。房价的渠道机制如图2-3所示。

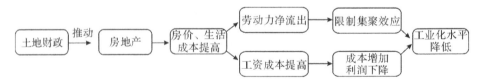

图2-3 土地财政与工业化水平:房价渠道机制

根据上述分析提出假说2.3:

高房价是土地财政抑制地区工业化水平的渠道机制。

4.土地财政影响工业化水平的中介渠道:政府规模

土地财政的原因之一是分税制改革以来地方政府事权大于财权造成的财政收支缺口,收不抵支的窘境迫使地方政府经营土地来缓解财政压力。土地出让产生的高额土地出让金和房地产业相关税收收入,增加了地方政府所控制的经济资源,为政府扩大职能提供了较为充裕的资金支持,使其支出占GDP的比重不断上升,干预市场的能力增强,即政府规模扩大。

然而,源于土地财政的政府规模扩张并没有引起对整体经济的"增长效应",地方政府在财政支出上的短视行为反而加剧了市场失灵。以高价出让商住用地推动房地产业发展的策略,对地方财政产生了短期内高收益、低风险的正面性影响,给予地方政府以房地产业创造政绩、以土地财政拓宽财政收入的强烈激励。并且,房地产商对地方财政的"捐税"行为,增强了房地产对地方政府的俘获能力[41],可能引发官商勾结与腐败,影响地方政府决策。因此,土地财政诱发的政府规模扩大,使得地方政府更有能力干预市场的资源配置过程,经济资源更多地受到地方政府"有形之手"的控制而转移到高收益的房地产部门,对地区工业产生了"挤出效应"。具体表现为:其一,以城市化建设为主导的政府规模扩张形式为房地产业发展提供了基础设施保障,在城市化建设的过程中,大量财政支出用于基础设施建设,带动房地产业投资,吸引其他部门的资金更多地涌入房地产业[42];其二,城市居住环境和生活质量也是影响房地产价格的重要因素[37,43,44],房地产相关配套基础设施的建设可以资本化到房价中,进一步推动房地产业的收益,配套基础设施建设对房价的杠杆作用引诱更多的资源进入房地产市场;其三,为刺激房地产需求,地方政府出台购房补贴、提高公积金贷款限额并延长年限等政策,刺激了房地产投资和投机行为的生成;其四,政府规模越大,房地产业的"资源租"越高[45],越可能引诱工业技术创新人才涌入房地产市场进行投资和投机的套利行为,不利于工业部门的人力资本和知识技术积累,更损害工业的长期增长。因此,政府规模越大,意味着越多的生产要素和人力资本被配置至房地产部门,对工业发展产生了深远的负面影响。政府规模的渠道机制如图 2-4 所示。

图 2-4　土地财政与工业化水平:政府规模渠道机制

基于上述分析,提出假说 2.4:

政府规模扩张是土地财政降低工业化水平的渠道机制。

(三)研究设计

1. 样本选择和数据来源

考虑数据可得性,本章选取 2000—2013 年为样本期间,使用中国省级面板数据,并剔除了数据不全的西藏自治区以及其余有数据缺失的样本,最后剩下 30 个省(自治区、直辖市)共 418 个省级—年度样本。数据来源于 CNKI 中国经济社会大数据研究平台和国家统计局,统计年鉴涵盖《中国统计年鉴》《中国国土资源年鉴》及各省(自治区、直辖市)历年统计年鉴等。土地财政变量来源于《中国国土资源年鉴》,经手工摘录。所有连续变量均使用 Winsorize 在 1% 水平上进行缩尾处理。

2. 模型设定与变量说明

首先使用模型(1)来考察土地财政对工业化水平的影响。

$$Indlevel_{it} = \alpha_0 + \alpha_1 Landincome_{it} + \sum \beta_j ControlVariables_{jit} + Province + Year + \varepsilon_{it}$$

$$(1)$$

其中被解释变量($Indlevel$)为工业化水平。核心解释变量($Landincome$)为土地财政代理变量,用各省各年的土地出让收入表示。$Control$ 为一组控制变量,具体为经济发展水平($Realpergdp$),固定资产投资水平($Pfixinvest$),道路面积($Roadarea$),公园面积($Park$)和外商直接投资($Pfdi$)。同时,为进一步控制省与省之间的不同以及年度差异,还控制了地区虚拟变量($Province$)和时间虚拟变量($Year$)。模型(1)主要考察土地财政变量($Landincome$)的系数 α_1,我们预期 α_1 显著为负,即随着土地财政规模扩大,地区工业化水平越可能受到房地产业的挤出效应。

为了进行东部与中西部地区的异质性分析,本篇构建了东部地区虚拟变量 $East$,并建立了如下的模型(2):

$$Indlevel_{it} = \alpha_0 + \alpha_1 Landincome_{it} + \alpha_2 East_{it} \times Landincome_{it} +$$
$$\sum \beta_j ControlVariables_{jit} + Province + Year + \varepsilon_i t \tag{2}$$

其中,$East$ 为区分地区的代理变量,东部地区 $East=1$,中西部地区 $East=0$。交互项 $East \times Landincome$ 考察的是对不同地区的异质性检验,我们推测 α_2 系数显著为负,而 α_1 系数并不显著,表明土地财政主要降低了东部地区的工业化水平,而对中西部地区工业化水平的影响相对较弱。需要说明的是,模型(2)中已经控制了地区固定效应,因而并未加入 $East$,否则会出现多重共线性问题。

借助 Acemoglu 识别渠道的方法,使用模型(3)来识别房价和政府规模是否为土地财政影响工业化水平的渠道:

$$Indlevel_{it} = \alpha_0 + \alpha_1 Landincome_{it} + \alpha_2 X_{it} + \sum \beta_j ControlVariables_{jit} +$$
$$Province + Year + \varepsilon_{it} \tag{3}$$

其中 X 为渠道检验变量,具体分为房价($Homeprice$)和政府规模($Govsize$)。在加入渠道检验变量后,倘若 α_2 显著为负,且 α_1 显著性或系数大小有明显下降,则说明 X 为土地财政影响工业化水平的主要渠道;倘若 α_2 显著为负,但 α_1 显著性和系数大小都没有明显变化,则说明 X 为土地财政影响工业化水平的重要渠道但非主要渠道;倘若 α_2 不显著,则说明 X 不是土地财政影响工业化水平的渠道。

变量说明分为以下四个部分。

(1)被解释变量。本篇的被解释变量为工业化水平($Indlevel$),参照中国经济增长前沿课题组[34]的研究方法,使用各省工业增加值与 GDP 的比值来衡量工业化水平。在理论机制中,本章提出地方政府土地财政推动房地产业发展,进而对工业化水平产生挤出效应,因此将在本篇第五部分使用房地产业水平进行稳健性检验。

(2)解释变量。土地财政有广义和狭义之分[46]。广义的土地财政是指土地出让收入和土地增值税、城镇土地使用税、耕地占用税、契税、房产税等相关税收收入,狭义的土地财政仅指土地出让收入。与众多研究相同,本篇使用狭义口径,采用各省(自治区、直辖市)土地出让收入($Landincome$)作为土地财政的代理变量[8,11,33,39],并使用各省(自治区、直辖市)GDP 进行平减,以消除各省(自治区、直辖市)经济情况差异对土地出让收入的影响。为检验结论的稳健性,在稳健性检验中采用广义口径定义土地财政,重新检验假说。

(3)渠道变量。本篇使用的渠道变量有两个。其中,仿照宫汝凯[17]和邵昭对等[39]的研究,使用商品房销售价格以衡量房价($Homeprice$)。借鉴范子英和张军[47]、文雁兵[48]、余华义[49]和毛捷等[50]的研究,使用政府预算支出占 GDP 的比重衡量政府规模($Govsize$)。

（4）控制变量。为消除内生性，本篇参考已有文献，选取了以下变量作为控制变量：经济发展水平（$Realpergdp$），使用实际人均 GDP 以衡量，产业结构与经济发展水平密切相关，我国产业结构正处于"二、三、一"至"三、二、一"的过渡阶段，经济发展水平越高的地区，更可能是以商业和服务业为主的第三产业占比更大，因此预期该项系数符号为负；固定资产投资水平（$Pfixinvest$），使用固定资产投资与 GDP 的比值作为衡量指标，由于我国工业属于劳动和资本密集型产业，因此固定资产投资越高的地区，工业化水平预期越高；道路面积（$Roadarea$），使用城市道路面积作为代理变量；绿化面积（$Park$），使用城市公园面积作为代理变量，由于地区基础设施建设水平和集聚效应对企业流动和产业结构会产生一定影响，因此将两者纳入控制变量；外商直接投资（$Pfdi$），使用经年平均汇率调整的 FDI 与 GDP 的比值进行衡量，外商直接投资能够为东道国带来新技术和专利，具有技术外溢效应，对经济发展具有重要的推动作用。所有变量的定义说明汇总如表 2-2 所示。

表 2-2　土地财政与工业化水平：变量定义及说明

变量名称	变量符号	变量说明
被解释变量		
工业化水平	$Indlevel$	工业增加值/GDP×100（单位：%）
解释变量		
土地财政	$Landincome$	土地出让收入/GDP×100（单位：%）
渠道变量		
房价	$Homeprice$	商品房平均销售价格（单位：元/平方米）
政府规模	$Govsize$	财政预算支出/GDP×100（单位：%）
控制变量		
经济发展水平	$Realpergdp$	实际 GDP/总人口数×100（单位：%）
固定资产投资	$Pfixinvest$	固定资产投资额/GDP×100（单位：%）
道路面积	$Roadarea$	城市道路面积（单位：万平方米）
公园面积	$Park$	城市公园面积（单位：公顷）
外商投资	$Pfdi$	FDI×人民币汇率年平均价/GDP×100（单位：%）
东部地区	$East$	虚拟变量，东部省份为 1，其余为 0

(四)实证结果与分析

1.土地财政对工业化水平的影响

(1)描述性统计。表2-3为主要变量的描述性统计。工业化水平($Indlevel$)的均值为39.446,样本期间内我国工业增加值占GDP的比例近40%;其中最小值为18.012,最大值为51.796,说明我国工业化水平在不同省(自治区、直辖市)间存在较大差异。土地出让收入($Landincome$)均值为3.548,最小值为0.147,最大值为12.062,说明存在个别省(自治区、直辖市)财政收入对土地出让金的依赖性较强。房价($Homeprice$)和政府规模($Govsize$)也存在较大差异。

表2-3 土地财政与工业化水平:描述性统计

变量	样本数	均值	标准差	最小值	最大值
$Indlevel$	418	39.446	7.888	18.012	51.796
$Landincome$	418	3.548	2.712	0.147	12.062
$Homeprice$	418	3 553.311	2 695.929	1 079.000	16 420.000
$Govsize$	418	18.077	7.668	7.918	45.017
$Realpergdp$	418	200.832	171.799	40.168	931.437
$Pfixinvest$	418	53.124	18.273	26.421	96.841
$Roadarea$	418	13 961.420	13 070.450	599.300	64 864.000
$Park$	418	6 474.374	8 067.758	203.000	58 300.000
$Pfdi$	418	2.618	2.213	0.090	9.202
$East$	418	0.397	0.490	0.000	1.000

(2)实证结果。表2-4第1列为模型(1)的全样本回归结果。土地出让收入($Landincome$)在5%水平上显著为负,说明随着土地财政规模的不断扩大,工业化水平降低越多。地方政府在发展经济时已经逐渐脱离以工业为重心的实体经济,地方政府越依赖通过高价出让商住用地的策略以弥补财政缺口,越可能偏向于发展房地产业,导致了对工业的挤压,验证了本篇的假说2.1。

在控制变量方面,实际人均GDP($Realpergdp$)的系数在1%水平上显著为负,说明随着我国经济发展程度升高,工业化水平降低,证明我国正在处于产业结构调整的过渡阶段,与实际情况相符。固定资产投资($Pfixinvest$)的系数显著为正,表明投资对我国工业发展的推动作用。道路面积($Roadarea$)和绿化面积($Park$)的系数均为正,但并不显著。外商直接投资($Pfdi$)的系数显著为正,说明外商直接投资对我国工业化的发展有直接的促进作用。

2. 东部与中西部地区的异质性分析

表 2-4 第 2 列为模型(2)的回归结果。在区分地区之后的实证结果发现,*Landincome* 的系数虽然为负但并不显著,说明在中西部地区,虽然也存在土地财政减缓工业化水平的现象,但影响并不明显。而 *East×Landincome* 的系数却在 10% 水平上显著为负,说明相较于中西部地区,在东部地区土地财政对工业化水平的负面影响更为突出。

东部地区率先从工业为经济支柱转型为第三产业拉动经济,低附加值、高耗能高污染的工业企业已经不适于东部地区的经济发展模式,而由于经济、产业集聚和要素禀赋的优势,使得东部地区土地价值持续上涨,带动了房地产业迅猛发展,而工业企业无法承担高昂的要素成本,发生了产业内迁的现象。相较于东部地区而言,中部地区仍存在工业用地低价和劳动力廉价的优势,自然承接了东部地区转移的工业企业;而西部地区由于资源禀赋等因素,地方政府土地引资的策略并没有显著作用,说明在西部地区,土地价格并非影响工业化水平的决定性因素。异质性检验表明,我国东部与中西部地区之间的产业结构和经济发展模式仍存在较大差异,土地财政减弱工业化水平的现象主要集中于我国东部地区,证明了本篇的假说 2.2;而对于中西部地区而言,土地财政对工业发展没有显著影响。

表 2-4　土地财政与工业化水平:回归结果

参数	*Indlevel* (1)	*Indlevel* (2)
Landincome	−0.270** (−2.38)	−0.064 (−0.36)
East×Landincome		−0.306* (−1.86)
Realpergdp	−0.017*** (−5.74)	−0.015*** (−4.76)
Pfixinvest	0.073*** (2.99)	0.072*** (3.04)
Roadarea	0.000 (0.85)	0.000 (1.34)
Park	0.000 (0.72)	0.000 (0.41)

续表

参数	*Indlevel* (1)	*Indlevel* (2)
Pfdi	0.423** (2.48)	0.341** (2.01)
常数项	22.956*** (11.06)	23.102*** (11.37)
地区固定效应	控制	控制
时间固定效应	控制	控制
N	418	418
R^2	0.884	0.885

注:*、**、*** 分别表示 t 检验在 10%、5% 和 1% 水平上显著,括号内数值为 t 值。

3. 土地财政影响工业化水平的渠道检验

表 2-5 展示了模型(3)渠道检验的结果。第 1 列为假说 2.1 的检验,与表 2-4 第 1 列相同。第 2 列在加入房价(*Homeprice*)之后,土地出让收入(*Landincome*)由 5% 显著变为不显著,且系数大小也有明显下降,而房价(*Homeprice*)的系数在 1% 水平上显著为负,根据渠道检验的判断法则,房价是土地财政降低工业化水平的主要渠道。第 3 列结果显示,政府规模(*Goversize*)变量系数在 1% 水平下显著为负,且与第 1 列相比,土地出让收入(*Landincome*)显著性由 5% 水平显著变为 10% 水平显著,系数大小也有所减小。通过 2、3 列的比较,可知相较于房价渠道,政府规模渠道的重要性较低,但仍然是一条重要渠道。上述渠道检验结果表明,高房价是土地财政降低地区工业化水平的主要渠道,土地财政诱发房价上涨,导致劳动力流失和工业企业人力成本上升,严重制约了地区工业化水平;政府规模扩张是土地财政抑制地区工业化水平的重要渠道,地方政府以土地财政增加的财政收入来扩大政府规模,强化对市场资源配置过程的干预,引导资源流入房地产业,也对工业化水平产生了抑制作用。假说 2.3 和 2.4 得到了证实。

表 2-5　土地财政与工业化水平:渠道检验

参数	*Indlevel* (1)	*Indlevel* (2)	*Indlevel* (3)
Landincome	−0.270** (−2.38)	−0.175 (−1.63)	−0.204* (−1.83)

续表

参数	Indlevel (1)	Indlevel (2)	Indlevel (3)
$Homeprice_{t+1}$		-0.001^{***} (-4.44)	
$Govsize_{t+1}$			-0.313^{***} (-3.63)
$Realpergdp$	-0.017^{***} (-5.74)	-0.008^{**} (-2.41)	-0.022^{***} (-6.94)
$Pfixinvest$	0.073^{***} (2.99)	0.036 (1.41)	0.070^{***} (2.93)
$Roadarea$	0.000 (0.85)	-0.000 (-0.13)	-0.000 (-0.45)
$Park$	0.000 (0.72)	0.000 (0.88)	0.000 (0.17)
$Pfdi$	0.423^{**} (2.48)	0.394^{**} (2.39)	0.385^{**} (2.32)
常数项	22.956^{***} (11.06)	27.334^{***} (12.85)	28.933^{***} (11.77)
地区固定效应	控制	控制	控制
时间固定效应	控制	控制	控制
N	418	418	418
R^2	0.884	0.889	0.887

注：*、**、*** 分别表示 t 检验在 10%、5% 和 1% 水平上显著,括号内数值为 t 值。

(五)稳健性检验

1. 土地财政对房地产业化水平的影响

在本部分第(二)小节中提出,土地财政降低工业化水平主要是由于地方政府偏好发展房地产业,因此在稳健性检验中,进一步考察土地财政对房地产业水平的影响,结果如表 2-6 所示。表 2-6 第 1 列中,土地出让收入($Landincome$)的系数在 1% 水平上显著为正,表明就整体而言,地方政府土地财政规模的扩大促进了房地产业的发展,在控制商住用地供应后,土地资源的稀缺导致房地产业处于卖方市场,劳动力不得不接受高地租导致的高房价,而水涨船高的房地产市场交易也增加了地方政府的财政收入,由此土地财政降低工业化水平的

89

另一面便是房地产业的迅猛发展。

第 2 列是区分东部和中西部地区的异质性分析。结果表明,在东部地区,随着土地财政规模的增大,房地产业发展水平也不断升高,而在中西部地区,土地财政对房地产业则为抑制效应。异质性检验的结果证明,由于经济条件和资源禀赋等差异,东部地区的地方政府对房地产业的依赖性较强,能够通过土地财政手段推动房地产业发展,从中获益;而对于中西部地区而言,地方政府的区别定价策略反而抑制了房地产业发展。

将表 2-6 的结果与表 2-4 进行对比可以发现,地方政府的土地财政行为推动产业结构房地产业化,且对于不同地区产业结构的影响存在显著差异。在东部地区,商住用地高价出让使得房地产业与土地财政互联互动,对工业产生了挤出效应;在中西部地区,由于资源禀赋和经济条件等差距,区别定价策略并没有提升中西部的工业化水平,反而抑制了房地产业的发展。稳健性检验也证明了土地财政减缓工业化进程并非源于第三产业的真正成熟,而是房地产业畸形发展而导致的"早熟的去工业化"。

表 2-6　土地财政与房地产业化

参数	$Estatelevel$ (1)	$Estatelevel$ (2)
$Landincome$	0.097*** (2.96)	−0.086** (−2.12)
$East \times Landincome$		0.273*** (5.71)
常数项	5.559*** (11.67)	5.428*** (11.64)
其他控制变量	控制	控制
地区固定效应	控制	控制
时间固定效应	控制	控制
N	418	418
R^2	0.806	0.837

注:*、**、*** 分别表示 t 检验在 10%、5% 和 1% 水平上显著,括号内数值为 t 值。

表 2-7 报告了土地财政影响房地产业化的渠道检验结果。在加入房价($Homeprice$)之后,土地出让收入($Landincome$)由 1% 显著变为 5% 显著,且系数大小也有明显下降,而房价($Homeprice$)的系数在 1% 水平上显著为正,根据渠道检验的判断法则,房价是土地财政增加房地产业化水平的主要渠道。在加

入政府规模后,土地财政($Landincome$)的系数大小和显著性并无显著下降,而政府规模($Govsize$)的系数在1%水平上显著为正,因此政府规模仅仅是土地财政影响房地产业化水平的重要渠道。

表 2-7　土地财政与房地产业化:渠道检验

参数	Estatelevel (1)	Estatelevel (2)	Estatelevel (3)
$Landincome$	0.097*** (2.96)	0.072** (2.43)	0.082*** (2.71)
$Homeprice_{t+1}$		0.000*** (3.49)	
$Govsize_{t+1}$			0.073*** (3.04)
其他控制变量	控制	控制	控制
地区固定效应	控制	控制	控制
时间固定效应	控制	控制	控制
N	418	418	418
R^2	0.806	0.819	0.813

注:*、**、***分别表示 t 检验在10%、5%和1%水平上显著,括号内数值为 t 值。

2. 使用广义土地财政的稳健性检验

前文对土地财政变量采用狭义度量,即直接用土地出让收入作为土地财政的代理变量。在稳健性检验部分,采用土地财政变量的广义测度,即将其定义为土地出让金与房地产有关的税费收入之和。参考宫汝凯[17]、罗必良[51]的做法并考虑数据可得性,本文将广义土地财政收入计算公式确定为土地出让收入、土地增值税、城镇土地使用税、耕地占用税、契税、房地产税之和,在此基础上对所有模型重新进行回归。

考虑到文章篇幅,表格里只列示了关键变量的回归结果。从表 2-8 可以看出,广义土地财政变量 $TotalLandinc$ 在5%水平上显著为负,表明土地财政规模越大,地区工业化水平越低;异质性分析中,$East \times TotalLandinc$ 交互项在5%水平上显著为负,表明相较于中西部,土地财政对东部地区工业化水平的抑制影响更为显著。这些发现进一步论证了前面提出的假说。

表 2-8 广义土地财政与工业化水平

参数	Indlevel (1)	Indlevel (2)
TotalLandinc	−0.263** (−2.50)	−0.035 (−0.22)
East × TotalLandinc		−0.331** (−2.38)
其他控制变量	控制	控制
地区固定效应	控制	控制
时间固定效应	控制	控制
N	418	418
R^2	0.884	0.886

注：*、**、*** 分别表示 t 检验在 10%、5% 和 1% 水平上显著，括号内数值为 t 值。

分别对表 2-9 第 1 列与第 2、3 列回归结果进行比较，以进一步考察广义土地财政对工业化水平的影响机制。结果显示，房价是土地财政影响工业化水平的主要渠道，而相较之下，政府规模仅仅是一条重要渠道。渠道检验的结果和前文得到的结论相一致，表明本篇的结论是稳健的。

表 2-9 广义土地财政与工业化水平：渠道检验

参数	Indlevel (1)	Indlevel (2)	Indlevel (3)
TotalLandinc	−0.263** (−2.50)	−0.157 (−1.56)	−0.194* (−1.87)
$Homeprice_{t+1}$		−0.001*** (−4.32)	
$Govsize_{t+1}$			−0.307*** (−3.53)
地区固定效应	Yes	Yes	Yes
时间固定效应	Yes	Yes	Yes
N	418	418	416
R^2	0.884	0.889	0.887

注：*、**、*** 分别表示 t 检验在 10%、5% 和 1% 水平上显著，括号内数值为 t 值。

3.检验土地财政对房价和政府规模的影响

前文已经验证了房价和政府规模是土地财政影响工业化水平的渠道机制。但本篇仍需进一步研究土地财政是否显著提高了房价、扩大了政府规模。若回归结果支持土地财政,对房价和政府规模有正面影响,就能使研究结论更准确。

表2-10第1列报告了土地财政对房价的影响,本篇参照况伟大[52]的研究,在控制了房地产企业开发住宅数、竣工房屋造价、非农业人口数和城市居民可支配收入等影响因素,并控制了地区、时间固定效应后,$Landincome$的系数在10%水平上显著为正。说明地方政府土地财政的力度越大,房价越高,证实了上文的结论。

第2列报告了土地财政对政府规模的影响,本文参照杨灿明和孙群力[53]的研究,在控制了经济发展水平、贸易依存度、人口总数和城市化水平等影响因素,并控制了行业、年度固定效应后,$Landincome$的系数在5%水平上显著为正。说明地方政府土地财政的力度越大,政府规模越大,证实了上文的结论。

表 2-10　土地财政与工业企业经营效率:稳健性检验

参数	$Homeprice$ (1)	$Govsize$ (2)
$Landincome$	71.894* (1.92)	0.180** (2.18)
其他控制变量	控制	控制
地区固定效应	控制	控制
时间固定效应	控制	控制
N	295	323
R^2	0.965	0.956

注:*、**、***分别表示t检验在10%、5%和1%水平上显著,括号内数值为t值。

(六)本部分小结

土地财政对工业化水平的影响机制一直是众多学者探讨的问题,地方政府土地财政的初衷之一是以招商引资发展地方经济。但随着土地财政对房地产业的推动作用逐渐增强,房地产业对经济增长和地方财政的贡献度远超于工业,地方政府的产业发展倾向发生了转移。既有文献大多关注地方政府低价出让土地的行为,认为土地财政降低了工业企业的土地要素成本,有利于地区工业增长[28-30]。与以往研究不同,本篇主要从地方政府发展房地产业的角度,重新考察土地财政对工业化水平的影响。理论分析认为,地方政府发展房地产业的偏好对地区工业产生了直接挤出效应,且这种抑制效应可能存在东部和中西部的区域性差异;并且,在土地财政引导下的高房价和政府规模扩张,是土地财政抑制工业化水平的渠道机制。

采用 2000—2013 年省级面板数据,对土地财政影响工业化水平进行了实证检验,实证研究结果证明,土地财政抑制了工业化水平,且这种效应主要体现于在我国东部地区。借助 Acemoglu 的渠道检验方法,研究发现高房价是土地财政引致工业化水平降低的主要渠道,政府规模扩张是重要渠道。对于房地产业水平的补充性检验进一步显示,我国当前的去工业化现象由房地产业过度膨胀对工业的挤出造成,"早熟的去工业化"特征明显。

三、土地财政与工业企业经营效率

(一)问题的提出

本篇的第二部分从宏观层面考察了土地财政降低工业化水平的影响机制。地方政府发展房地产业偏好对工业产生了直接的挤出效应;土地财政推动高房价和政府规模扩张,是影响工业化水平的渠道机制。工业企业是工业化的主体,本篇尝试从工业微观企业的视角出发,探索土地财政对工业微观主体发展效应的影响。

工业企业经营效率是决定工业企业产出能力进而影响地区工业化水平的组成因素之一。我国工业企业经营效率低下,多以加工贸易形式加入全球价值链,长期处于全球价值链低位,容易受到外部需求和比较优势的冲击;且随着劳动力价格上升,我国工业逐渐丧失了劳动力价格优势,更不利于企业经营效率的提升,工业内部产业转型升级的呼声愈来愈高。对于企业经营效率的影响因素,已有文献大多从企业自身角度出发,围绕人力资本投入[54,55]、技术创新能力[56]以及投融资能力[57,58]等方面开展研究,或者从企业内部和外部治理角度[59-64]进行考察。而在地方政府行为的影响方面,地方政府补贴[65]、税收优惠[66,67]、寻租活动[68,69]等方面因素已较多地受到学者关注,但鲜有文献将土地财政与工业企业经营效率相互联系,也没有深入探讨其中的传导机制。我们认为,地方政府高价出让商住用地的土地财政行为,将有损工业企业主营业务的经营效率。一方面,土地财政的推行造成了房地产市场的繁荣,在房地产投资的机遇期,工业企业可能将投资从主营业务转移到房地产业务,从而对主营业务经营效率产生消极影响。另一方面,土地财政可能影响银行信贷资金的分配,房地产业的资金需求缺口侵吞大量长期银行贷款,工业企业的信贷期限结构受挤压而缩短,对主营业务经营效率也产生了负面效应。

(二)土地财政影响工业企业经营效率的理论分析

1. 土地财政对工业企业经营效率的影响机制

长期以来,我国工业一直属于劳动—资本密集型产业,"中国制造"的背后是低附加值、低利润率的现实,工业企业的内源融资无法满足高资本投入的需求,工业企业的发展必须依赖于外源融资。而我国金融业发展滞后,银行贷款更可能是工业企业外源融资的重要来源。作为债权人,银行更为关心的是企业的偿债能力,因此低风险、高收益的企业更为银行所好。在土地财政的助推下,房地产业对银行长期信贷的需求增加,形成了长期信贷缺口。相比于工业而言,房地产业的高收益和低风险特征更为风险规避型的银行所偏好。因此,长期信贷资金大量涌入房地产业,引发了信贷资源期限结构失衡的问题。刘海英和何彬[70]发现我国信贷市场长期处于非均衡状态,工业企业贷款需求大于银行信贷供给,对工业增长产生了严重的负面影响。张杰等[71]发现各地区房地产开发投资的增长会挤占原本流向工业的长期信贷资金,严重抑制了工业企业的创新能力。土地财政推动房地产业加速上升,扭曲了银行的信贷资源期限结构,工业企业长期债务约束上升,难以开展长期投资,不利于企业经营效率的提升。

从投资角度来看,土地财政导致工业企业增加高回报率的房地产投资,而缩减了低利润率的主营业务投入。土地财政推高了商住用地的出让价格,提高了房地产开发成本,最终带动房价上涨。相比于房地产业,我国工业尤其是制造业长期处于产业链中的低端下游,产能过剩现象严重,利润率远远低于房地产业。Lv[72]计算发现 2008 年我国工业企业的平均利润率仅为房企的 1/4。受到房地产投资高利润率的诱惑,我国工业企业或转型或将资金投入房地产市场,以获取更高的投资收益。由于企业的内源资金一定,外部债务融资也受到限制,一旦企业内部的生产要素分配也出现了房地产化倾向,大量资金被用于房地产投资,主营业务投入的资金就更为有限,导致企业经营效率降低。

土地财政对工业企业经营效率的具体影响机制如图 2-5。

图 2-5　土地财政对工业企业经营效率的影响机制

由此提出假说 3.1:

在其他条件相同的情况下,土地财政抑制了工业企业的经营效率。

2.土地财政影响工业企业经营效率的渠道:银行贷款期限结构

在土地财政的诱导下,房地产业快速发展导致银行贷款资金流动发生了产业之间的转移。房地产业的急速扩张打开了资金缺口,产生了对银行信贷尤其是长期信贷资金的大量需求[71]。而地方政府对土地财政的过度依赖,保证了房地产市场高收益和低风险并存。因此,较收益微薄的工业企业而言,银行更愿意向房地产业提供信贷支持[71]。大量银行长期贷款资金涌入房地产业,发生了信贷资源的错配效应。工业企业的长期贷款被房地产部门挤占,贷款期限结构缩短,不利于企业风险承担水平的提升,并加剧了融资不稳定预期,对工业企业的经营效率产生抑制效应。

已有文献认为,企业风险承担水平的提升有助于企业进行高回报率的投资,从而促进资本配置效率和企业长期绩效的提升[73]。银行信贷期限结构缩短,长期贷款约束降低了工业企业的风险承担水平,从而抑制了对于企业长期绩效有正面影响的投资行为。由于高风险承担的长期投资具有资源消耗性和资源依赖性[74-76],例如更新改造机器设备和生产线,加大核心技术的创新研发力度等等,通常需要占用大量的长期资金,而银行贷款期限结构的缩短严重限制了具有风险承担能力的长期资金来源,高效率的长期投资活动受限,对经营效率产生了负面影响。

银行贷款期限结构的缩短还给企业长期资金的运作施加了一定的压力,所面临的经营风险上升,加剧了企业融资不稳定的预期。此时,企业必然在融资问题的缓解上耗费更多的人力与物力,增加了企业所需承担的费用。同时,融资不稳定预期也会分散企业对于产品质量和成本的管控力度,生产部门效率降低,进一步恶化企业主营业务的经营效率。

因此,在土地财政削弱工业企业经营效率的作用机制中,银行贷款期限结构可能扮演了重要的角色。土地财政引导银行将长期贷款错配至房地产业,对工业企业的长期贷款产生了挤出效应,银行贷款期限结构缩短,不利于企业的风险承担水平和融资稳定性,从而对工业企业的经营效率产生了更为深远的负面影响。银行贷款期限结构的渠道机制如图2-6所示。

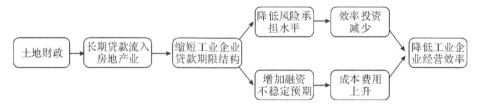

图2-6 土地财政与工业企业经营效率:银行贷款期限结构渠道机制

根据上述分析,进一步提出假说3.2:

银行贷款期限结构短期化是土地财政降低工业企业经营效率的渠道机制。

3.土地财政影响工业企业经营效率的渠道:房地产投资

在土地财政的区别定价策略下,地方政府高价出让商住用地的行为推高了房价[14],房地产投资的利润不断增加。出于资本逐利性,一些非房地产企业开始把资金投入房地产市场,以期获得投资收益。工业企业同样会受到来自房地产市场高利润的诱惑,将企业的投资部分转移到房地产业务上,房地产投资资金规模不断扩大。

房地产投资是企业多元化经营的一种方式。对于多元化经营对公司业绩的影响,既有研究产生了"多元化溢价"和"多元化折价"两派观点。"多元化溢价"理论认为多元化经营有助于企业建立内部资本市场,优化内部资源分配效率[77];且多元化经营可能使得企业形成范围经济,降低单位成本[78]。而"多元化折价"理论则认为内部资本市场的建立可能会造成企业过度投资[77,79]和跨行业补贴的行为[80];多元化经营还增加组织冗余度,提高了代理成本[81,82]。

上述两派理论主要围绕多元化经营与公司整体价值展开讨论,并没有考虑多元化经营对于企业主营业务的影响。土地财政诱导工业企业进行主营业务与房地产投资并行的多元化经营形式,可能带来公司整体收益率上的提升,但无助于工业企业提升主营业务的经营效率。一方面,房地产行业属于资本密集型行业,资金准入门槛较高,房地产投资的增加很可能挤占企业主营业务投入。且由于房地产投资的高利润预期,投机性泡沫会在主营业务和房地产投资两个项目中重新分配企业的资金[83],房地产投资收益并没有回流至低利润的工业。另一方面,从事房地产投资并不能降低生产工业产品的单位成本而形成范围经济。因此,工业企业的房地产投资行为并没有带来多元化经营对其主营业务的积极效应,企业内部资源被分配至房地产投资,而房地产业对工业的跨行业补贴效应弱化,房地产投资的"主营业务折价效应"显著,造成企业无法通过扩大生产规模形成规模效应来降低单位成本,也难以增加研发投入以提高长期生产效率[84]。因此,工业企业的房地产投资将对主营业务的发展造成极大的负面影响。房地产投资的渠道影响机制如图2-7所示。

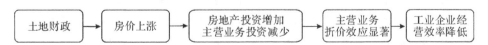

图2-7　土地财政与工业企业经营效率:房地产投资渠道机制

由此提出假说 3.3：

房地产投资增加是土地财政降低工业企业经营效率的渠道机制。

4.土地财政对工业企业经营效率影响的异质性

工业部门的非国有经济发展程度，会造成土地财政对工业企业经营效率负面影响的异质性。在非国有经济发展程度较高的地区，民营、外资等非国有企业占据市场权重更高，作为追求自身利益最大化的理性人，非国有企业更具有"市场嗅觉"，当房地产业较工业而言具有更高的收益率时，它们能够快速调整企业经营战略和方向，从而提升自身的效率，即便这种行为从整体经济上来看并非效率。当一个地区内有众多非国有工业企业率先进行房地产投资，其他企业可能会跟随发生学习或模仿行为，相继转变经营方向。因此在非国有经济发展程度较高的地区，工业企业会更多地受到房地产业的诱惑，转而投入房地产投资，而忽视了对于利润率较低的主营业务的经营。而在非国有经济发展程度较低的地区，国有经济占比较高，企业间学习、模仿的灵敏度较低，且国有企业还承担着一定的社会责任，因此即便土地财政助推房地产业发展，在非国有经济发展程度较低地区的工业企业仍以经营主营业务为重。

同时，在非国有经济发展程度较高的地区，非国有企业在寻求外源融资时更可能面临"信贷歧视"，对于银行贷款的需求更高，争夺也更为激烈，因此这些地区的银行在发放长期贷款时更会注重企业的偿债能力。房地产企业风险低、收益高，偿债能力远高于工业企业，银行更愿意将长期贷款发放给前者，因此对于这些地区的工业企业而言，土地财政背景下长期贷款约束上升更多，银行贷款期限结构更多地受到土地财政的负面影响，对于经营效率的抑制效应更为明显。

由此本文提出假说 3.4：

相比于位于非国有经济发展程度较低地区的工业企业而言，土地财政更可能抑制位于非国有经济发展程度较高地区的工业企业的经营效率。

(三)研究设计

1.样本选择与数据来源

本篇的研究样本为 2007—2014 年我国 A 股上市工业企业。2007 年，企业会计制度的改革使企业财务数据的统计整理上存在指标和口径的变化，所以样本时间选择的起始年份为 2007 年。对于企业经营效率的考察，模型中使用的是未来一期的数据，因此企业经营效率数据的实际年限区间为 2008—2015 年。根据 2012 版《证监会上市公司行业分类指引》的分类，行业代码前两位为 06-46 的企业属于工业企业，所以将行业代码为 06-46 的上市公司选为样本企业。所有与企业相关的财务数据来源于国泰安 CSMAR 数据库。各地区土地出让金数据和

GDP 总量数据分别来源于《中国国土资源统计年鉴》和《中国统计年鉴》。

借鉴现有文献,对样本进行如下处理:(1)剔除被 ST 处理的公司;(2)剔除创业板上市公司;(3)剔除数据缺失的公司;(4)对所有连续变量进行 1% 水平的缩尾处理,消除异常值对结果的影响。最终得到 1890 个公司—年度样本数据。

2.模型设定与变量说明

本篇设计了以下三个模型以验证假说。

首先,设计模型(4)研究土地财政对工业企业经营效率的影响,具体模型如下。

$$ROE_{i,t+1} = \alpha_0 + \alpha_1 Landincome_{it} + \alpha_2 Size_{it} + \alpha_3 Lev_{it} + \alpha_4 Ownership_{it} +$$
$$\alpha_5 Sal_{it} + \alpha_6 Growth_{it} + \alpha_7 SOE_{it} + Year + Industry + \varepsilon_{it} \quad (4)$$

模型(5)将净资产收益率作为被解释变量进行回归,并引入年度虚拟变量 $Year$ 和行业虚拟变量 $Industry$ 控制年度和行业差异。若 $Landincome$ 的系数 α_1 显著为负,则土地财政与工业企业经营效率呈现负相关关系,即土地财政越大,工业企业经营效率越低,假说 3.1 成立。

其次,设计模型(5)验证贷款期限结构是土地财政影响工业企业经营效率的主要渠道,具体模型如下。

$$ROE_{i,t+1} = \beta_0 + \beta_1 Landincome_{it} + \beta_2 Structure_{i,t+1} + \beta_3 Size_{it} + \beta_4 Lev_{it} +$$
$$\beta_5 Ownership_{it} + \beta_6 Sal_{it} + \beta_7 Growth_{it} + \beta_8 SOE_{it} + Year +$$
$$Industry + \varepsilon_{it} \quad (5)$$

根据 Acemoglu 渠道识别法,回归结果可能出现三种情况:(1)若 $Structure$ 的系数 β_2 不显著,而 $Landincome$ 的系数 β_1 的大小和显著性无明显的减小,说明贷款规模不是土地财政影响工业企业经营效率的渠道;(2)若 $Structure$ 的系数 β_2 显著为负,而 $Landincome$ 的系数 β_1 不显著,或者 β_1 的大小和显著性出现明显的下降,说明贷款规模是土地财政影响工业企业经营效率的主要渠道,假设 3.2 成立;(3)若 $Structure$ 的系数 β_2 显著为负,而 $Landincome$ 的系数 β_1 仍保持显著,且系数的大小和显著性都没有出现明显的下降,说明贷款规模是土地财政影响工业企业经营效率的次要渠道而非主要渠道。

本篇设计模型(6)验证房地产投资是土地财政影响工业企业经营效率的重要渠道,具体模型如下。

$$ROE_{i,t+1} = \gamma_0 + \gamma_1 Landincome_{it} + \gamma_2 InvestRE_{i,t+1} + \gamma_3 Size_{it} + \gamma_4 Lev_{it} +$$
$$\gamma_5 Ownership_{it} + \gamma_6 Sal_{it} + \gamma_7 Growth_{it} + \gamma_8 SOE_{it} + Year +$$
$$Industry + \varepsilon_{it} \quad (6)$$

回归结果也可能出现三种情况:(1)若 $InvestRE$ 的系数 γ_2 不显著,而 $Landincome$ 的系数 γ_1 保持显著,且系数大小没有明显的减小,说明房地产投资不是土地财政影响工业企业经营效率的渠道;(2)若 $InvestRE$ 的系数 γ_2 显著为负,而 $Landincome$ 的系数 γ_1 不显著,或者系数的大小和显著性出现明显的下降,说明房地产投资是土地财政影响工业企业经营效率的主要渠道,假说3.3成立;(3)若 $InvestRE$ 的系数 γ_2 显著为负,而 $Landincome$ 的系数 γ_1 仍保持显著,且系数大小和显著性都没有出现明显的下降,说明房地产投资对工业企业经营效率有影响,但不是土地财政影响工业企业经营效率的主要渠道。

进一步地,为了验证假说3.4,检验土地财政对企业经营效率在非国有经济发展程度不同的地区是否存在差异,本篇采用了两种异质性检验的实证方法。一是进行分组回归:首先对模型(4)进行非国有经济发展程度高和低的分组回归,再对核心解释变量 $Landincome$ 进行 SUEST(基于似无相关模型 SUR 的检验),以考察不同组别中 $Landincome$ 系数是否存在显著差异。二是建立模型(7),即构建虚拟变量樊纲指数 $FGindex$,以判断结论的稳健性。

$$ROE_{i,t+1} = \delta_0 + \delta_1 Landincome_{it} + \delta_2 FGindex_{it} + \delta_3 FGindex_{it} \times$$
$$Landincome_{it} + \delta_4 Size_{it} + \delta_5 Lev_{it} + \delta_6 Ownership_{it} +$$
$$\delta_7 Sal_{it} + \delta_8 Growth_{it} + \delta_9 SOE_{it} + Year + Industry + \varepsilon_{it} \quad (7)$$

其中,$FGindex$ 为区分非国有经济发展程度的代理变量,企业所在地区的非国有经济发展程度高,$FGindex = 0$,反之则 $FGindex = 1$。交互项 $FGindex \times Landincome$ 考察的是区分非国有经济发展程度高低地区的异质性检验,我们推测系交互项数显著为正,而 $Landincome$ 系数显著为负,表明土地财政主要降低了处于非国有经济发展程度较高地区的工业企业的经营效率,而对处于非国有经济发展较低地区的企业经营效率的负面影响相对较弱。

相关变量说明如下。

(1)被解释变量。借鉴 Geoffrey[85] 的做法,用净资产收益率(ROE)来测度工业企业经营效率,ROE 越高,说明企业的经营效率越高。考虑到土地财政的发展会诱使工业企业进行房地产投资,而房地产投资也会给企业带来其他业务收入及相关利得。而本篇仅关注工业企业主营业务的经营效率,因此选择主营业务利润来代替净利润,本文中 ROE = 主营业务利润/平均净资产。进一步地,由于当期地方政府的土地财政行为对微观企业产生影响可能存在一定的时滞性,因此使用未来一期的资产净利率作为被解释变量更为合理。当然,在稳健性检验中,本篇还将尝试用其他指标衡量企业的经营效率。

(2)解释变量。"土地财政"可分为狭义与广义。狭义的土地财政仅包括地方政府通过出让土地使用权获得土地出让金[3],广义的土地财政除了土地出让金外,还有土地相关的税费收入和抵押收入[46]。由于相关税费与抵押债务收入与土地出让金相比差距较大且无法衡量,现有文献在实证研究时仅考虑狭义的土地财政。本文借鉴现有大多文献的做法,以土地出让金作为土地财政的代理变量($Landincome$)。为排除各省宏观经济情况对企业经营效率的影响,所有地区的土地出让金都用当地的 GDP 总量进行平均化。后文中也将使用广义的土地财政变量进行稳健性检验。

(3)渠道变量。本篇使用的渠道变量有两个。银行贷款期限结构($Structure$),既有文献常用长期银行贷款占总银行贷款的比例来衡量企业的银行贷款期限结构,本篇在此基础上,使用企业当年该比例与上一年的变化值进行衡量,进一步表现企业期限结构的变化。房地产投资($InvestRE$),是企业投资性房地产增长量与平均总资产之比的衡量。投资性房地产是企业的长期资产,企业可以出租房地产获得租金收入,也可以在房地产增值后出售赚取增值额。

(4)控制变量。借鉴现有文献,本篇选取了 6 个与企业经营效率相关的控制变量。

①企业规模($Size$),用总资产衡量。企业的规模越大,其资金、技术、人员、管理实力都会得到提高,从而提升其经营效率。

②偿债能力(Lev),资产负债率越高,偿债能力越低,通过负债获得资金的能力越高。企业可以利用融资扩大规模和提高技术,带来短期的营业成本的降低,提高企业的经营效率。

③企业成长性($Growth$),用主营业务收入的同比增长率衡量。成长性强,说明企业正处于快速发展阶段,经营效率会不断提高。

④股权集中度($Ownership$),用前三大股东的持股比例衡量。股权集中的企业,大股东会积极参与经营管理,有利于提高股东与管理者之间的沟通和交流,降低所有者和代理者之间的信息不对称,提高企业的决策和经营能力。

⑤高管持股率(Sal),是企业高层管理人员持有的股票占全部股票数的比例。高管持股率越高,其为公司创造绩效的努力就越多,企业效率就越高。

⑥产权性质(SOE),企业按照股权性质可分为国有企业和非国有企业。由于存在缺乏竞争、代理成本过高等问题,国有企业的经营效率是所有企业中最低的[86]。刘小玄[87]以 1995 年全国工业普查的工业企业为研究样本,经测量后确定各种所有制企业的经营效率由高到低依次为个体企业、集体企业和国有企业。Sun 和 Tong[88]将样本限定在上市公司中的国有企业,实证发现国有股与国有企业经营绩效之间存在负相关关系。

(5)异质性变量。樊纲指数($FGindex$),为了区分企业所处地区的非国有经济发展程度,本文使用樊纲、王小鲁和朱恒鹏编著的《中国市场化指数——各地区市场化相对进程 2011 年报告》中"非国有经济的发展"维度下的细分指标"非国有经济在工业销售收入中所占比重"加以衡量,由于本篇的研究对象为工业企业,因此该指标能够较好地刻画非国有经济在工业部门的发展情况。使用 2009 年各省(自治区、直辖市)的"非国有经济在工业销售收入中所占比重"指数,并根据中位数将各省(自治区、直辖市)平均分为非国有经济发展程度低与非国有经济发展程度高两组。若企业位于非国有经济发展程度高的省份,则 *FGindex* 取 0;反之则取 1。

所有变量解释详见表 2-11。

表 2-11　土地财政与工业企业经营效率:变量解释说明

变量名称	变量	变量说明
被解释变量		
净资产收益率	*ROE*	主营业务利润/平均净资产
解释变量		
土地财政	*Landincome*	土地出让收入/GDP
渠道变量		
银行贷款期限结构	*Structure*	本期长期借款占总银行借款的比例减去上一期长期借款占总银行借款的比例。其中长期借款占总银行借款的比例为: (长期借款＋一年内到期的非流动负债)/(长期借款＋一年内到期的非流动负债＋短期借款)
房地产投资	*InvestRE*	(投资性房地产－上年投资性房地产)/平均总资产
控制变量		
企业规模	*Size*	总资产的自然对数
偿债能力	*Lev*	总负债/总资产
股权集中度	*Ownership*	前三大股东持股比例
高管持股率	*Sal*	高管持股数/股本
企业成长性	*Growth*	(当期营业收入－上期营业收入)/上期营业收入
产权性质	*SOE*	国有企业等于 1,非国有企业等于 0
樊纲指数	*FGindex*	使用樊纲等[89]中"非国有经济在工业销售收入中所占比重"指标,若企业位于非国有经济发展程度高的省(自治区、直辖市)则取 0,反之取 1

(四)实证结果

1.土地财政对工业企业经营效率的影响

(1)描述性统计。表 2-12 列示所有变量的描述性统计特征,样本总量为

1890。企业经营效率 *ROE* 均值为 0.226,最小值为 −0.094,最大值为 1.195,表明在对于不同的工业企业,经营效率的差异仍较为显著。土地财政 *Landincome* 均值为 0.060,标准差为 0.027。银行贷款期限结构 *Structure* 均值为 0.019,最小值为 −0.534,最大值为 0.863,表明在样本期间内,部分企业的银行贷款期限结构缩短,而也有部分企业的银行贷款期限结构增长。房地产投资 *InvestRE* 最小值为 −0.018,最大值为 0.027,表明不同的工业企业,在样本期间内对房地产投资的偏好也存在一定差异。部分企业高管持股数为 0,所以 *Sal* 的最小值为 0。

表 2-12　土地财政与工业企业经营效率:描述性统计

变量	样本数	均值	标准差	最小值	最大值
ROE	1890	0.226	0.251	−0.094	1.195
Landincome	1890	0.060	0.027	0.016	0.131
Structure	1719	0.019	0.151	−0.534	0.863
InvestRE	1890	−0.000	0.005	−0.018	0.027
Size	1890	22.280	1.227	19.689	25.450
Lev	1890	0.504	0.187	0.048	0.909
Growth	1890	0.139	0.303	−0.426	1.659
Ownership	1890	0.469	0.158	0.157	0.882
Sal	1890	0.007	0.038	0.000	0.435
SOE	1890	0.308	0.462	0.000	1.000
FGindex	1890	0.348	0.476	0.000	1.000

(2)实证结果。表 2-13 第 1 列为模型(4)土地财政影响工业企业经营效率的回归结果。

模型(4)的回归结果显示,*Landincome* 系数为 −0.368,在 10% 水平上显著为负,说明土地财政规模越大,工业企业经营绩效 *ROE* 越低。假说 3.1 成立。

在控制变量方面,*Size* 系数在 5% 水平上显著为负,说明规模越大的企业,经营效率反而越低。*Lev* 系数在 1% 水平上显著为正,说明适当的负债放松了融资约束,促进了经营绩效的提升。*Growth* 系数在 1% 水平上显著为正,说明成长性越大的企业,经营效率会更高。成长性高的企业通常处于销售和规模扩张的阶段,盈利能力较强,而成长性小的企业可能是一些管理和技术无法提高的企业,这些企业的生产效率相对比较低。*Ownership* 系数在 1% 水平上显著为正,说明股权集中度越高,企业的经营效率就越高。企业的股权越集中,大股东参与企业管理的积极性就越高,有助于减轻股东和管理者之间的信息不对称,提高企业的经营效率。

2. 土地财政影响工业企业经营效率的渠道检验

表 2-13 第 2、3 列是土地财政影响工业企业经营效率的渠道检验结果,同样控制了行业和年份固定效应,分别将银行贷款期限结构和房地产投资两个变量加入基本模型进行检验。

模型(5)的回归结果如第 2 列所示,加入银行贷款期限结构之后,$Structure$ 的系数在 10% 水平上显著为正,且 $Landincome$ 的系数不再显著,说明银行贷款期限结构短期化是土地财政降低工业企业经营效率的主要渠道,假说 3.2 成立。模型(6)的回归结果如第 3 列所示,$InvestRE$ 的系数在 10% 水平上显著为负,但 $Landincome$ 的系数仍然在 10% 水平上显著为负,这说明工业企业进行房地产投资仅仅是土地财政影响其经营效率的重要渠道而非主要渠道,假说 3.3 成立。上述实证结果证明,土地财政引发银行贷款期限偏向性行为,长期贷款被大量分配至房地产业,工业企业的贷款期限结构被缩短;土地财政诱使工业企业增加房地产投资,对主营业务产生了折价效应,从而降低了工业企业的经营效率。

表 2-13　土地财政与工业企业经营效率

参数	ROE_{t+1} (1)	ROE_{t+1} (2)	ROE_{t+1} (3)
$Landincome$	−0.368* (−1.69)	−0.360 (−1.62)	−0.363* (−1.66)
$Structure_{t+1}$		0.064* (1.76)	
$InvestRE_{t+1}$			−2.020* (−1.91)
$Size$	−0.014** (−2.36)	−0.014** (−2.25)	−0.014** (−2.31)
Lev	0.362*** (9.07)	0.368*** (8.79)	0.364*** (9.13)
$Growth$	0.163*** (5.82)	0.156*** (5.31)	0.162*** (5.77)
$Ownership$	0.199*** (4.99)	0.186*** (4.52)	0.201*** (5.05)
Sal	−0.098 (−1.00)	−0.131 (−1.23)	−0.103 (−1.05)
SOE	−0.010 (−0.79)	−0.011 (−0.86)	−0.012 (−0.92)

参数	ROE_{t+1} (1)	ROE_{t+1} (2)	ROE_{t+1} (3)
常数项	0.306** (2.34)	0.315** (2.28)	0.301** (2.30)
行业固定效应	控制	控制	控制
时间固定效应	控制	控制	控制
N	1890	1719	1890
R^2	0.219	0.216	0.220

注:*、**、***分别表示 t 检验在 10%、5%和 1%水平上显著,括号内数值为 t 值。

3. 土地财政对工业企业经营效率影响的异质性分析

本篇提出,相比于处于非国有经济发展程度较低地区的工业企业而言,土地财政对处于非国有经济发展程度较高地区的工业企业的经营效率更具有显著的抑制作用。为了证实假说,本部分采用了两种异质性检验的方法,结果如表 2-14 所示。

表 2-14 第 1 列为模型(4)的回归结果,第 2、3 列为分组检验的结果。在第 2 列非国有经济发展程度低的地区,土地财政(Landincome)的系数为正但不显著,而在第 3 列非国有经济发展程度高的地区,土地财政(Landincome)的系数在 1%水平上显著为负。进一步地,SUEST 检验(基于似无相关模型 SUR 的检验)显示,回归结果中卡方统计量在 1%水平上拒绝了两者相同的原假设,表明两者在统计上存在显著差异,即土地财政主要降低了处于非国有经济发展程度较高地区工业企业的经营效率,而对处于非国有经济发展程度较低地区的工业企业经营效率影响不显著。第 4 列为模型(7)的回归结果。Landincome 的系数在 5%水平上显著为负,表明对于处于非国有经济发展程度较高地区的工业企业而言,土地财政降低了经营效率;而 FGindex× Landincome 的系数在 5%水平上显著为正,再一次表明土地财政对企业经营效率的影响在非国有经济发展程度不同的地区间存在显著差异,对于处于非国有经济发展程度较低地区的工业企业,土地财政的负面影响相对较低。假说 3.4 得到了有力的证实。

表 2-14　土地财政与工业企业经营效率:异质性分析

参数	全样本 (1)	非国有经济 发展程度低 (2)	非国有经济 发展程度低 (3)	全样本 (4)
$Landincome$	−0.368* (−1.69)	0.584 (1.46)	−0.855*** (−2.94)	−0.675** (−2.50)
		(Chi2=8.93***)		
$FGindex$				−0.063** (−2.29)
$FGindex \times Landincome$				0.810** (1.97)
$Size$	−0.014** (−2.36)	−0.020** (−2.08)	−0.015* (−1.95)	−0.015*** (−2.57)
Lev	0.362*** (9.07)	0.283*** (3.77)	0.427*** (8.81)	0.362*** (9.09)
$Growth$	0.163*** (5.82)	0.156*** (3.38)	0.157*** (4.45)	0.162*** (5.77)
$Ownership$	0.199*** (4.99)	0.231*** (3.21)	0.169*** (3.38)	0.199*** (5.01)
Sal	−0.098 (−1.00)	−0.640*** (−2.79)	0.059 (0.53)	−0.088 (−0.89)
SOE	−0.010 (−0.79)	−0.013 (−0.46)	−0.012 (−0.80)	−0.011 (−0.79)
常数项	0.306** (2.34)	0.535** (2.53)	0.214 (1.27)	0.365*** (2.76)
行业固定效应	控制	控制	控制	控制
时间固定效应	控制	控制	控制	控制
N	1890	657	1233	1890
R^2	0.219	0.251	0.236	0.221

注: *、**、*** 分别表示 t 检验在 10%、5% 和 1% 水平上显著,括号内数值为 t 值。

(五)稳健性检验

1. 更换企业经营效率的衡量指标

在第四部分实证结果分析中,主要采用净资产收益率作为衡量企业经营效率的指标变量,为了检验结论的稳健性,采用总资产收益率(ROA)重新进行回归,结果如表 2-15 所示。

表 2-15 第 1 列模型(4)的稳健性检验结果显示,土地财政($Landincome$)的系数在 10% 水平上显著为负,再一次证实了假说 3.1。第 2、3 列为渠道检验的稳健性检验结果。第 2 列加入了银行贷款期限结构($Structure$)后,土地财政($Landincome$)系数不显著,银行贷款期限结构($Structure$)的系数在 1% 水平上显著为正,该结果表明银行贷款期限结构是土地财政降低企业经营效率的主要渠道,依然支持了本文的假说 3.2。第 3 列加入了房地产投资($InvestRE$),土地财政($Landincome$)系数大小和显著性都没有明显变化,而房地产投资($InvestRE$)在 5% 水平上显著为负,稳健性检验的结果表明房地产投资是土地财政降低工业企业经营效率的一条重要渠道,再一次证实了假说 3.3。

表 2-15　土地财政与工业企业经营效率:稳健性检验

参数	ROA_{t+1} (1)	ROA_{t+1} (2)	ROA_{t+1} (3)
$Landincome$	-0.239^* (-1.75)	-0.216 (-1.64)	-0.233^* (-1.70)
$Structure_{t+1}$		0.126^{***} (2.74)	
$InvestRE_{t+1}$			-2.498^{**} (-2.20)
其他控制变量	控制	控制	控制
行业固定效应	控制	控制	控制
时间固定效应	控制	控制	控制
N	1890	1890	1890
R^2	0.189	0.186	0.194

注:*、**、*** 分别表示 t 检验在 10%、5% 和 1% 水平上显著,括号内数值为 t 值。

表 2-16 为异质性分析的回归结果,与表 2-14 的回归结果也没有显著差异。第 2、3 列的分组检验结果显示,在非国有经济发展程度低的地区,土地财政($Landincome$)的系数不显著,在非国有经济发展程度高的地区,土地财政($Landincome$)的系数在 1% 水平上显著为负,且两者的差异通过了 SUEST 检验;第 4 列模型(7)的回归结果中,土地财政($Landincome$)的系数在 1% 水平上显著为负,而交互项 $FGindex \times Landincome$ 的系数在 1% 水平上显著为正。两种异质性分析的稳健性检验结果均表明:土地财政对处于非国有经济发展程

度较高地区的工业企业经营效率的负面影响较大,而对处于非国有经济发展程度较低地区的工业企业的经营效率的负面影响较弱,再一次证实了假说3.4的稳健性。

表 2-16　土地财政与工业企业经营效率:稳健性检验

参数	全样本 (1)	非国有经济 发展程度低 (2)	非国有经济 发展程度高 (3)	全样本 (4)
$Landincome$	-0.239^* (-1.75)	0.461^* (1.69)	-0.660^{***} (-3.88)	-0.492^{***} (-3.09)
		$(Chi2=12.83^{***})$		
$FGindex$				-0.034^* (-1.88)
$FGindex \times Landincome$				0.680^{***} (2.59)
其他控制变量	控制	控制	控制	控制
行业固定效应	控制	控制	控制	控制
时间固定效应	控制	控制	控制	控制
N	1890	657	1233	1890
R^2	0.189	0.242	0.193	0.192

注:*、**、***分别表示t检验在10%、5%和1%水平上显著,括号内数值为t值。

2.使用广义土地财政的稳健性检验

本篇第四部分借鉴了大多已有文献的做法,使用狭义的土地财政即土地出让收入,实证检验了本篇的4个假说。在稳健性检验中,还将使用广义的土地财政对模型进行重新检验。与第二部分相同,将广义土地财政收入($TotalLandinc$)定为土地出让收入、土地增值税、城镇土地使用税、耕地占用税、契税、房地产税之和。

表 2-17 第1列为将广义土地财政($TotalLandinc$)用于模型(4)的稳健性检验结果,第2、3列为模型(5)和模型(6)渠道检验的回归结果。回归结果依然与第四部分实证回归的结果一致,银行贷款期限结构短期化为土地财政抑制工业企业经营效率的主要渠道,而房地产投资的增加为重要渠道。

表 2-17　土地财政与工业企业经营效率:稳健性检验

参数	ROE_{t+1} (1)	ROE_{t+1} (2)	ROE_{t+1} (3)
$TotalLandinc$	−0.340* (−1.72)	−0.313 (−1.55)	−0.337* (−1.70)
$Structure_{t+1}$		0.064* (1.75)	
$InvestRE_{t+1}$			−2.024* (−1.91)
其他控制变量	控制	控制	控制
行业固定效应	控制	控制	控制
时间固定效应	控制	控制	控制
N	1890	1890	1890
R^2	0.219	0.216	0.220

注:*、**、*** 分别表示 t 检验在 10%、5% 和 1% 水平上显著,括号内数值为 t 值。

表 2-18 为使用广义土地财政($TotalLandinc$)进行异质性分析的稳健性检验结果。第 1 列仍为模型(4)的回归结果,第 2、3 列为对模型(4)进行分组检验的结果,第 4 列为模型(7)的检验结果,均与第四部分实证检验的结果没有显著差异,表明相比于位于非国有经济发展程度较低地区的工业企业而言,土地财政对于非国有经济发展程度较高地区的工业企业经营效率产生了负面影响。

表 2-18　土地财政与工业企业经营效率:稳健性检验

参数	全样本 (1)	非国有经济发展程度低 (2)	非国有经济发展程度高 (3)	全样本 (4)
$TotalLandinc$	−0.340* (−1.72)	0.478 (1.39)	−0.848*** (−3.09)	−0.646** (−2.54)
		($Chi2=9.59^{***}$)		
$FGindex$				−0.069** (−2.24)
$FGindex \times TotalLandinc$				0.712* (1.92)

续表

参数	全样本 （1）	非国有经济 发展程度低 （2）	非国有经济 发展程度高 （3）	全样本 （4）
其他控制变量	控制	控制	控制	控制
行业固定效应	控制	控制	控制	控制
时间固定效应	控制	控制	控制	控制
N	1890	657	1233	1890
R^2	0.219	0.250	0.236	0.221

注：*、**、***分别表示 t 检验在10%、5%和1%水平上显著，括号内数值为 t 值。

3.检验土地财政对企业贷款期限结构和房地产投资的影响

前文已经验证了银行贷款期限结构是土地财政影响工业企业经营效率的主要渠道，而房地产投资是重要渠道。但本篇仍需进一步研究土地财政分别对银行贷款期限结构和房地产投资的影响。若回归结果支持土地财政对长期贷款占总银行贷款的比重有负面影响，对房地产投资有正面影响，就能更有力地说明研究结论。

本篇参照张敏等[90]的研究，控制了企业规模、营业收入增长率、资产负债率、固定资产比率、股权集中度和独立董事占比等其他影响因素，并控制了行业、年度、地区固定效应，最终得到的回归结果如表2-19所示。当被解释变量为银行贷款期限结构时，$Landincome$ 的系数为 -0.602，且在5%水平上显著，说明地方政府土地财政的力度越大，工业企业获得的银行贷款期限结构越偏向短期。当被解释变量为房地产投资时，$Landincome$ 的系数为0.008，在10%水平上显著，表明土地财政与工业企业的房地产投资呈正相关，证实了上文的结论。

表2-19　土地财政与工业企业经营效率:稳健性检验

	$Structure_{t+1}$ （1）	$InvestRE_{t+1}$ （2）
$Landincome$	-0.602^{**} （-2.18）	0.008^* （1.75）
其他控制变量	控制	控制
行业固定效应	控制	控制
时间固定效应	控制	控制

	$Structure_{t+1}$ (1)	$InvestRE_{t+1}$ (2)
地区固定效应	控　制	
N	1712	1657
R^2	0.074	0.038

注：*、**、***分别表示 t 检验在10％、5％和1％水平上显著,括号内数值为 t 值。

(六)本部分小结

本部分着眼于土地财政对工业微观主体发展效应的影响,围绕土地财政与工业企业经营效率展开研究。理论分析认为,土地财政会降低工业企业主营业务的经营效率,工业企业的银行贷款期限结构被短期化和工业企业偏向房地产投资是土地财政抑制工业企业经营效率的两个渠道,且抑制效应可能因为地区非国有经济发展程度不同而存在差异。

使用2007—2014年我国 A 股上市工业企业的数据,本篇的实证检验证明,土地财政规模越大,工业企业经营效率越低,且银行贷款期限结构短期化是土地财政影响工业企业经营效率的主要渠道,工业企业房地产投资偏好增长是重要渠道。异质性检验说明,在非国有经济发展程度更高的地区,土地财政对于工业企业经营效率的负面影响更为显著,表明土地财政可能诱发非国有经济主体的集体非理性行为。本篇的结论表明,地方政府的土地财政行为对工业微观主体的发展产生了直接的负面冲击。

四、土地财政与工业企业创新

(一)问题的提出

本篇的第三部分考察了土地财政对工业企业经营效率的影响,证实了土地财政对工业企业短期发展能力有制约作用,而对工业企业长期发展的能力还未有所检验。由于我国工业正处于发展方式转型的关键时期,企业的技术水平和创新能力是影响我国工业企业长远发展的决定性因素。当前中国工业发展滞后、实体经济“空心化”严重[91],创新有助于推动工业内部结构高级化进程[92],因此有必要考察土地财政对工业企业创新的影响。

地方政府对土地财政和房地产的过度依赖历来为学者诟病。相比之下,土地财政推动房地产市场日趋繁荣,大额的土地出让金和房地产相关税收收入诱使地方政府将房地产业作为经济支柱,房地产业的高速发展浇灭了地方政府支持以工业为核心的实体经济发展的热情。根据我国现行的以 GDP 为核心的政绩考核体系,只要保证任期内房地产泡沫不破裂,地方官员便能实现以房地产为主要支撑的经济发展和政治晋升模式,从而引发地方政府的短期行为,严重制约实体经济发展,更不利于工业内部通过长期的创新投资实现转型升级。

既有研究指出,在房地产业利润率远超工业的情况下,资本逐利性扭曲了资源的有效配置,引诱工业企业将资金投入房地产业,在融资约束下,工业企业的创新投资受到了严重限制,即引发了房地产投资对工业企业创新投资的挤出效应和资源错配效应[71,91,93-98]。但目前鲜有学者将这种效应与土地财政的背后推动作用相联系。我们认为,地方政府的土地财政行为是工业创新资金流失的重要影响因素,地方政府对工业企业研发补助的减少、工业企业对房地产投资的偏好,均会对工业企业的创新投资产生挤出效应。

(二)土地财政对工业企业创新影响的理论分析

1. 土地财政对工业企业创新的影响机制

为了促进房地产发展,在商住用地一级市场上,地方政府同时采取了高转让定价和限量供应的组合策略。地方政府一方面抬高商住用地一级市场价格,另一方面成立土地储备中心以限制商住用地的供应[7],形成了商住用地一级市场供不应求的局面,保证其"高价出让商住用地"的定价策略得以实现,高昂的土地出让收入在一定程度上缓解了财政压力。

土地财政推动房地产业发展,房地产业反过来也强化了地方政府对土地财政的依赖程度,引发了地方政府的短视行为。商住用地一级市场价格高攀,增加了房地产商取得土地的成本,进而推动了商品房市场价格的上扬。房价上升增加了以营业税为主的房地产相关税收,且房地产业和建筑业在一定程度上存在重复征税的问题[32],进一步扩大了地方政府发展房地产业的收益。在地方财政压力不断上升的情况下,房地产业不失为地方政府拓宽财政收入的主要来源。且由于地方官员政绩考核体系并不重视地区经济增长的构成和质量,在五年一任的任期限制下,房地产业能在短期内快速拉动地方经济和财政收入增长,创造政绩。

相比于房地产业,工业创新投资的前期成本更高,回报期相对更长,在地方官员的一届任期内,大量创新投资可能并未实现产出,无法产生任何经济效益。工业创新投资成本由本届政府承担、产出却为下任政府受益的特性,并不为追求政治晋升的地方官员所好。因此在房地产业能快速提升政绩的背景下,地方政府缩减了对工业企业的创新投资,将支出大量用于提升房地产业发展的公共基础设施及配套设施建设等方面。失去了政府支持的工业企业将面临融资约束趋紧的境地,不得不削减创新投资。地方政府过度偏好房地产业对工业企业的创新产生了负面冲击。

长期以来,我国工业始终处于产业链低端,自主创新不足导致工业产品附加值较低,"中国制造"急需向"中国创造"转型。然而,创新投资风险高、收益不确定,容易受到注重短期利益的企业的忽视。受到房地产业高利润率的诱惑,工业企业更可能主动转移投资方向至房地产业,创新投资因此受到了限制。同时,地方政府对房地产发展的偏好对工业企业产生了引导作用,进一步降低了工业企业创新投资的意愿。土地财政对工业企业创新的负面影响机制如图2-8所示。

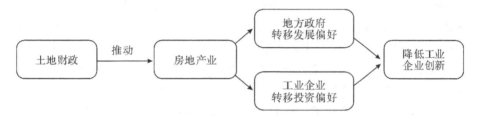

图 2-8　土地财政与工业企业创新:负面影响机制

由此提出假说4.1:

在其他条件不变的情况下,土地财政抑制了工业企业的创新。

2.土地财政影响工业企业创新的渠道:房地产投资

在土地财政的背景下,商住用地一级市场价格被地方政府推高,房地产商的购地成本不断上升。房地产商将高额的商业地价通过价格机制转移至消费者手中,最终反映为房价不断上升。已有学者通过理论模型推导[14]和实证检验[15]证实了土地财政推动房价上涨的持续性内生动因,高房价为地方政府带来了大规模的土地出让收入和房地产相关税收,弥补财政收支的缺口,提升地方经济;并赋予房地产商高利润的预期,保证了地方政府高价出让商住用地策略得以实现。尽管近年来中央政府陆续出台了多项政策来实现对房价的宏观调控,但在"晋升锦标赛"的压力下,地方政府缺乏动力来同步配合中央政策[16,31];同时,房地产商对地方财政的"捐税"行为俘获了地方政府,左右地方政府决策,弱化了中央调控房价的政策效果[41]。由此,土地财政与房价互联互动,地方政府越是依赖土地财政,商住用地一级市场价格越高,房价也随之水涨船高。

既有研究认为,资产价格的波动会对实体经济产生负面影响,当投资性或投机性资产的收益率远高于实体产业,资本的逐利性使得投资方向从实体经济转移至资产市场,引发实体经济的空心化[91,94]。同时资产价格连续攀升也会形成投资预期,诱使实体产业更多地进行资产投资以规避风险,大量资本涌入又进一步推动资产价格上涨[91],这种螺旋式的相互促进机制最终会扭曲资本结构,危害整体经济的可持续发展。基于这样的理论,雷根强和钱日帆[42]、余泳泽和张少辉[93]、王文春和荣昭[94]、Miao 和 Wang[95]、罗知和张川川[97]、陈斌开等[98]的研究均发现了房地产泡沫的资源错配效应。本篇进一步认为,土地财政是房地产价格不断上涨的主要助推力,房地产投资的回报率远超工业生产,利润率与创新的"倒挂"机制诱发了工业创新资本流入房地产业的资源错配现象。

相比于房地产业,创新投资具有高成本、高风险、回报周期长的特点,需要在前期投入大量的物力和人力[100],从创意形成、创新投入到实际的创新产出,各个环节都存在一定的风险[101-103]。不同于一般的商品,创新的最终成果还具有一定的公共产品性质,创新带来的技术外溢效应虽然有利于提升区域整体的创新能力与社会效益,但降低了自主研发企业的私人回报[104],当产业内存在普遍的"搭便车"行为时,技术外溢会严重削弱工业企业进行创新活动的积极性[105,106]。而我国工业"重模仿、轻研发"的产业特性放大了技术外溢的负面影响,创新投资的高成本与收益不确定性降低了工业企业对自主创新的重视程度。由于核心自主知识产权的缺失,我国的工业,尤其是制造业,长期处于低附加值的下游环节。与实体经济的薄利低迷相对比,房地产业的"暴利"容易诱发资本产生部门间转移,大量工业企业跻身房地产行业,而在融资约束的限制下,企业不得不降低对主营业务的创新投入,从而发生了房地产业投资对工业创新投资的挤出效应。同时,在土地财政的影响下,房价过高还通过价格传导机制引发要素价格扭曲[97],提高了研发人员对工资的要求,工业企业不得不负担更高的研发成本,加剧了房地产投资对工业创新投资的挤出效应。房地产投资的渠道机制如图2-9所示。

图 2-9　土地财政与工业企业创新:房地产投资渠道机制

由此本文提出假说 4.2:

房地产投资增长是土地财政抑制工业企业创新的渠道机制。

3. 土地财政影响工业企业创新的渠道:政府研发补助

已有研究发现,政府在激励企业创新的过程中扮演了重要的角色,政府研发补助能够激励企业自主创新[100,104-109],对企业研发投入存在杠杆效应。

首先,从资源基础角度来看,政府研发补助是企业外部融资来源的一部分,直接补充了企业的创新资源[104,110]。政府研发补助可以分担对企业个体而言无法承担的风险,降低研发活动的边际成本,进而提高企业进行研发活动的边际预期收益,引导工业企业增加研发投入[100,104,107,108,111-114]。其次,从知识外溢角度来看,知识和技术作为创新的成果,在消费上具有非排他性,在收益上具有非独占性,因而创新的私人收益率远低于社会收益率[105]。知识外溢产生的正外部性会削弱企业进行自主创新的动力,反而期冀其他企业进行研发活动,成为"搭便车"的投机者。这种心理最终会导致整个社会的研发投入不足,引发市场失灵[115]。而政府补贴正是矫正这种市场失灵的最为普遍和最有效的手段,减少企业私人收益和社会收益之间的差距,激励企业进行研发投资[105,106,116,117]。第三,从信号理论的角度来看,政府研发补助能够向市场释放产业发展与企业共荣的信号。一方面,企业通常不愿意在逆发展方向的产业以及没有竞争和活力的市场进行研发活动,而政府对特定产业或市场的研发补助暗含政府倡导的产业发展方向,吸引大批企业的涌入,提升市场活力和竞争强度,从而倒逼企业进行研发活动以维持其在市场中的地位[108]。另一方面,政府补助能够刺激企业通过债务融资来提高创新投资[118],因为企业内外部存在严重的信息不对称,外部投资者对于企业的创新活动认识不足,政府研发补贴作为一种对企业的肯定,能够将政府认可的正面信息传递给投资者,帮助企业缓解融资约束,从而激励企业增加研发投入,提高创新绩效[119-121];同时,获得政府研发补助也可以看成是企业响应政府引导,与政府建立融洽关系的信号[104],吸引其他投资者提供创新资金。

在地方政府的区别定价策略影响下,房价飙升带动了房地产业收益率高涨,以此带来的土地出让收入及相关税收收入填补了地方政府的财政缺口,甚至成了财政收入的主要支柱。相比于房地产业,创新投资需要一个漫长的过程,且具有较强的不确定性,对地方官员任期内的政绩提升作用不明显;房地产业回报周期短、风险性低、收益率高的特点更有利于官员晋升[122],因而更受到地方政府的青睐。在土地财政的吸引下,地方政府对工业企业创新投资的意愿更低,将稀缺的资金从原本应给予工业企业的研发补助拨付给房地产业投资,以发展房地产业带来的土地出让收入和相关税收收入弥补财政收支的漏洞,并创造政绩实现政治晋升。

然而,政府研发补助降低,使得工业企业的创新活动丧失了一定的资源基础,企业独自所需承担的研发风险和成本上升,创新的收益率下降;也无法弥补技术外溢放大的企业私人收益和整体社会收益差距漏洞,加剧市场失灵;还可能向市场传达政府转移产业扶持方向的信号,诱导外部投资者的资金外流,加剧企业外源融资障碍,严重挫伤了工业企业的创新意愿。因此,政府研发补助减少,将有损于对工业企业研发投入的杠杆效应。图 2-10 为政府研发补助的渠道机制。

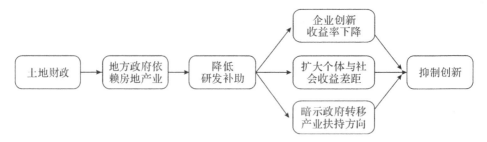

图 2-10 土地财政与工业企业创新:政府研发补助渠道机制

基于以上分析,提出假说 4.3:

政府研发补助减少是土地财政抑制工业企业创新的渠道机制。

4.土地财政影响工业企业创新的产权性质差异

2000 年起国有土地使用权出让方式由协议出让转变至市场化程度更强的"招拍挂"方式,打破了土地转让市场中国有企业占据上风的局面。2002 年国土资源部 11 号令规定"商业、旅游、娱乐和商品住宅等各类经营性用地必须以招标、拍卖或者挂牌方式出让";2004 年国土资源部 71 号令进一步明确了 2002 年 11 号令的政策,强化了监管强度。王文春和荣昭[94]研究发现,2004 年 71 号令对私有企业进入房地产行业起到了实质性推动作用,消除了不同产权性质企业的市场准入壁垒差异。因此可以考察土地财政对不同产权性质企业的创新的影响。

土地财政主要抑制了非国有企业的创新,而对国有工业企业创新的负面影响相对较弱。一方面,从融资约束的角度来看,国有企业更容易获得政府补助、银行信贷和权益融资[97,123-125],融资约束相对较小,房地产投资虽然挤占了原本用于创新投资的大额资金,但国有企业仍可以通过银行信贷或向政府寻求补助等外部融资渠道获取维持主营业务和研发投入的资金,国有企业的预算软约束使得土地财政对其创新的负面影响相对较低。相比之下,非国有企业尤其是民营企业的融资约束较高,房地产投资对创新投资的挤出效应就更为明显;且土地财政诱导地方政府发展房地产,减少了对于工业企业的创新补贴,非国有工业企业的融资约束被收紧,进一步淡化了创新投资的意愿。另一方面,与国有企业本身创新激励较弱也有关。国有企业的经营决策容易受到政府的影响,为了实现一定的政治目的或社会目标,国有企业往往背负政府赋予的社会职能或政治压力[102,125,126],比如为了保证经济增长和促进就业,政府可能会阻止国有企业进行不确定性过高的创新活动,而采取较为保守的经营策略。而非国有企业并不受政策性负担的影响,经营和创新决策更能反映市场化和逐利性。再者,国有企业的管理层可能是政府直接任命的,经营管理的专业化程度和对创新的重视程度相对较低[127];且由于创新投入的前期成本过高,创新产出所需时间往往较长,创新投资效率的不确定性较高,与国有企业管理层弱风险偏好相背离[102]。因此,国有企业本身参与创新投资的激励较弱,受土地财政的挤出效应也较不敏感。

基于上述分析,提出假说4.4:

相比于国有工业企业而言,土地财政对非国有工业企业创新的抑制作用更为显著。

(三)研究设计

1.样本选择与数据来源

由于缺少2015年的土地出让金数据,本篇以2007—2014年我国A股上市工业企业为研究对象。对于工业企业创新的考察,在模型中使用提前一期的数据,所以企业创新的样本实际年限区间为2008—2015年。根据2012年《证监会上市公司行业分类指引》的分类,将行业代码为06-46的企业,即采矿业、制造业和电力、热力、燃气及水生产和供应业企业归属于所要考察的样本中。各省土地出让金的数据来源于2008—2015年《中国国土资源年鉴》,政府研发数据来源于2008—2016年《工业企业科技活动统计年鉴》,各省商品房销售价格和GDP数据来源于《中国统计年鉴》。企业研发投入数据来源于WIND数据库,其他企业层面的财务数据均来自于国泰安CSMAR数据库。此外,还进行了以下样本筛选:(1)剔除创业板企业;(2)剔除被ST处理的企业;(3)剔除财务数据缺失的样本;(4)对所有连续变量在1%水平进行了Winsorize缩尾处理。最终得到5525个公司—年度样本。

2.模型设定与变量说明

为了检验土地财政对企业创新的影响,我们首先建立了模型(8):

$$RD_{i,t+1} = \alpha_0 + \alpha_1 Landincome_{it} + \sum \beta_j ControlVariables_{jit} +$$
$$Industry + Year + \varepsilon_{it} \tag{8}$$

其中,被解释变量企业创新(RD)采用了未来一期的研发投入/营业收入。核心解释变量土地财政($Landincome$)为企业实际办公地所在省各年的土地出让收入与GDP之比,倘若α_1系数显著为负,表明土地财政对工业企业的创新具有抑制作用。$ControlVariables$为一系列控制变量,包括盈利能力(ROE)、无形资产率($Intangible$)、财务杠杆(Lev)、企业规模($Size$)、机构持股比例($Institude$)、董事会规模($Board$)和独立董事占比($Indep$)。此外,还使用二位数行业代码控制了行业固定效应($Industry$)和年度固定效应($Year$),并用异方差稳健标准误进行回归。

本篇理论部分提出房地产投资和政府研发补助是土地财政降低工业企业创新的重要渠道,为了检验假说 4.2 和假说 4.3,借助 Acemoglu et al.(2003)识别渠道的方法,建立模型(9)。

$$RD_{i,t+1} = \alpha_0 + \alpha_1 Landincome_{it} + \gamma_1 X_{it+1} + \sum \beta ControlVariables_{jit} +$$
$$Industry + Year + \varepsilon_{it} \tag{9}$$

其中 X 为渠道检验变量房地产投资($InvestRE$)和政府研发补助($Subsidy$)。倘若在加入渠道变量 X 之后,γ_1 系数显著,而 α_1 系数显著性或系数大小有明显的下降,则说明该渠道是土地财政影响企业创新的主要渠道;倘若 γ_1 系数显著,α_1 系数也显著,且显著性和系数大小都没有明显的变化,则说明该渠道是一条重要渠道;而如果 γ_1 系数不显著,α_1 系数仍保持显著,则说明该渠道并不是土地财政影响企业创新的机制。

进一步地,为了验证假说 4.4,检验土地财政对企业创新在产权性质上是否存在差异,本部分采用了两种异质性检验的实证方法。一是进行分组回归:首先对模型(8)进行国有企业和非国有企业的分组回归,再对核心解释变量 $Landincome$ 进行 SUEST(基于似无相关模型 SUR 的检验),以考察不同组别中 $Landincome$ 系数是否存在显著差异。二是建立模型(10),即构建国有企业虚拟变量 SOE,以判断结论的稳健性。

$$RD_{i,t+1} = \alpha_0 + \alpha_1 Landincome_{it} + \alpha_2 SOE_{it} + \alpha_3 SOE_{it} \times Landincome_{it} +$$
$$\sum \beta_j ControlVariables_{jit} + Industry + Year + \varepsilon_{it} \tag{10}$$

其中,SOE 为区分产权性质的代理变量,国有企业 $SOE=1$,非国有企业 $SOE=0$。交互项 $SOE \times Landincome$ 考察的是区分产权性质的异质性检验,我们推测 α_3 系数显著为正,而 α_1 系数显著为负,表明土地财政主要削弱了非国有工业企业的创新,而对国有企业创新的负面影响相对较弱。

变量说明如下。

(1)被解释变量。企业创新(RD):本篇使用研发投入作为衡量工业企业创新的代理变量。既有研究中大多使用研发投入和专利申请作为企业创新的指标,选用前者,是由于专利申请是企业长期创新积累的产出和成果,从投入到产出需要一定的转化过程,受其他微观和宏观因素的影响较大,可比性较差[128-130];而研发投入则主要受到管理层决策的支配,能够较好地反映短期内企业的创新意愿和能力。由于当期地方政府的土地财政行为对微观企业产生影响可能存在一定的时滞性,因此使用未来一期的研发投入作为被解释变量。在本篇第四部分的实证检验中,首先使用研发投入与营业收入之比来衡量企业创新,在稳健性检验中还将使用研发投入与总资产之比重新进行回归。

(2)解释变量。土地财政($Landincome$):土地财政具有广义和狭义之分,既有研究大多使用狭义上的土地财政,本文借鉴他们的方法,使用企业实际办公地所在省各年的土地出让收入与GDP之比作为土地财政的代理变量。在稳健性检验中,还将使用广义的土地财政检验结论的稳健性。

(3)渠道变量。本篇的渠道变量分为房地产投资($InvestRE$)和政府研发补助($Subsidy$)。

房地产投资($InvestRE$):以投资性房地产增长量与平均总资产之比进行衡量。吴海民[83]提出,房地产开发往往需要较大的资金规模,投资性房地产可能是企业从事房地产投机炒作的先行方式。尽管投资性房地产并不能完全反映企业的房地产投资行为,但能够较为细致地刻画企业从实体产业向房地产业转型的变化过程,因此使用投资性房地产作为企业房地产投资的代理变量。

政府研发补助($Subsidy$):使用省级层面的工业企业政府研发补助数据,来源于《工业企业科技活动统计年鉴(2008—2016)》。由于该年鉴在样本期间内进行了改版,2007—2008年的政府研发补助数据为"工业企业科技活动经费筹集情况"中来源于"政府资金"的部分,2009—2015年的数据为"工业企业政府相关政策落实情况"中"使用来自政府部门的科技活动资金"的部分,并使用各省份各年的GDP进行平减。

(4)控制变量。参考已有研究企业创新的文献,本篇选取了企业财务状况和公司治理两个层面的控制变量。财务状况层面主要选取了以下四个变量:盈利能力(ROE),等于净利润与净资产之比;无形资产率($Intangible$),借鉴吴超鹏和唐茹[131]的方法,使用无形资产净额占总资产的比例衡量,无形资产率越高的企业,通常越重视创新与研发,但也存在企业已经拥有了很多无形资产,对于创新的需求较低的情况;财务杠杆(Lev),等于总资产/净资产;企业规模($Size$),等于总资产的自然对数。公司治理层面则借鉴既有学者的研究[131-134],控制了以下三个变量:机构持股比例($Institude$);董事会规模($Board$),等于Ln(董事会人数+1);独立董事占比($Indep$),等于独立董事人数占董事会人数的比例。

所有变量解释汇总如表2-20所示。

表 2-20　土地财政与工业企业创新:变量解释说明

变量名称	变量	变量说明
被解释变量		
企业创新	RD	研发投入/营业收入
解释变量		
土地财政	Landincome	土地出让收入/GDP
渠道变量		
房地产投资	InvestRE	(投资性房地产－上年投资性房地产)/平均总资产
政府研发补助	Subsidy	各省各年工业企业科技活动经费来源于政府资金的部分,具体见上
控制变量		
盈利能力	ROE	净利润/净资产
无形资产率	Intangible	无形资产/总资产
财务杠杆	Lev	总资产/净资产
企业规模	Size	总资产的自然对数
机构持股比例	Institude	机构投资者持股数量/股本
董事会规模	Board	Ln(董事会人数＋1)
独立董事占比	Indep	独立董事与董事会人数之比
产权性质	SOE	国有企业等于1,非国有企业等于0

(四)实证结果与分析

1.土地财政对工业企业创新的影响

(1)描述性统计。表 2-21 为描述性统计。企业创新 RD 的平均值为 0.098,最小值为 0.000,最大值为 2.869,表明不同样本的研发投入情况存在较大差异。土地财政 Landincome 的平均值为 0.056,最小值为 0.016,最大值为 0.131,说明在样本期间内不同地区的土地财政规模存在较大差异。政府研发补助 Subsidy 为省级数据,反映的是一个省整体的政府研发补助情况,最小值为 0.233,最大值为 23.108。房地产投资 InvestRE 最小值为－0.008,最大值为 0.028,说明不同企业在不同年份对房地产投资的偏好存在一定差异。

表 2-21　土地财政与工业企业创新:描述性统计

变量	样本量	均值	标准差	最小值	最大值
RD	5525	0.098	0.315	0.000	2.869
Landincome	5525	0.056	0.027	0.016	0.131
Subsidy	5525	7.117	4.993	0.233	23.108
InvestRE	5525	0.001	0.004	−0.008	0.028
ROE	5525	0.078	0.102	−0.504	0.378
Intangible	5525	0.048	0.041	0.000	0.234
Lev	5525	2.046	1.027	1.034	7.562
Size	5525	21.988	1.178	19.689	25.500
Institude	5525	7.330	9.955	0.140	57.430
Board	5525	2.289	0.173	1.792	2.773
Indep	5525	0.368	0.050	0.300	0.556
SOE	5525	0.456	0.498	0.000	1.000

(2)实证回归结果。表 2-22 第 1 列为模型(8)的回归结果。在控制了行业虚拟变量和年度虚拟变量之后,土地财政($Landincome$)变量的系数在 5% 水平上显著为负,此结果表明随着土地财政规模的增大,工业企业降低了创新投入,证实了假说 4.1。

在控制变量方面,盈利能力(ROE)不显著,盈利能力越好的企业,通常也会投入更多的资金进行研发,但在财务报表中研发费用与净利润是相反的关系,因此 ROE 对企业创新的影响是不确定的;无形资产率($Intangible$)也不显著,说明无形资产存量对企业创新可能存在正反两方面的影响,无形资产率高的企业可能较为注重研发,但同时这些企业因为已有较多的无形资产,对研发的需求较低,证实了上文的推测;机构持股比例($Institude$)显著为负,表明机构投资者的外部治理效果存在负面影响,可能是由于机构的短期投资抑制了企业创新的意愿。

2. 土地财政对工业企业创新影响的渠道检验

表 2-22 第 2、3 列展示了渠道检验的结果。其中,第 2 列检验了房地产投资的渠道,第 3 列检验了政府研发补助的渠道。第 2 列中,在加入房地产投资($InvestRE$)后,土地财政($Landincome$)的系数大小和显著性都几乎未发生变化,而房地产投资($InvestRE$)在 10% 水平上显著为负,表明房地产投资的增

加是土地财政抑制工业企业创新的一个重要渠道。土地财政推动房地产价格上涨,引诱工业企业跻身于房地产投资,大量的资金流入房地产,挤占了原本用于研发投入的资金,不利于工业企业的创新,证实了本文的假说 4.2。在第 3 列中,政府研发补助(Subsidy)的系数在 5% 水平上显著为正,土地财政(Landincome)的系数大小略微下降,显著性没有明显变化,根据前述的判断法则,政府研发补助的减少也是土地财政降低工业企业创新的重要渠道。在"高价出让商住用地"的策略奠基下,过热发展的房地产业在短期内就为地方政府带来了经济增长和财政收入的双重收益,引导地方政府过度依赖于房地产业,而忽略了对于工业企业发展尤其是创新能力的补助,降低了工业企业投身于创新的积极性,证实了假说 4.3。

表 2-22　土地财政与工业企业创新

参数	RD_{t+1} (1)	RD_{t+1} (2)	RD_{t+1} (3)
Landincome	−0.417** (−2.41)	−0.416** (−2.40)	−0.384** (−2.26)
InvestRE		−1.598* (−1.81)	
Subsidy			0.002** (2.38)
ROE	−0.071 (−1.26)	−0.072 (−1.28)	−0.068 (−1.20)
Intangible	0.128 (0.85)	0.127 (0.85)	0.132 (0.88)
Lev	0.009 (1.45)	0.009 (1.46)	0.010 (1.50)
Size	−0.064*** (−11.08)	−0.064*** (−11.09)	−0.065*** (−11.18)
Institude	−0.001*** (−3.92)	−0.001*** (−3.93)	−0.001*** (−4.10)
Board	−0.076*** (−2.63)	−0.076*** (−2.62)	−0.076*** (−2.61)
Indep	−0.084 (−1.05)	−0.084 (−1.04)	−0.082 (−1.02)

参数	RD_{t+1} （1）	RD_{t+1} （2）	RD_{t+1} （3）
常数项	1.725 *** （12.18）	1.725 *** （12.19）	1.733 *** （12.19）
行业固定效应	控制	控制	控制
时间固定效应	控制	控制	控制
N	5525	5525	5525
R^2	0.072	0.072	0.073

注：*、**、*** 分别表示 t 检验在 10%、5% 和 1% 水平上显著，括号内数值为 t 值。

3. 土地财政对工业企业创新影响的异质性分析

本部分第（二）小节中提出，相比于国有工业企业而言，土地财政对非国有工业企业创新的抑制作用更为显著。为了证实假说，本部分采用了两种异质性检验的方法，结果如表 2-23 所示。

表 2-23 第 1 列为模型（8）的回归结果，第 2、3 列为分组检验的结果。在第 2 列国有企业组中，土地财政（Landincome）的系数不显著，而在第 3 列非国有企业组中土地财政（Landincome）的系数在 1% 水平上显著为负。进一步地，SUEST 检验（基于似无相关模型 SUR 的检验）显示，回归结果中卡方统计量在 10% 水平上拒绝了两者相同的原假设，表明两者在统计上存在显著差异，即土地财政主要削弱了非国有企业的创新投入，而对国有企业的影响不显著。第 4 列为模型（10）的回归结果。Landincome 的系数在 1% 水平上显著为负，表明对于非国有企业而言，土地财政抑制了创新；而 SOE×Landincome 的系数显著为正，再一次表明土地财政对企业创新的影响在国有和非国有企业中存在显著差异，对于国有企业而言土地财政的负面影响相对较低。假说 4.4 得到了有力的证实。

表 2-23　土地财政与工业企业创新：异质性分析

参数	全样本 （1）	国有企业 （2）	非国有企业 （3）	全样本 （4）
Landincome	−0.417 ** （−2.41）	−0.005 （−0.02）	−0.618 *** （−2.64）	−0.586 *** （−2.84）
			（*Chi2*=2.86*）	

续表

参数	全样本 （1）	国有企业 （2）	非国有企业 （3）	全样本 （4）
SOE				−0.004 （−0.20）
SOE×Landincome				0.549* （1.82）
ROE	−0.071 （−1.26）	0.017 （0.28）	−0.170 （−1.58）	−0.063 （−1.10）
Intangible	0.128 （0.85）	0.260 （1.23）	0.042 （0.19）	0.141 （0.94）
Lev	0.009 （1.45）	0.003 （0.35）	0.017 （1.26）	0.007 （1.06）
Size	−0.064*** （−11.08）	−0.056*** （−7.65）	−0.079*** （−7.44）	−0.066*** （−11.05）
Institude	−0.001*** （−3.92）	−0.001*** （−3.89）	−0.001* （−1.76）	−0.001*** （−4.17）
Board	−0.076*** （−2.63）	−0.141*** （−3.05）	−0.046 （−1.05）	−0.086*** （−2.83）
Indep	−0.084 （−1.05）	−0.068 （−0.54）	−0.128 （−1.14）	−0.093 （−1.15）
_cons	1.725*** （12.18）	1.643*** （8.03）	2.043*** （8.40）	1.783*** （12.03）
行业固定效应	控制	控制	控制	控制
时间固定效应	控制	控制	控制	控制
N	5525	2518	3007	5525
R^2	0.072	0.080	0.086	0.073

注：*、**、***分别表示 t 检验在10%、5%和1%水平上显著，括号内数值为 t 值。

（五）稳健性检验

1. 更换企业创新衡量指标

在第四部分实证结果分析中，主要采用研发投入与营业收入之比作为衡量企业创新的指标变量，为了检验结论的稳健性，在稳健性检验中借鉴鲁桐和党印[130]、周铭山等[131]和袁建国等[133]的做法，将被解释变量企业创新替换为研发投入与总资产之比,重新进行回归。模型(8)和渠道检验模型(9)的回归结果如表 2-24 所示。

　　表 2-24 第 1 列模型(9)的稳健性检验结果显示,土地财政($Landincome$)的系数在 10% 水平上显著为负,再一次证实了假说 1。第 2、3 列为模型(9)的稳健性检验结果。第 2 列加入了房地产投资($InvestRE$),土地财政($Landincome$)系数大小和显著性都没有明显变化,而房地产投资($InvestRE$)在 1% 水平上显著为负,表明工业企业开展房地产投资是土地财政降低工业企业创新的一条重要渠道,再一次证实了假说 4.2。第 3 列加入了政府研发补助($Subsidy$)后,土地财政($Landincome$)系数大小略微下降,显著性没有明显变化,而政府研发补助($Subsidy$)的系数在 5% 水平上显著为正,以上结果表明政府研发补助的减少也是土地财政降低企业创新的重要渠道,依然支持了本文的假说 4.3。

表 2-24　土地财政与工业企业创新:稳健性检验

参数	RD_{t+1} (1)	RD_{t+1} (2)	RD_{t+1} (3)
$Landincome$	−0.171* (−1.93)	−0.170* (−1.92)	−0.154* (−1.76)
$InvestRE$		−1.265*** (−3.37)	
$Subsidy$			0.001** (2.45)
其他控制变量	控制	控制	控制
行业固定效应	控制	控制	控制
时间固定效应	控制	控制	控制
N	5525	5525	5525
R^2	0.066	0.067	0.067

注:*、**、*** 分别表示 t 检验在 10%、5% 和 1% 水平上显著,括号内数值为 t 值。

　　表 2-25 为异质性分析的回归结果,与表 2-21 的回归结果也没有显著差异。第 2、3 列的分组检验结果显示,在国有企业组中,土地财政($Landincome$)的系数不显著,在非国有企业组中,土地财政($Landincome$)的系数在 5% 水平上显著为负,且两者的差异通过了 SUEST 检验;第 4 列模型(8)的回归结果中,土地财政($Landincome$)的系数在 1% 水平上显著为负,交互项 $SOE \times Landincome$ 的系数在 5% 水平上显著为正。两种异质性分析的稳健性检验结

果均表明:土地财政对工业企业创新的负面影响主要体现于非国有企业中,而对国有企业创新的负面影响较弱,再一次证实了假说4.4的稳健性。

表2-25　土地财政与工业企业创新:稳健性检验

参数	全样本 (1)	国有企业 (2)	非国有企业 (3)	全样本 (4)
$Landincome$	-0.171^{*} (-1.93)	0.089 (0.59)	-0.291^{**} (-2.49)	-0.277^{***} (-2.71)
		$(Chi2=4.04^{**})$		
SOE				-0.003 (-0.30)
$SOE \times Landincome$				0.342^{**} (2.22)
其他控制变量	控 制	控 制	控 制	控 制
行业固定效应	控 制	控 制	控 制	控 制
时间固定效应	控 制	控 制	控 制	控 制
N	5525	2518	3007	5525
R^2	0.066	0.081	0.076	0.068

注:*、**、***分别表示 t 检验在10%、5%和1%水平上显著,括号内数值为 t 值。

2.使用广义土地财政的稳健性检验

第四部分的实证检验借鉴了大多已有文献的做法,使用狭义的土地财政即土地出让收入,证实了本篇的四个假说。在稳健性检验中,还将使用广义的土地财政对模型进行重新检验。与本篇第二部分相同,将广义土地财政收入($TotalLandinc$)定为土地出让收入、土地增值税、城镇土地使用税、耕地占用税、契税、房地产税之和。

表2-26第1列为将广义土地财政($TotalLandinc$)用于模型(8)的回归结果,第2、3列为模型(9)渠道检验的回归结果。回归结果依然与实证检验部分的结果一致,房地产投资和政府研发补助均为土地财政抑制工业企业创新的重要渠道。

表 2-26　广义土地财政与工业企业创新

参数	RD_{t+1} （1）	RD_{t+1} （2）	RD_{t+1} （3）
$TotalLandinc$	-0.325^{**} （-1.98）	-0.319^{*} （-1.95）	-0.323^{**} （-1.97）
$Subsidy$		0.002^{**} （2.46）	
$InvestRE$			-1.590^{*} （-1.80）
其他控制变量	控制	控制	控制
行业固定效应	控制	控制	控制
时间固定效应	控制	控制	控制
N	5525	5525	5525
R^2	0.072	0.073	0.072

注：*、**、*** 分别表示 t 检验在 10%、5% 和 1% 水平上显著,括号内数值为 t 值。

表 2-27 为使用广义土地财政（$TotalLandinc$）进行异质性分析的稳健性检验结果。对模型（8）进行分组检验的结果及模型（10）的检验结果,均与第（四）小节的结果没有显著差异。

表 2-27　广义土地财政与工业企业创新

参数	全样本 （1）	国有企业 （2）	非国有企业 （3）	全样本 （4）
$TotalLandinc$	-0.325^{**} （-1.98）	0.099 （0.38）	-0.581^{***} （-2.62）	-0.548^{***} （-2.73）
		（$Chi2=4.03^{**}$）		
SOE				-0.019 （-0.77）
$SOE \times TotalLandinc$				0.625^{**} （2.14）
其他控制变量	控制	控制	控制	控制
行业固定效应	控制	控制	控制	控制
时间固定效应	控制	控制	控制	控制
N	5525	2518	3007	5525
R^2	0.072	0.080	0.086	0.074

注：*、**、*** 分别表示 t 检验在 10%、5% 和 1% 水平上显著,括号内数值为 t 值。

3. 检验土地财政对于政府研发补助的影响

前文已经阐述了政府研发补助是土地财政抑制工业企业创新的渠道机制，在稳健性检验中进一步检验土地财政对于政府研发补助的影响，有利于进一步佐证本篇的假说。

以未来一期的政府研发补助为被解释变量，以土地财政为解释变量，控制变量参考步丹璐和狄玲瑜等[135]的方法，加入了盈利能力（ROE）、财务杠杆（Lev）、企业规模（$Size$）、产权性质（SOE）、独立董事占比（$Indep$），以及地区 GDP 增长率（$Dgdp$），并控制了年度和行业虚拟变量。回归结果如表 2-28 所示。

为了节省篇幅，表 2-28 隐去了控制变量的回归结果。回归结果显示土地财政（$Landincome$）的系数在 1% 水平上显著为负，表明土地财政规模的增大降低了政府对工业企业的研发补助，证实了上文的推论。

表 2-28　土地财政与工业企业创新：稳健性检验

参数	$Subsidy_{t+1}$ (1)
$Landincome$	-12.540^{***} (−4.64)
其他控制变量	控制
行业固定效应	控制
时间固定效应	控制
N	5525
R^2	0.103

注：$*$、$**$、$***$ 分别表示 t 检验在 10%、5% 和 1% 水平上显著，括号内数值为 t 值。

（六）本部分小结

我国工业正处于要素驱动型生产模式转变至创新驱动型生产模式的过渡时期，创新是促进我国工业转型升级的决定性要素。不同于以往文献，本篇主要关注了地方政府的土地财政行为是否会对工业企业创新产生负面的引导作用。理论分析认为，土地财政激发了工业企业和地方政府两个层面的短视行为，房地产投资对工业企业的创新投资产生了挤出效应，地方政府房地产业发展偏好挤占了对工业企业的研发补助，从而不利于工业企业的创新。

使用 2007—2014 年我国 A 股上市工业企业的数据，本篇的实证研究证明，土地财政对工业企业创新产生了显著的削弱作用，房地产投资和政府研发补助均为重要影响渠道。进一步的异质性检验说明,土地财政主要降低了非国有工业企业的创新。我国生产性服务业发展滞后,大部分创新活动仍存在于工业部门,尤其是非国有工业企业更可能是创新的主导者。本篇的结论提示,在我国工业内部转型升级的过程中,地方政府土地财政行为对工业企业创新的抑制影响需要引起足够重视。

五、结论与政策建议

(一)研究结论

土地财政对我国工业的影响一直是众多学者关注的问题。地方政府对工业和商住用地区别定价的初衷之一便是招商引资、发展地方经济;但土地财政诱发房地产业高企,使其成为地方政府弥补财政集权改革导致的财政缺口以及地方官员提高政绩的重要方式,进一步复杂化了土地财政对我国工业的影响机制。与以往研究不同,本篇主要着眼于工业微观企业,系统探讨了土地财政在工业企业方面的经济后果。本篇的主要研究结论如下。

本篇首先考察了土地财政对于地区整体工业化水平的影响。主要从地方政府发展房地产业的角度,理论分析了土地财政抑制工业化水平的影响机制:在分税制改革及"晋升锦标赛"的双重激励下,地方政府产生了对发展房地产业的强烈偏好,过度引导社会资本流向房地产业,进而挤压了工业生产投入,对工业发展产生了直接挤出效应。土地财政奠定高房价基础,引发工业劳动力外流,提高了工业企业的人力成本;土地财政扩大政府规模,介入市场的资源配置过程,进而对工业产生了间接挤出效应。采用2000—2013年省级面板数据,本篇实证研究证明,土地财政规模越大,工业化水平越低,且这种负面效应主要集中于我国东部地区。进一步借助Acemoglu的渠道检验方法,发现高房价是土地财政抑制工业化水平的主要渠道,政府规模扩张是重要渠道。

其次,本篇研究了土地财政对于工业企业经营效率的影响。土地财政引发了银行长期信贷资金涌入房地产部门的现象,工业企业的长期贷款减少,高效率投资受到限制,融资不稳定预期上升,有损工业企业的经营效率。同时,受房地产业高利润的诱惑,工业企业进行房地产投资的积极性增强,投机性泡沫使工业企业不断将资金投入房地产业,主营业务折价效应显著,对经营效率产生了负面影响。基于2007—2014年A股上市工业企业面板数据,本篇实证结果证明,土地财政的力度越大,工业企业经营效率越低。银行信贷期限结构短期化是土地财政影响工业企业经营效率的主要渠道,房地产投资增长是重要渠道。基于地区非国有经济发展程度的异质性分析发现,相较于非国有经济发展程度较低的地区,土地财政对工业企业经营效率的削弱作用在非国有经济发展程度较高地区更为显著。

最后,本篇进一步考察土地财政对工业企业创新的影响。土地财政引致房地产泡沫,大量资金涌入房地产业,引发了对于工业企业创新投资的"挤出效应"和"资源错配效应"。使用 2007—2014 年我国 A 股上市工业企业的研究样本,实证研究证明:在土地财政的冲击下,过高的房地产价格扭曲了资源分配,土地财政抑制了工业企业的创新水平。渠道检验证明,工业企业房地产投资增长和政府研发补助减少是土地财政降低工业企业创新的重要渠道,这表明,土地财政诱发工业部门资源错配,工业企业投资于回报率更高、回收期更短的房地产业,从而降低了创新投入;同时,土地财政推动房地产业成为地方经济的支柱和财政收入的主要来源,诱使地方政府过度依赖于房地产业,降低了对于工业企业创新的补贴,也不利于工业企业的创新。进一步的异质性分析发现,土地财政对工业企业创新的阻碍作用在非国有企业中更为突出,国有工业企业由于预算软约束和本身创新激励不足,土地财政对其创新投入的负面冲击相对较弱。

(二)政策建议

我国进入工业化后期,在产业亟待转型升级的过渡阶段,需慎防虚拟经济和资产泡沫的过度膨胀,避免陷入"早熟的去工业化"。地方政府的土地财政行为虽然能为地方经济和微观企业带来短期内的高收益,但这种收益源于资源从工业部门错配至房地产部门的市场整体非理性行为,扭曲我国产业结构,有损工业企业的经营效率,缩减了工业企业的创新投入,将严重危害经济发展模式和工业内部的转型升级。基于研究结论,本文提出以下政策建议。

第一,地方政府对于土地财政过高的依赖性严重制约了工业企业发展,导致地区产业结构畸形。因此应当加强对地方政府短期行为的约束力,矫正地方政府发展经济的模式,通过丰富地方官员政绩指标,例如加入地区工业化水平、生产性服务业水平,引导地方政府发展实体经济。

第二,降低地方政府对房地产业的依赖性,必须正视地方政府财政收支缺口。建立透明、完善的转移支付制度,使得地方政府的事权与财权相适应,也避免地方政府以财政缺口为由大力发展房地产业。

第三,土地财政加深了我国工业企业低附加值、低回报率的现象,从而更可能引发工业资本的流失。在短期内,可以采取减税、增加政府补贴等方式,提高工业企业利润率,吸引错配的资源回流至工业部门,防止"早熟的去工业化"进一步恶化。

第四,强化地方政府对创新的认知与重视。将地区创新程度纳入考核的指标中,例如从政府对工业企业的研发补助、地区工业企业研发投入水平等层面建立指标,引导地方政府加强对工业企业从事创新活动的鼓励与支持。在研发补贴方面,需要给予不同产权性质的企业不同水平的支持,尤其是融资约束较高但创新活动较为集中的民营工业企业,应加大研发补助力度,提升补贴效率,而对国有工业企业的研发补助可适当降低。

第五,值得注意的是,应当深入认识土地财政在东、中、西部地区的影响差异,东部地区工业化水平的降低并未提升社会整体经济的效率,工业企业向中西部内迁是微观主体面对成本上升和劳动力流失的理性选择,因此对于东部地区,应当制定吸引产业升级所需的高素质、高技术人才的相关政策规定,例如可以提供更为优惠的住房贷款政策或合理价格的住房,来满足这些人才的基本生活需求。

参考文献

[1] 周飞舟.分税制十年:制度及其影响[J].中国社会科学,2006(6):100-115,205.

[2] 周飞舟.从汲取型政权到"悬浮型"政权——税费改革对国家与农民关系之影响[J].社会学研究,2006(3):1-38,243.

[3] 周飞舟.生财有道:土地开发和转让中的政府和农民[J].社会学研究,2007(1):49-82,243-244.

[4] 周飞舟.大兴土木:土地财政与地方政府行为[J].经济社会体制比较,2010(3):77-89.

[5] 曹广忠,袁飞,陶然.土地财政、产业结构演变与税收超常规增长——中国"税收增长之谜"的一个分析视角[J].中国工业经济,2007(12):13-21.

[6] 王文剑,覃成林.地方政府行为与财政分权增长效应的地区性差异——基于经验分析的判断、假说及检验[J].管理世界,2008(1):9-21.

[7] 陶然,陆曦,苏福兵,等.地区竞争格局演变下的中国转轨:财政激励和发展模式反思[J].经济研究,2009(7):21-33.

[8] 吴群,李永乐.财政分权、地方政府竞争与土地财政[J].财贸经济,2010(7):51-59.

[9] 周黎安.中国地方官员的晋升锦标赛模式研究[J].经济研究,2007(7):36-50.

[10] 张五常.中国的经济制度[M].香港:花千树出版有限公司,2008.

[11] 杜雪君,黄忠华,吴次芳.中国土地财政与经济增长——基于省际面板数据的分析[J].财贸经济,2009(1):60-64.

[12] 张莉,王贤彬,徐现祥.财政激励、晋升激励与地方官员的土地出让行为[J].中国工业经济,2011(4):35-43.

[13] 郭志勇,顾乃华.制度变迁、土地财政与外延式城市扩张——一个解释我国城市化和产

业结构虚高现象的新视角[J].社会科学研究,2013(1):8-14.

[14] 周彬,杜两省."土地财政"与房地产价格上涨:理论分析和实证研究[J].财贸经济,2010(8):109-116.

[15] 张双长,李稻葵."二次房改"的财政基础分析——基于土地财政与房地产价格关系的视角[J].财政研究,2010(7):5-11.

[16] 宫汝凯.分税制改革与中国城镇房价水平——基于省级面板的经验证据[J].金融研究,2012(8):70-83.

[17] 宫汝凯.财政不平衡和房价上涨:中国的证据[J].金融研究,2015(4):66-81.

[18] 陈佳贵,黄群慧,钟宏武.中国地区工业化进程的综合评价和特征分析[J].经济研究,2006(6):4-15.

[19] 黄群慧."新常态"、工业化后期与工业增长新动力[J].中国工业经济,2014(10):5-19.

[20] 赵昌文,许召元,朱鸿鸣.工业化后期的中国经济增长新动力[J].中国工业经济,2015(6):44-54.

[21] 郭克莎.中国经济发展进入新常态的理论根据——中国特色社会主义政治经济学的分析视角[J].经济研究,2016,51(9):4-16.

[22] 庞瑞芝,李鹏.中国新型工业化增长绩效的区域差异及动态演进[J].经济研究,2011,46(11):36-47,59.

[23] 乔晓楠,杨成林.去工业化的发生机制与经济绩效:一个分类比较研究[J].中国工业经济,2013(6):5-17.

[24] 褚敏,靳涛.为什么中国产业结构升级步履迟缓——基于地方政府行为与国有企业垄断双重影响的探究[J].财贸经济,2013(3):112-122.

[25] 安苑,王珺.财政行为波动影响产业结构升级了吗?——基于产业技术复杂度的考察[J].管理世界,2012(9):19-35,187.

[26] 韩永辉,黄亮雄,王贤彬.产业政策推动地方产业结构升级了吗?——基于发展型地方政府的理论解释与实证检验[J].经济研究,2017,52(8):33-48.

[27] 方红生,张军.攫取之手、援助之手与中国税收超 GDP 增长[J].经济研究,2013,48(3):108-121.

[28] 蒋省三,刘守英,李青.土地制度改革与国民经济成长[J].管理世界,2007(9):1-9.

[29] 范剑勇,莫家伟.地方债务、土地市场与地区工业增长[J].经济研究,2014(1):41-55.

[30] 雷潇雨,龚六堂.基于土地出让的工业化与城镇化[J].管理世界,2014(9):29-41.

[31] 黄少安,陈斌开,刘姿彤."租税替代"、财政收入与政府的房地产政策[J].经济研究,2012(8):93-106,160.

[32] 吕冰洋,郭庆旺.中国税收高速增长的源泉:税收能力和税收努力框架下的解释[J].中国社会科学,2011(2):76-90,221-222.

[33] 李郇,洪国志,黄亮雄.中国土地财政增长之谜——分税制改革、土地财政增长的策略性[J].经济学(季刊),2013(4):1141-1160.

[34] 中国经济增长前沿课题组,张平,刘霞辉.城市化、财政扩张与经济增长[J].经济研究,

2011(11):4-20.

[35] 高波,陈健,邹琳华.区域房价差异、劳动力流动与产业升级[J].经济研究,2012(1):
66-79.

[36] 王敏,黄滢.限购和房产税对房价的影响:基于长期动态均衡的分析[J].世界经济,
2013(1):141-159.

[37] 郑思齐,孙伟增,吴璟,等."以地生财 以财养地"——中国特色城市建设投融资模式研
究[J].经济研究,2014,49(8):14-27.

[38] 席艳玲,吉生保,王小艳.要素相对价格对产业结构调整的倒逼效应分析——基于省际
动态面板数据的系统 GMM 估计[J].财贸研究,2013(5):18-24.

[39] 邵朝对,苏丹妮,邓宏图.房价、土地财政与城市集聚特征:中国式城市发展之路[J].管
理世界,2016(2):19-31,187.

[40] 中国经济增长与宏观稳定课题组,陈昌兵,张平,等.城市化、产业效率与经济增长[J].
经济研究,2009(10):4-21.

[41] 杨帆,卢周来.中国的"特殊利益集团"如何影响地方政府决策——以房地产利益集团
为例[J].管理世界,2010(6):65-73,108.

[42] 雷根强,钱日帆.土地财政对房地产开发投资与商品房销售价格的影响分析——来自
中国地级市面板数据的经验证据[J].财贸经济,2014(10):5-16.

[43] Roback J. Wages Rents and the Quality of Life[J]. *Journal of Political Economy*,
1982,90(6):1257-1278.

[44] Zheng S,Kahn M E,Liu H. Towards a System of Open Cities in China:Home Prices,
FDI Flows and Air Quality in 35 Major Cities[J]. *Regional Science & Urban Economics*,
2010,40(1):1-10.

[45] 江波,李江帆.政府规模、劳动—资源密集型产业与生产服务业发展滞后:机理与实证
研究[J].中国工业经济,2013(1):64-76.

[46] 张莉,高元骅,徐现祥.政企合谋下的土地出让[J].管理世界,2013(12):43-51,62.

[47] 范子英,张军.转移支付、公共品供给与政府规模的膨胀[J].世界经济文汇,2013(2):
1-19.

[48] 文雁兵.政府规模的扩张偏向与福利效应——理论新假说与实证再检验[J].中国工业
经济,2014(5):31-43.

[49] 余华义.城市化、大城市化与中国地方政府规模的变动[J].经济研究,2015,50(10):
104-118.

[50] 毛捷,管汉晖,林智贤.经济开放与政府规模——来自历史的新发现(1850—2009)[J].
经济研究,2015,50(7):87-101.

[51] 罗必良.分税制、财政压力与政府"土地财政"偏好[J].学术研究,2010(10):27-35.

[52] 况伟大.预期、投机与中国城市房价波动[J].经济研究,2010,45(9):67-78.

[53] 杨灿明,孙群力.外部风险对中国地方政府规模的影响[J].经济研究,2008,43(9):115-
121,160.

[54] 朱焱,张孟昌.企业管理团队人力资本、研发投入与企业绩效的实证研究[J].会计研究, 2013(11):45-52,96.

[55] 邓学芬,黄功勋,张学英,等.企业人力资本与企业绩效关系的实证研究——以高新技术企业为例[J].宏观经济研究,2012(1):73-79.

[56] 王新霞,温军,赵旭峰.异质股东、研发投资与企业绩效[J].财贸研究,2012,23(5): 139-147.

[57] 陈东.私营企业出资人背景、投机性投资与企业绩效[J].管理世界,2015(8):97-119, 187-188.

[58] 柳建华.多元化投资、代理问题与企业绩效[J].金融研究,2009(7):104-120.

[59] 叶陈刚,裴丽,张立娟.公司治理结构、内部控制质量与企业财务绩效[J].审计研究, 2016(2):104-112.

[60] 杨合力,周立,王博.公司治理、机构投资者与企业绩效——来自中国上市公司的经验证据[J].财政研究,2012(8):67-71.

[61] 周宏,刘玉红,张巍.激励强度、公司治理与经营绩效——基于中国上市公司的检验[J].管理世界,2010(4):172-173,176.

[62] 曲亮,章静,郝云宏.独立董事如何提升企业绩效——立足四层委托—代理嵌入模型的机理解读[J].中国工业经济,2014(7):109-121.

[63] 郝云宏,周翼翔.董事会结构、公司治理与绩效——基于动态内生性视角的经验证据[J].中国工业经济,2010(5):110-120.

[64] 杨典.公司治理与企业绩效——基于中国经验的社会学分析[J].中国社会科学,2013 (1):72-94,206.

[65] 赵璨,王竹泉,杨德明,等.企业迎合行为与政府补贴绩效研究——基于企业不同盈利状况的分析[J].中国工业经济,2015(7):130-145.

[66] 贾俊雪,应世为.财政分权与企业税收激励——基于地方政府竞争视角的分析[J].中国工业经济,2016(10):23-39.

[67] 李元旭,宋渊洋.地方政府通过所得税优惠保护本地企业吗——来自中国上市公司的经验证据[J].中国工业经济,2011(5):149-159.

[68] 余明桂,回雅甫,潘红波.政治联系、寻租与地方政府财政补贴有效性[J].经济研究, 2010,45(3):65-77.

[69] 步丹璐,黄杰.企业寻租与政府的利益输送——基于京东方的案例分析[J].中国工业经济,2013(6):135-147.

[70] 刘海英,何彬.工业增长、信贷供求和货币政策调整[J].中国工业经济,2009(7):5-15.

[71] 张杰,杨连星,新夫.房地产阻碍了中国创新么——基于金融体系贷款期限结构的解释[J].管理世界,2016(5):64-80.

[72] Lv J L. The Measurement of the Bubble of Urban Housing Market in China[J]. *Economic Research Journal*,2010(6):28-41.

[73] 余明桂,李文贵,潘红波.管理者过度自信与企业风险承担[J].金融研究,2013(1):

149-163.

[74] Almeida H, Campello M. Financial Constraints, Asset Tangibility and Corporate Investment [J]. *Review of Financial Studies*, 2007, 20(5):1429-1460.

[75] 卢馨, 郑阳飞, 李建明. 融资约束对企业 R&D 投资的影响研究——来自中国高新技术上市公司的经验证据[J]. 会计研究, 2013(5):51-58,96.

[76] 张敏, 童丽静, 许浩然. 社会网络与企业风险承担——基于我国上市公司的经验证据[J]. 管理世界, 2015(11):161-175.

[77] Matsusaka J G, Nanda V. Internal Capital Markets and Corporate Refocusing[J]. *Journal of Financial Intermediation*, 2002, 11(2):176-211.

[78] Teece, D J. Managerial Discretion and the Scope of the Enterprise[J]. *Journal of Economic Behavior and Organization*, 1990(1):223-247

[79] Stulz R. Managerial Discretion and Optimal Financing Policies[J]. *Journal of Financial Economics*, 1990, 26(1):3-27.

[80] Scharfstein D S, Stein J C. The Dark Side of Internal Capital Markets: Divisional Rent-Seeking and Inefficient Investment[J]. *Journal of Finance*, 2000, 55(6):2537-2564.

[81] 张翼, 刘巍, 龚六堂. 中国上市公司多元化与公司业绩的实证研究[J]. 金融研究, 2005(9):122-136.

[82] 张纯, 高吟. 多元化经营与企业经营业绩——基于代理问题的分析[J]. 会计研究, 2010(9):73-77.

[83] Miao J, Wang P. Sectoral Bubbles and Endogenous Growth[J]. *Journal of Mathematical Economics*, 2014, 53(18):153-163.

[84] 李捷瑜, 江舒韵. 市场价值、生产效率与上市公司多元化经营:理论与证据[J]. 经济学(季刊), 2009, 8(3):1047-1064.

[85] Geoffrey A. Vander Pal. Impact of R&D Expenses and Corporate Financial Performance[J]. *Journal of Accounting and Finance*, 2015, 15(7):135-149.

[86] 白重恩, 路江涌, 陶志刚. 国有企业改制效果的实证研究[J]. 经济研究, 2006(8):4-13,69.

[87] 刘小玄. 中国工业企业的所有制结构对效率差异的影响——1995 年全国工业企业普查数据的实证分析[J]. 经济研究, 2000(2):17-25,78-79.

[88] Sun Q, Tong W. China Share Issue Privatization: The Extent of Its Success[J]. *Journal of Financial Economics*, 2003(70):183-222.

[89] 樊纲, 王小鲁, 朱恒鹏. 中国市场化指数——各地区市场化相对进程 2011 年度报告[M]. 北京:经济科学出版社, 2011.

[90] 张敏, 张胜, 王成方, 等. 政治关联与信贷资源配置效率——来自我国民营上市公司的经验证据[J]. 管理世界, 2010(11):143-153.

[91] 吴海民. 资产价格波动、通货膨胀与产业"空心化"——基于我国沿海地区民营工业面板数据的实证研究[J]. 中国工业经济, 2012(1):46-56.

[92] 付宏,毛蕴诗,宋来胜.创新对产业结构高级化影响的实证研究——基于 2000—2011 年的省际面板数据[J].中国工业经济,2013(9):56-68.

[93] 余泳泽,张少辉.城市房价、限购政策与技术创新[J].中国工业经济,2017(6):98-116.

[94] 王文春,荣昭.房价上涨对工业企业创新的抑制影响研究[J].经济学(季刊),2014(2):465-490.

[95] Miao J,Wang P. Sectoral Bubbles,Misallocation,and Endogenous Growth [J]. *Journal of Mathematical Economics*,2014,53(8):153-163.

[96] Chen T,Liu L X,Zhou L A. The Crowding-Out Effects of Real Estate Shocks—Evidence from China[J]. *Social Science Electronic Publishing*,2015(3):1-39.

[97] 罗知,张川川.信贷扩张、房地产投资与制造业部门的资源配置效率[J].金融研究,2015(7):60-75.

[98] 陈斌开,金箫,欧阳涤非.住房价格、资源错配与中国工业企业生产率[J].世界经济,2015,38(4):77-98.

[99] 余静文,王媛,谭静.房价高增长与企业"低技术锁定"——基于中国工业企业数据库的微观证据[J].上海财经大学学报,2015,17(5):44-56.

[100] 毛其淋,许家云.政府补贴对企业新产品创新的影响——基于补贴强度"适度区间"的视角[J].中国工业经济,2015(6):94-107.

[101] Hirshleifer D,Low A,Teoh S H. Are Overconfident CEOs Better Innovators? [J]. *Journal of Finance*,2012,67(4):1457-1498.

[102] 李文贵,余明桂.民营化企业的股权结构与企业创新[J].管理世界,2015(4):112-125.

[103] 张璇,刘贝贝,汪婷,等.信贷寻租、融资约束与企业创新[J].经济研究,2017,52(5):161-174.

[104] 杨洋,魏江,罗来军.谁在利用政府补贴进行创新?——所有制和要素市场扭曲的联合调节效应[J].管理世界,2015(1):75-86,98,188.

[105] 解维敏,唐清泉,陆姗姗.政府 R&D 资助、企业 R&D 支出与自主创新——来自中国上市公司的经验证据[J].金融研究,2009(6):86-99.

[106] 毕晓方,翟淑萍,姜宝强.政府补贴、财务冗余对高新技术企业双元创新的影响[J].会计研究,2017(1):46-52,95.

[107] 白俊红,李婧.政府 R&D 资助与企业技术创新——基于效率视角的实证分析[J].金融研究,2011(6):181-193.

[108] 白俊红.中国的政府 R&D 资助有效吗?来自大中型工业企业的经验证据[J].经济学(季刊),2011,10(4):1375-1400.

[109] 廖信林,顾炜宇,王立勇.政府 R&D 资助效果、影响因素与资助对象选择——基于促进企业 R&D 投入的视角[J].中国工业经济,2013(11):148-160.

[110] Tether B S. Who Co-Operates for Innovation,and Why:An Empirical Analysis[J]. *Research Policy*,2002,31(6):947-967.

[111] David P A,Hall B H,Toole A A. Is Public R&D a Complement or Substitute for

Private R&D? A Review of the Econometric Evidence[J]. *Research Policy*,2000,29 (4-5):497-529.

[112] Lach S. Do R&D Subsidies Stimulate or Displace Private R&D? Evidence from Israel [J]. *Journal of Industrial Economics*,2002,50(4):369-390.

[113] Almus M,Czarnitzki D. The Effects of Public R&D Subsidies on Firms' Innovation Activities[J]. *Journal of Business & Economic Statistics*,2003,21(2):226-236.

[114] Hussinger K. R&D and Subsidies at the Firm Level:An Application of Parametric and Semiparametric Two-Step Selection Models[J]. *Journal of Applied Econometrics*, 2008,23(6):729-747.

[115] Arrow K J. *The Economic Implications of Learning by Doing* [M]. Readings in the Theory of Growth. London:Palgrave Macmillan UK,1971:155-173.

[116] Romano R E. Aspects of R&D Subsidization[J]. *Quarterly Journal of Economics*, 1989,104(4):863-873.

[117] 陆国庆,王舟,张春宇. 中国战略性新兴产业政府创新补贴的绩效研究[J]. 经济研究, 2014,49(7):44-55.

[118] 李汇东,唐跃军,左晶晶. 用自己的钱还是用别人的钱创新？——基于中国上市公司 融资结构与公司创新的研究[J]. 金融研究,2013(02):170-183.

[119] Feldman M P,Kelley M R. *The Ex Ante* Assessment of Knowledge Spillovers: Government R&D policy,Economic Incentives and Private Firm Behavior[J]. *Research Policy*,2006,35(10):1509-1521.

[120] Kleer R. Government R&D Subsidies as a Signal for Private Investors[J]. *Research Policy*,2010,39(10):1361-1374.

[121] Takalo T,Tanayama T. Adverse Selection and Financing of Innovation:Is There a Need for R&D Subsidies? [J]. *Journal of Technology Transfer*,2010,35(1):16-41.

[122] 顾元媛,沈坤荣. 地方政府行为与企业研发投入——基于中国省际面板数据的实证分 析[J]. 中国工业经济,2012(10):77-88.

[123] Allen F,Qian J,Qian M. Law,Finance and Economic Growth in China [J]. *Journal of Financial Economics*,2005,77(1):57-116.

[124] Brandt L,Li H. Bank Discrimination in Transition Economies:Ideology,Information or Incentives? [J]. *Journal of Comparative Economics*,2003,31(3):387-413.

[125] 余明桂,范蕊,钟慧洁. 中国产业政策与企业技术创新[J]. 中国工业经济,2016(12):5-22.

[126] Lin J Y,Cai F,Li Z. Competition,Policy Burdens and State-Owned Enterprise Reform [J]. *American Economic Review*,1998,88(2):422-427.

[127] Cuervo A,Villalonga B. Explaining the Variance in the Performance Effects of Privatization [J]. *Academy of Management Review*,2000,25(3):581-590.

[128] 党力,杨瑞龙,杨继东. 反腐败与企业创新:基于政治关联的解释[J]. 中国工业经济, 2015(7):146-160.

［129］鲁桐,党印.公司治理与技术创新:分行业比较［J］.经济研究,2014,49(6):115-128.

［130］周铭山,张倩倩."面子工程"还是"真才实干"？——基于政治晋升激励下的国有企业创新研究［J］.管理世界,2016(12):116-132,187-188.

［131］吴超鹏,唐菂.知识产权保护执法力度、技术创新与企业绩效——来自中国上市公司的证据［J］.经济研究,2016,51(11):125-139.

［132］袁建国,后青松,程晨.企业政治资源的诅咒效应——基于政治关联与企业技术创新的考察［J］.管理世界,2015(1):139-155.

［133］江轩宇.政府放权与国有企业创新——基于地方国企金字塔结构视角的研究［J］.管理世界,2016(9):120-135.

［134］杨道广,陈汉文,刘启亮.媒体压力与企业创新［J］.经济研究,2017,52(8):125-139.

［135］步丹璐,狄灵瑜.治理环境、股权投资与政府补助［J］.金融研究,2017(10):193-206.

第三篇　我国土地财政风险研究

朱秀君

[提　要]自1994年分税制改革以来,我国土地财政模式经过20多年的运行,已积累了诸多的问题和风险,如果不引起重视,将可能导致整体经济运行风险。本篇写作的目的就是想要探明我国土地财政模式究竟面临着哪些问题和风险,以便针对性地提出化解风险的对策建议,助力土地财政模式进一步健康运行。

　　本篇围绕土地财政的收入、支出及"土地融资"债务三方面,运用文献查阅、实地调查和统计分析等方法进行风险识别和传导路径分析,并通过构建风险测评指标体系、采用熵权法确定指标权重,计算出历年土地财政风险评估值。

　　研究发现,土地财政收入长期来看将无以为继,而短期风险则主要受到国家宏观调控的影响;在收入有保障的情况下,支出风险主要在于预算制度的缺失、监管不力和支出结构安排的随意性。测评结果显示,土地财政风险水平经历了先升后降的过程,表明近年来国家对于土地财政管控效果的释放。随着偿付期的密集到来,"土地融资"债务风险成为当前最严重的风险,而新预算法的及时出台,有效地缓解了当前的债务风险。

[关键词]土地财政;"土地融资"债务;新预算法;"置换债";风险评估

Research on China's Land Financial Risks

ZHU Xiujun

Abstract:Since the tax reform in 1994,China's land fiscal model has accumulated a great deal of problems and risks after more than 20 years of operation. If it does not attract much attention,it may lead to the overall economic risk. The purpose of this part is to find out what kinds of problems and risks our country's land financial model are facing,so as to put forward some countermeasures and suggestions for resolving the risks in a targeted manner and to foster the further healthy operation of the land financial model.

　　Based on the three aspects of the revenue,expenditure of land finance and the debt of "land financing",this part carries out risk identification and path analysis through literature review, field investigation and statistical analysis. Besides, by constructing the index system of risk assessment and using the method of entropy indicator weight, this part calculates the annual land financial risk assessment.

The research shows that the land finance income will be unsustainable in the long run, while the short-term risks are mainly affected by the macroeconomic regulation and control of the state. When the income is guaranteed, the expenditure risk mainly lies in the lack of the budget system, ineffective supervision and the randomness of expenditure structure arrangement. The evaluation results show that the level of financial risk of land has experienced a process where it first rises and then descends. The results indicate that the state has released the effect of land financial control in the recent years. With the intensive payment period, the "land financing" debt risk becomes the most serious risk at present. However, the timely delivery of the new algorithm effectively alleviates the current debt risk.

Key Words: land finance; "land financing" debt; new budget law; "bond swap"; risk assessment

一、导言

(一)选题背景和研究意义

1. 选题背景

土地财政是指地方政府可支配财力高度倚重土地及其相关产业税费收入的一种财政模式[1]。改革开放以来,尤其是1994年中国分税制改革以来,"土地财政"在我国走过了一段辉煌的道路。总的来说,"土地财政"模式有利有弊,一方面,"土地财政"模式能够增加地方政府的财政收入,弥补财政收支的缺口,促进城市建设、推动房地产业和建筑业的蓬勃发展(骆祖春,2012)[2],从而促进了我国经济的发展[3,4],另一方面,"土地财政"模式也面临诸多问题,隐含着财政风险,进一步可能导致整体经济运行风险。

首先,"土地财政"模式威胁到国家的耕地保护红线并造成诸多不良经济和社会效应。全国人大农业与农村委员会透露,2011年我国耕地面积约为18.26亿亩,比1997年的19.49亿亩减少了1.23亿亩①,也就是说,已逼近国家18亿亩耕地保护红线,并已经打破了到2020年要确保18.65亿亩全国耕地保有量的计划。一线城市可出让土地愈来愈少,各地都已逼近红线,2015年深圳市规划国土发展研究发布的"珠江三角洲全域规划项目"研究报告显示,在珠三角城

① 参见解放日报网:http://newspaper.jfrb.html/2011-02/25/content_518830.htm。

市国土开发强度上,深圳以接近50％位居四个一线城市之首,远超30％的国际警戒线;北京供地也逼近管控红线,到2020年北京的新增建设用地最多不能超过1.24万公顷[5]。可见,"土地财政"的"根"已到了捉襟见肘的地步。在土地资源耗费到一定时期后,土地财政收入的增长就难以有保障,给形成支出依赖的地方政府带来较大的冲击。特别是近几年,土地出让收入逐步纳入公共财政支出安排,加大了民生领域的支出比重,如果收入增长得不到保障,地方政府公共财政将会面临入不敷出的风险。

与此同时,"土地财政"模式下,地方政府有直接或间接地推高地价的冲动,正所谓政府、银行、开发商组成了一个铁三角,政府拼命批地,银行拼命贷款,开发商拼命击鼓传花催高房价。针对房价的飞涨,国家一而再地进行了房地产市场的价格调控,但一直以来并未取得实质性的成效。就目前来看,2017年3月份以来,全国多个城市密集发布了楼市调控政策,但11月2日中国指数研究院发布的最新数据显示,10月份,全国300个城市土地供应及成交量增幅明显,出让金也相应增加超过一倍;各线城市均价同比均有上扬,300个城市成交楼面均价为2316元/平方米,同比增加66％;其中住宅类用地成交楼面均价为4323元/平方米,同比增加61％;而同期土地平均溢价率为24％。羊毛出在羊身上,理性的房产开发商必然会将购地的高成本通过抬高房价的方式予以回收,再加上房产投机者的炒作,房价虚高、楼市泡沫膨胀也就在所难免。结果近年来全国土地市场走势连年攀升,新"地王"和新"楼王"接二连三的出现。据不完全统计,2005年6月的上海房价平均每平方米1.20万～1.30万元,到2017年4月上升到每平方米5.50万元;2007年7月深圳房价平均每平方米1.70万元,到2017年4月是每平方米6.70万元;1992年6月海口房价每平方米0.40万元,而2017年4月上升到每平方米1.20万元[6]。房价过高将催生各种社会矛盾,使政府改善民生的目标难以实现,同时,楼市泡沫一旦破裂,将严重拖累经济发展,甚至造成毁灭性的后果。

其次,作为"土地财政"手段之一的地方政府融资平台的运行和发展也面临着诸多问题。目前我国各级地方政府不断扩大的融资规模,已渐渐出现失控的趋势。据Wind统计数据,自2011年以来,拥有财务数据的地方政府融资平台共有1451家,有息债务规模①从2011年末的20.64万亿元增至2016年6月末的43.28万亿元,规模翻番[7]。融资规模的扩大,进一步加大了地方财政还本付息的压力,很多时候需要通过卖新地去归还旧地贷款的利息,长此以往将逐渐形成死循环,一旦某天循环被打破,将导致严重的金融危机。况且,目前形形色色的地方融

---

① 有息债务＝短期借款＋一年内到期的非流动负债＋长期借款＋应付债券。

资平台,在操作过程中也存在诸多的不规范,这也进一步加大了其中隐含的风险。

第三,"土地财政"环境下所产生的一些经济社会负效应也不容我们忽视。现阶段由于地方政府受土地出让高额回报的诱惑,在征地方面经常表现得较为"粗暴",各种强拆事件也一直挑战着民众的神经和忍耐底线。利益循环中高额的回报,也为各地官员的权力寻租提供了可能,成为滋生腐败的温床。

总之,地方政府的"土地财政"模式面临着土地供给和需求都不可持续、"土地融资"的债务规模失控、相关的社会矛盾激化等诸多问题,这些问题蕴含着地方政府今日"可观收入"将难以为继、债务负担将超过承受能力的财政风险;建筑业和房地产业发展中存在的泡沫可能就此破裂;金融风险也可能随之而来。各方面因素的聚集很可能触发财政危机和全面的经济危机。在此背景下,关注和研究"土地财政"风险问题,将是一个十分紧迫的课题。

2."土地财政"风险研究的意义

本篇的研究不论是基于理论层面的探索需要,还是对实践层面的改革诉求来说,均具有一定的积极意义。具体如下。

在理论层面上,截至目前,学者们对土地财政的研究多是集中在土地财政的成因、规模、效应等方面,而对"土地财政"模式所蕴含风险的研究则比较零散和薄弱。本研究将对"土地财政"模式蕴含的风险进行较为系统的梳理,揭示其风险源、风险因素及传导途径,并在此基础上进行定量化测定研究的探索和尝试,以弥补既有研究中系统性研究和定量分析较为缺乏的不足,并对今后的相关研究可起到积极的导向作用。

在实践层面上,地方政府对土地财政的过度依赖,不利于地方经济的可持续发展。应在土地财政风险显化前,打破路径依赖效应,变革土地财政模式,转变经济增长方式。本篇将有针对性地提出土地财政风险防范措施,以此助力地方政府防范土地财政可能引发的风险,从而更加合理地、有效地利用土地,促进土地财政模式的健康运行。

(二)国内外相关文献综述与评价

1.关于财政风险的研究

传统的财政学理论并没有给予财政风险问题过多的关注。20世纪90年代,以世界银行的高级顾问汉娜(Hana Polackova Brixi)等为代表的经济学家从政府"或有负债"这一全新的视角来研究财政风险问题并做出突破性的理论贡献,由此带动了对财政风险的研究,并逐渐形成了比较系统的研究成果。

(1)关于财政风险的内涵

财政部(1996)的一项政策报告《国家财政困难与风险问题及振兴财政的对

策研究》中认为,"财政风险是指在财政发展过程中由于某些经济社会因素影响,给财政运行造成波动和混乱的可能性,集中表现为巨额财政赤字和债务危机"。可以说这是国内最早提出"财政风险"这一概念的书面文件,其后对财政风险进行研究的学者基本上都沿用了这个定义的内涵。梁红梅(1999)认为财政风险是国家在组织财政收入和安排财政支出过程中,由于财政制度缺陷、财政手段缺陷以及其他经济因素的不确定性,造成财政困难的可能性[8]。卢林平(2000)认为财政风险是国家财政不能提供足够的财力,以至于国家机器的正常运转遭到损害的可能性[9]。邓晓兰(2000)指出财政风险是政府收支缺口过大,债务规模过度膨胀,致使政府难以为继的潜在可能性[10]。孙国相(2001)提出财政风险是由于财政收入增长的惰性和财政支出增长的刚性以及两者合力所形成的财政困难,并引发财政危机的一种状况[11]。财政风险的相反意义就是财政稳定,余永定(2000)提出的"财政稳定"观点独树一帜。他认为,财政稳定包含三重含义:首先,如果政府能够长期保持财政收支平衡,则政府财政处于稳定状态;其次,尽管在相当长时期内不能实现财政收支平衡,但政府能够通过发行国债为财政赤字融资,则政府财政依然可说处于稳定状态;最后,如果在经济中存在这样一种机制,即当财政脱离稳定状态之后,经济变量之间的相互作用可以使财政状况恢复或趋于恢复稳定状态,则政府的财政状况也可说是稳定的[12]。显然,较早期的研究者把财政平衡看作是财政运行的最高准则,并以是否偏离平衡来考量风险。

卢文鹏(2003)[13]、刘尚希(2003)[14]等人借鉴了国外的研究成果,从资产负债结构或净价值的角度拓展了财政风险的含义。刘尚希认为,如果按照传统的收入、支出、平衡、管理的思路来研究政府财政风险,有一定的合理性,但缺乏内在联系,无法形成整体性认识。他提出财政风险是政府拥有的公共资源不足以履行其应承担的支出责任和义务,以至于经济、社会的稳定与发展受到损害的一种可能性。

(2)关于财政风险的表现

与传统《财政学》教材的"收、支、平、管"分析框架相对应,大多数财政风险文献把财政风险的表现形式归纳为财政收入风险、支出风险、赤字风险和债务风险。王美涵(1999)则进一步细化了财政风险形式,认为除了上述四种风险形式外,财政风险还表现为反周期调节政策风险、财政体制风险、政府债务风险、财政投融资风险和社会保障制度风险等[15]。汉娜(Hana Polackova Brixi,1998)[16]则从政府作为公共风险负担者的角度出发,运用财政风险矩阵将政府财政风险予以债务形式的划分,提出了著名的"财政风险矩阵"(fiscal risk matrix)。她认为政府面临着四种财政风险:直接显性负债、直接隐性负债、或有显性负债和或有隐性负债;政府承担的现时义务是直接负债,承担的未来义务是或有负债;政府债务得到法律承认的是显性债务,未得到法律承认的是隐性债务。

以上学者主要是从负债的角度来考察财政风险问题,而殷士浩和刘小兵则从资产风险的角度来研究我国地方财政风险,在他们看来,政府资产风险是财政风险的重要表现形式[17]。刘尚希认为,财政风险矩阵理论尽管扩大了对政府债务的不确定性分析,使政府债务的内涵更接近于实际,但就债务论债务无法说明财政风险的大小,只有当债务与清偿债务的资源联系起来时,债务的分析才有意义,他进一步指出首先可能是赤字不可持续,其次是债务不可持续,再次是财政不可持续,最后财政风险或危机反过来渗透到经济、政治领域,就会导致经济衰退和政治不稳定[18]。张志超则认为,财政风险表现为内生性风险和外生性风险。内生性风险是指由财政体制内部引起的风险,如财政收入中税收收入的增长缓慢导致财政收入风险;财政支出刚性导致财政支出增大风险;外生性风险是指由于财政以外的因素引起的财政风险,如人口老龄化的到来导致政府道义上必须承担一些没有缴纳养老保险居民的养老保险的财政支出风险等[19]。李萍结合中国实际,添加了具有中国特色的政府非担保债务违约等内容,从而对政府的财政风险矩阵起到了完善作用。她提出,财政风险的核心在于政府资产与负债、收入与支出间的不匹配。如果把政府收入视为资产(收入流量的折现值)、政府支出视为负债(支出流量的折现值),则财政风险表现为资产负债不匹配[20]。

(3)关于财政风险的成因

有些学者从财政体制和体制变迁的角度解释财政风险的形成原因。高培勇认为,把高度集中的计划经济体制引向市场化取向的市场经济新体制,财政运行机制出现了三大变化:一是传统的财政收入机制已被各种减税让利的改革举措所打破,而与新型体制相适应的新型的财政收入机制又未及建立;二是国家财政的职能范围难以相应压缩,经济体制改革的各项举措又需要财政增加支出给予支持;三是管理体制打破了统收统支格局,但无序现象亦相伴而生,诸方面合力作用的结果,便引发了特殊的财政困难[21]。王美涵也认为,财政风险是一种政府性的经济风险,是随着市场经济不断发育而逐步显现的一种风险,因而是市场经济性风险[15]。孙国相认为,从财政风险产生的根源来看,无论是内生的还是外生的,一般不是财政运行引发的,而主要是经济运行政策调整或体制因素造成的[11]。宋仪认为产生财政风险的原因主要有:财政支出结构不合理;财政收入缺乏稳定的增长机制;制度建设存在严重缺陷;金融风险、社会保障资金缺口、国企扶贫以及自然灾害的很大部分损失最终可能变为财政风险[22]。刘尚希指出,财政风险是政府干预公共风险的一种结果,改革打破了

"利益大锅饭",而"风险大锅饭"依然如故,这导致公共风险扩大,最后不得不由政府财政来兜底[18]。

在汉娜的"财政风险矩阵"引进中国以后,部分学者就把观察注意力集中在隐性或有负债上。张智将导致财政风险的或有债务因素归结为经济衰退、改革冲击、国有企业亏损与破产、国有商业银行呆坏账、社会保障资金缺口、外债与外部冲击、地方政府财政失衡等[23]。Steil 认为政府决策失误是导致财政风险的重要原因,包括政府发债决策失误,政府对企业债券发放政策管制过于宽松等[24]。武小惠分析了我国显性财政风险,认为我国显性财政风险包括财政"职能虚脱"风险(即财政收入占 GDP 比重呈下降趋势)、国债依赖风险和赤字依赖风险[25]。Uribe 认为财政风险与财政体制及货币体制有关,在特定的财政货币体制下违约风险和主权债务风险不可避免地会出现[26]。Reinhart 和 Rogoff认为财政风险是由政府债务的过度积累导致的[27]。

陈薇认为显性财政风险,主要表现为显性内债和公共担保的外债,隐性财政风险主要表现为国有银行不良资产、社会保障性负债和地方政府债务[28]。类似的,王玉华和孔振焕分析了我国财政风险的构成,文章将财政风险因素归结为显性因素和隐性因素两方面,显性因素为公共债务规模过大的风险,隐性因素为国有企业的或有债务,社会保障资金缺口和地方政府的隐性债务[29]。

(4)关于财政风险的量化分析

有少数学者对财政风险进行量化分析。祝志勇和吴垠采用逐步回归的方式分析了内生性制度因子对财政风险的影响,这里的内生性制度因子包括企业国有化程度、市场化程度、财政分权程度和交易费用率,对财政风险的测度则采用了国债依存度这个指标;模型分析结果显示,财政风险与四个影响因子之间均存在比较明显的相关关系[30]。胡蜂和贺晋兵对影响财政风险的五个方面原因进行了量化,并利用主成分回归分析法对模型进行了精炼和实证检验。分析结果显示,我国经济增长速度和货币供应量与政府收入赤字率正相关;地方经济竞赛对财政风险的影响比较复杂,它既增加了地方政府的举债规模,又能控制对地方政府赤字率的过快上升;财税体制不合理是财政风险加剧的重要原因[31]。Cuadra,Sanchez 和 Sapriza 利用数量经济模型分析了新兴市场国家反周期的财政政策和税收政策对财政风险的影响,认为主权债务风险与不恰当财政政策以及不完善的市场体制有关[32]。

2. 关于"土地财政"风险的研究

国内学者大都认同"土地财政"带来了正效应,但也有一些学者意识到过度依赖"土地财政"所带来的负效应。《2007 年中国社会形势分析与预测》蓝皮书指出,"土地财政"存在着以下五个显著风险:财政风险、金融风险、投资过热风险、社会风险和行政腐败风险[33]。陈明分析了土地财政背后隐藏的经济和社会风险,主要体现在:潜藏着社会的矛盾冲突、违背经济的发展规律、滋生官员的寻租腐败等[34]。陈志勇和陈莉莉提出,土地财政衍生的经济社会问题体现在以下四个方面:一是财政收入结构脆弱与不可持续;二是地方政府保护垄断性房价;三是固化消费疲弱的经济格局;四是土地违法和耕地流失严重[35]。朱丘祥指出当前土地管理制度中政府垄断一级市场以及征地制度中监管不到位是土地财政困局形成的重要原因[36]。李娟娟主要关注地方融资平台存在的或有财政风险,并认为地方融资平台是地方政府或有财政风险的最主要来源[37]。唐在富根据对广东省各地市和国内其他 6 个城市的考察,发现土地出让收入高速增长并呈现倒"U"形发展轨迹,存在财政收入增长不可持续的潜在风险;土地抵押融资规模难以有效控制,事实上放大了潜在的政府债务风险[38]。张玉新指出地方政府对土地财政的严重依赖,以及利用城市土地的过度融资,导致了土地和房产市场的价格风险通过土地财政和土地融资渠道扩散到金融体系中,使得中国地方政府的债务风险已经超过了国际上通常的地方债问题[39]。

另有一些学者运用数量分析工具对土地财政模式下的风险关系进行了研究。刘守英和蒋省三以东部某地区为例分析了土地融资对财政风险的影响,文章认为城市基础设施投资对金融的过度依赖加大了政府的财政风险[40]。杜雪君等对 1998—2005 年我国 31 个省(自治区、直辖市)的省级面板数据展开研究,通过对土地财政与耕地保护关系的定量分析,发现土地财政是导致我国耕地流失的重要原因[41]。邓建波和陈文宽通过对土地直接收入和间接收入的面板数据分析后指出,土地财政的收入受外围经济形势的影响较大,而土地财政本身的不稳定性和不确定性会引发巨大的财政和金融风险,进而造成社会风险[42]。

3.对已有研究的简要评述

通过文献梳理可以发现,现有的对于财政风险的研究已经比较全面和深刻,既有定性研究也有定量研究,既有从显性角度的研究又有从隐性角度的研究。但对于土地财政和财政风险两者之间关系的研究是偏少的。从定性研究看,大多只是揭示土地财政模式下可能存在哪些风险,而对土地财政导致财政风险的内在机理缺乏一个深刻而系统的认识;从定量分析看,有个别学者从土地融资的角度分析了土地财政对财政风险的影响,或者从房地产业的角度分析了土地财政对财政风险的影响,但分析角度显得单一,并且对风险程度缺乏考量。

本篇的研究目的在于从理论上系统地分析"土地财政"模式对地方政府财政风险的影响机理,并尝试对"土地财政"模式下的财政风险进行测算,从而有针对性地提出有效化解土地财政风险的政策建议。

(三)研究内容的组织构架、研究难点与创新之处

1.研究内容组织构架

本篇共分为六个部分。

第一部分:绪论。对选题背景和研究意义进行了阐述;对目前为止关于土地财政和财政风险的研究成果进行了总结和梳理;简述了研究内容的组织构架,以及研究的难点和可能创新之处。

第二部分:土地财政风险的基本理论。对土地财政、财政风险和土地财政风险等相关概念进行了界定;对土地财政风险的表现和特点进行了总结分析。

第三部分:土地财政收入风险和支出风险。分别就收入风险和支出风险的风险源、风险因素进行剖析。分别指出土地财政收入的长期风险和短期风险,以及土地出让收入安排支出中的制度性风险和操作执行层面的风险。

第四部分:土地财政的债务风险。首先对以融资平台和土地财政为依托的地方融资模式的运行性质和特点进行了考察,接着对"土地融资"债务风险的表现与传导进行了研究,最后对新预算法下地方政府债的化解和变动新趋势进行了分析和预判。

第五部分:土地财政风险评估。基于广义土地财政收入的口径,通过建立土地财政风险评估指标体系,采用熵权法确定指标权重,分别对2006—2015年全国和浙江省的土地财政风险水平进行了测评。

第六部分:土地财政风险防范对策。在现有财政体制下,分别针对土地财政收入风险、土地财政支出风险和"土地融资"债务风险,提出了对策建议。

2.研究难点

从既有研究成果看,对于地方政府财政风险的研究较为系统全面,而对于土地财政风险的研究基本上只是零星的和粗浅的。

难点之一,对于土地财政的范围和口径很难把握。土地财政和传统的地方财政之间,既有内在的必然关联性,又有相对的独立性,由此,对土地财政风险与传统地方财政风险之间的界限,也很难把握。与此相关联的一个困惑就是"数出多门",同样的指标,不同部门公布的数据可能存在很大的差异。

难点之二,对土地财政风险进行量化测评时,对于风险指标体系的构造、权重的确定以及数据的可获得性等方面都会遇到困难。除了风险本身存在测评困难的特点之外,更主要的是土地财政模式下的相关信息在很大程度上是隐蔽的和模糊的,特别是"土地融资"债务方面的信息更是如此。

3.可能的创新之处

研究的难点正是可能的创新之处。

可能创新之一,把土地财政看作一个相对自闭系统,从而对土地财政风险进行相对独立而系统的研究。在研究过程中,一方面借鉴传统财政学"收、支、平、管"的分析框架,从财政的收入、支出及收支平衡状况以及债务等角度考察风险,另一方面紧扣"土地资源"这一根本因素,梳理出土地财政收入风险、土地财政支出风险和"土地融资"债务风险,使其散而不乱,从而体现出土地财政风险的全面性和系统性。

可能创新之二,尝试构建了包含收入流量不确定性和公共资源不确定性的风险评估指标体系、采用熵权法对指标的权重进行合理确定,并通过搜集全国层面和浙江省层面的相关数据,对 2006—2015 年全国和浙江省的土地财政风险水平进行了测评。熵权法通过各指标数据自身的特点来决定其在系统中的权重,最大限度排除人为干扰,结果较为客观。对土地财政的风险进行测评,这在一定程度上是一个新尝试。

二、土地财政风险的基本理论

(一)相关概念界定

1. 土地财政

对"土地财政"范畴的界定可分为狭义的"土地财政"和广义的"土地财政"两类。

狭义的"土地财政",是指一些地方政府依靠出让土地使用权的收入来维持地方财政支出的财政模式。朱秋霞认为,土地财政是地方政府利用自己土地所有者身份对国有土地出让所得收入和利益的分配行为[43]。陈国富和卿志琼认为,"一般意义上,'土地财政'是指以政府为主体,围绕土地所进行的财政收支活动和利益分配关系,在中国的语境下,土地财政主要指地方政府通过出让土地获得土地出让金,以此作为其财政收入来源的经济关系"[44]。韩本毅将土地财政定义为在地方财政缺口条件下,地方政府通过出让土地获得土地出让金收入,以弥补财政缺口[45]。

广义的土地财政不仅包括土地出让金收入,而且包括土地相关税费收入和土地融资收入。刘守英和蒋省三指出,"土地财政"是指地方政府财政预算内依靠建筑业及房地产产业税收收入,预算外依靠土地出让金收入,从而土地相关收入成为地方财政主要组成部分的财政模式[40]。程瑶认为,"土地财政"是指政府利用土地所有权和管理权获取收益进行的财政收支活动和利益分配关系,包括政府通过土地税收、土地使用权出让、土地融资等方式获得收益来直接或间接增加财政支出的行为[46]。杨重光(2011)认为"土地财政"通常包括两方面的内容,一是指一些地方政府通过卖地收入获得地方政府预算外收入,并通过土地抵押获得银行融资等衍生收入的一种财政现象;二是指个别地方政府通过房地产行业的发展,带动建筑业、钢材业、制造业等的发展,以此获得房产税收入、营业税收入等与房地产业密切相关的税收收入[47]。

　　本篇将采纳广义的土地财政概念,即"土地财政"是指在当前的财税体制下,地方政府依靠土地出让金、征收各种与土地相关的税费以及以土地为抵押或担保进行融资而带来收入,并被作为地方政府开展基础设施建设和生产性投资活动的主要财力来源的一套相对独立的财政收支活动与利益分配体系。单就收入而言,我们将土地财政的内涵具体化为三个构成部分(见图3-1):①土地出让带来的直接收益,即土地出让收入;②与土地相关的税费收入,即土地增值税、城镇土地使用税、耕地占用税等直接税收,以及房地产企业增值税、建筑业营业税等间接税收;③土地抵押或担保融资,即地方政府以土地储备中心、政府性公司、开发区等为载体,通过土地抵押或担保的方式,获取融资。

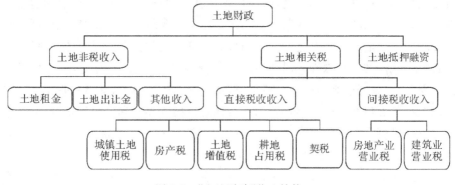

图 3-1　"土地财政"收入结构

2.财政风险

　　现实世界中,确定是相对的,不确定是绝对的。一般意义上,风险是指事件发生带来的不确定性后果,这种不确定可能是损失,也可能是收益。能带来收益,但收益大小不确定的风险叫作收益风险;可能受益可能损失的风险叫作机会风险;只会带来损失的风险叫作纯粹风险。当然,人们研究风险时,更多指纯粹风险。陈学安和侯效国认为风险指人们现在的决策可能对未来产生的不良影响以及执行这些决策可能会产生的不良后果[48]。张智认为,"风险包含两方面含义,首先,风险意味着出现损失,其次,这种损失的出现是一种不确定现象,可用随机概率来表示"[23]。本篇中,风险是指事件发生带来损失的不确定性。

　　正如之前文献综述中指出的,对于"财政风险",目前学界尚无一个明确统一的定义。以财政部 1996 年的政策报告为代表的看法是"巨额财政赤字和债务危机",以刘尚希为代表的观点是"政府拥有的公共资源不足以履行其应承担的支出责任和义务"[14],以及余永定的"财政不稳定"论[12]。可见学者们对财政风险的定义各有侧重点,主要差异体现在导致财政风险的因素有所不同,而对财政风险的外在表现基本上都归纳为巨额财政赤字和债务危机。本篇以为导致财政风险的因素可能是财政系统内在的因素也可能是外在的因素,只要是偏离了"财政稳定"状态,致使政府难以承受和驾驭的赤字和债务负担出现,便是财政风险爆发了。

3.土地财政风险

"土地财政"与传统意义上的地方财政并不等同。"土地财政"收入的获得,无论是直接出让土地使用权取得出让金收入,还是依靠房地产业和建筑业的发展获得相关税费收入,抑或是通过土地抵押或担保取得融资款,均离不开"土地"这一特殊的资源,其收支几乎"自成体系";在 2007 年国务院规定土地出让收支全额纳入地方基金预算之前,纯粹以预算外的身份参与地方政府的财政运行,被形象地称为"第二财政",在被纳入政府基金预算之后,其"第二财政"的特殊性和独立性依然。简言之,土地财政风险,既有其作为财政风险的一般性,也有其"第二财政"的特殊性。因此,在对土地财政风险进行研究时,一方面借鉴传统财政学"收、支、平、管"的分析框架,从土地财政的收入、支出及收支平衡状况以及债务等角度进行考察,另一方面,在进行概念界定和风险度量时,偏重于从地方政府可支配的"土地"这一重要公共资源不确定性的视角去进行界定和衡量,而弱化土地财政支出的责任与义务。

许柳鹏认为土地财政风险是指地方政府的土地财政收入不可持续时,导致地方政府一些支出项目的被迫中断或压缩,进而带来当地居民公共产品和公共服务质量、数量的下降的一种可能性[49]。基于此,本篇在借鉴刘尚希财政风险内涵的基础上,把土地财政风险界定为:在土地财政模式下的财政风险,指地方政府拥有的土地资源不可持续时,或土地市场旺盛需求不再时,或"土地融资"债务无力偿还时,而带来土地财政收入流量的不确定,进而导致地方政府一些支出项目的被迫中断或压缩,进而带来当地居民公共产品和公共服务数量和质量下降的一种可能性。概念中提到的土地资源供应不可持续,体现的便是地方政府土地财政模式中公共资源的不确定性[50]。

(二)土地财政风险的表现

一般意义上的财政风险表现为多种形式。依据不同的标志,可以对财政风险进行多角度划分,比如从风险的内外因角度,财政风险可分为内源性风险和外源性风险;从风险形成原因性质的角度,财政风险可分为财政制度风险、财政决策风险、财政管理风险等;依据风险的显露程度,财政风险可划分为显性风险和隐性风险;从风险的具体表现形态分析,财政风险可划分为收入风险、支出风险、债务风险、赤字风险、财政政策风险等;依据风险在不同行政级别上的反映,财政风险可分为中央财政风险和地方财政风险,以及地方财政风险中的省级财政风险、省辖市财政风险、县乡财政风险等。依据财政风险的普遍性原理,把当前我国地方政府土地财政运行中表现突出的财政风险主要概括为土地财政收入风险、土地财政支出风险和土地财政债务风险三类。

1. 土地财政收入风险

按照广义的土地财政定义,地方政府依赖土地取得财政收入的途径有三种,一是出让土地使用权获取土地出让金收入,二是以相关税收的形式通过建筑业和房地产业发展而增加的收入,三是将土地抵押给银行取得债务收入。由于受各种因素的影响,每一种获取收入的途径能否持续存在并稳定地实现预期的收入目标是不确定的。一旦收入规模不能维持,而对应的依赖土地收入的财政支出已形成惯性和刚性,那么土地财政收支缺口将会不断扩大,这便是土地财政收入风险。

2. 土地财政支出风险

土地财政支出风险是指地方政府运用土地财政收入开展财政支出使用的未来不确定性,具体体现为财政支出规模、结构、效益等方面的不确定。近年来,规模日益庞大的土地财政收入不仅有效地缓解了地方财政收支压力,而且显著提高了地方政府财政支出能力,但由于各方面因素的影响,财政支出结构是否合理、支出规模是否恰当、资金的使用效益是否有保障等都是不确定的,此时如果收入有限或下降,不足以应对支出的不确定性,那么财政风险便会应运而生,这种土地财政收入安排支出的不确定性便是土地财政支出风险。因为财政收入是财政支出的前提,所以土地财政收入的高风险必然在很大程度上造成土地财政支出的高风险。

3. "土地融资"债务风险

一般意义上,政府债务是指显性债务,是通过法律确定的政府债务,其风险指公债方面的未来不确定性,具体体现为债务发行、偿还等方面的风险。土地财政模式下,土地抵押融资是土地财政收入的重要来源之一,地方政府通过融资平台公司,抵押土地从商业银行获得巨额贷款,并依赖土地未来增值收益偿还贷款本息,由此形成土地融资债务。如果未来不能保证土地增值,那么地方政府的还贷困难就会相当大。比如在房地产市场不景气时,地方政府土地出让收入和税收增速下滑,就会削弱地方政府对债务的偿还保障能力,部分地方政府很可能无法按期还贷,形成土地财政债务风险。纵然银监会不得不允许地方融资平台贷款延期偿还,但若未来经济不能保持高速增长,地方政府最终还是无法偿还债务,这将对银行造成较大的直接冲击力,甚至引发银行业的系统性风险。由此可见,土地财政债务风险更具传播性,危害性也更严重。

4. 土地财政的其他风险

土地财政风险除了上述三种主要类型外,还隐含着一些其他风险,如地方政府拆迁征地过程中因补偿不公等问题容易引发拆迁户集体上访维权活动,从而诱发社会风险;再如,土地开发是"权力密集"和"资本密集"的双密集地带,是地方政府谋求财政利益的最有效手段,同时也是滋生腐败的温床,容易引发"土地腐败"风险,等等。本篇集中论述土地财政的上述三大主要风险,土地财政隐含的其他风险不在本文的讨论范围内,下文中将不再赘述。

(三)土地财政风险的主要特点

地方政府土地财政与传统意义上的财政并不等同,因而土地财政风险也有不同于一般财政风险的特点。

1. 土地财政风险透明度更低、隐蔽性更强

由于预算管理的不健全,土地财政无论是收入的取得,还是支出的安排,抑或是债务融资的操作,其随意性和隐蔽性都更强。虽然早在 2006 年,国务院办公厅《关于规范国有土地使用权出让收支管理的通知》等法律文件明确规定,土地出让收支全额纳入地方基金预算管理,实行"收支两条线",但是在实践中,相当一部分地方政府未按法律文件的规定执行,大量的土地出让收支仍然游离在预算管理之外。因此外界很难洞察地方政府的土地财政真实风险的大小。

2. 土地财政风险具有潜伏性和多渠道传导性

由于土地财政收支等活动的行为主体是各级政府,行为效果的负责者也是相应的各级地方政府,出于政治竞争和政绩考核的压力,当届政府官员势必最大限度地"创造"土地财政收入,特别当土地财政出现入不敷出的可能性时,会千方百计挖掘资源和制造机会来维护高土地财政收入,比如拆迁征地、助推高房价、开展土地抵押融资等。诸如此类的解决土地财政风险的"措施",一方面拖延风险爆发,使其处于潜伏状态,另一方面却扩大了社会矛盾、扩大了房地产泡沫甚至触发金融风险。因此,一旦土地财政风险形成,通常会直接或间接地传导到另一领域,形成另一种形式的财政风险或其他风险。

3. 土地财政风险的"被动"性和中央财政的"兜底"性

中央财政风险多是解决破产国有企业拖欠的下岗职工工资而产生的支出风险、熨平经济周期发行国债产生的直接债务风险、解决社保负债形成的或有债务

风险等,主要是主动解决这类问题而产生的风险。而地方政府土地财政产生的重要原因是地方政府财权与事权的严重不对称,地方政府以50％的财政收入承担85％的支出责任,形成了巨大的收支缺口[51]。如今,地方政府的支出对土地财政收入已形成高度依赖。因此相比于中央政府的“主动”风险,土地财政风险属于“被动”风险。基于土地财政在地方财政中的重要性,一旦土地财政风险发生,将导致地方政府职能难以履行、政府机器运转不畅、地方经济停滞不前或下降、社会出现不稳定。正如刘尚希论述的,在地方政府财政风险和中央财政风险无法各自明确责任的情况下,地方财政风险和中央财政风险往往是风险大锅饭,风险具有在上下级政府间的传导性;如果从预算级次、从政府主体看,地方财政风险可以传导给中央政府,而中央政府的财政风险只能由中央政府承担[50]。因此可以认为,地方政府出现土地财政风险、发生财政困难时,中央政府必然会施以援手。

三、土地财政收入风险和支出风险

(一)土地财政收入风险

土地财政收入风险集中表现为获得高收入的不可持续性。

1.土地资源的稀缺性从根本上决定着获得土地出让收入的不可持续

众所周知,土地是一种稀缺资源,而且不可再生,无论采取何种开发方式进行开发,也不管是在城市还是在农村,在一定期限内可以利用和使用的土地总量是有限的。土地财政模式的运行,不论是通过土地有偿出让方式,还是通过土地使用权抵押模式,或者是其他实现形式,均离不开城市建设用地这个载体。一旦城市建设用地无法有效供应,土地财政将变成“无本之木、无源之水”。当然,从短期来看,土地资源的供给具有一定的弹性,可以通过土地利用计划调节年度土地供应、通过拆迁等方式挖掘存量建设用地,或是通过征地等方式供应新增建设用地等。但供给弹性的大小最终取决于各地区土地资源禀赋的大小,即受到土地自然供给的约束。从长期来看,土地的自然供给是无弹性的,即土地资源的总量是一定的。这就决定了城市建设用地不可能无限供应,地方政府土地财政模式未来在土地这一公共资源上必然存在着较大的不确定性。

据郭贯成和汪勋杰计算,“十一五”期间,我国年均建设用地供应量为335434.94公顷,其中新增建设用地占48％,为159332.41公顷[53]。而新增建设用地基本是通过征收集体土地的方式来实现的。“十一五”期间,我国年均土地征收面积371572.68公顷,其中约50％征收的是耕地。这组数据也印证了杜雪君和黄忠华(2009)的实证研究结果:土地财政对耕地数量存在负影响,其影响的弹性系数为－0.01,即土地财政每增加1百分点,耕地数量将减少

0.01 百分点[54]。在实践中也可以观察到,分税制改革以来,我国耕地面积快速流失,根据国土资源部的有关数据,仅在 1999—2008 年的 9 年间,我国耕地数量就减少了 833.34 万公顷以上,如果不加以控制,按照每年平均减少的速度,那么到 2030 年将减少 600.00 万公顷!中央政府敏锐地意识到问题的严重性,于 2006 年明确提出耕地保护红线目标,即要求到 2020 年甚至更长时间,我国耕地保有量不得低于 18 亿亩(12000.00 万公顷)。也就是说,若要保障与我国人口规模相适应的粮食产量,我国耕地面积至少要达到 18 亿亩以上,这是保障我国粮食产量安全的一道不可逾越的鸿沟。征用农村集体用地来增加建设用地储备量的方式,虽然成本低见效快,但显然与我国的耕地保护战略相冲突。18 亿亩红线决定了可征用的农村土地资源的有限性。

从根本上看,受土地资源禀赋绝对稀缺和国家耕地保护战略的制约,土地市场上可供应的土地资源越开发越少,直至最终枯竭。在土地资源越来越稀缺的过程中,三种途径的土地财政收入未必步调一致做出同时减少的变化,比如随着土地供应的减少,在土地出让收入因土地售卖量的减少而减少时,土地财政相关的税费收入不一定也会减少,因为房地产业不会因此消亡。但从目前土地财政收入看,土地出让收入是主力军,相关税费收入大约只有土地出让收入的一半,1999—2015 年间,国有土地使用权出让收入占地方财政本级收入的比例从 9.2% 增加至 39.2%,2004—2014 年间,五种房地产特有税收收入占地方财政本级收入之比从 10.2% 上升至 18.2%①,依此推论,到时土地财政相关税费收入即使能保持现在的增速增长,也远不能抵偿土地出让收入的减少。再从土地抵押贷款融资分析,在找不到相应的抵押品可替代土地资产的情况下,这种债务融资自然也无法维持。总而言之,土地资源的稀缺性决定了保持高水平的土地财政收入是不可持续的。当土地资源耗费到一定时期后,土地财政收入的增长就难以保障,从而给形成支出依赖的地方政府带来较大的冲击。特别是近几年,土地出让收入逐步纳入公共财政支出安排,加大了民生领域的支出比重,如果收入增长得不到保障,就会带来现实的财政风险[38]。

2. 土地市场变动规律从需求方制约着土地财政收入的不可持续性

如果说建设用地资源禀赋形成了地方政府实现土地财政的内在约束,那么土地市场的需求形势便是地方政府实现土地财政的外在约束。土地财政模式建立在两个基础之上,一是地方政府手中要有"地"可供,二是手中的"地"要能够顺利地以一个好价格供应出去。这第二个基础牢不牢固就看土地市场是否有旺盛的需求持续存在。我国土地市场包括土地一级市场和土地二级市场,其中土地一

---

① 参见中证网:http://www.cs.com.cn。

级市场主要是建设用地使用权划拨和出让,还包括以租赁、作价出资或入股等有偿方式从政府取得国有建设用地使用权的行为;二级市场主要是建设用地使用权的转让、出租和抵押,俗称房地产市场。大多数情况下,土地二级市场(下称"房地产市场")的需求是自发需求,土地一级市场的需求是派生需求。房地产市场的繁荣,一方面贡献了更多的增值税等税收收入,直接提升土地财政相关税费收入,另一方面房地产开发商拿地更积极,在土地一级市场上需求会更旺盛,从而通过好价格提升地方政府的土地出让收入;同时土地融资中抵押品价值更高,更利于扩大融资规模。总之,"土地财政"极度依赖房地产市场,当房地产市场处于繁荣时期,土地财政收入较多,当房地产市场处于萧条时期,地方政府的财政收入便会降低[55]。可以说房地产市场的繁荣是"一荣俱荣",然而因种种原因,特别是从产业发展固有规律看,房地产市场不可能持续保持繁荣。

土地市场作为市场体系的一个组成部分,受到商品市场固有的周期变动规律的制约,一般会经历"兴起—发展—繁荣—衰落"四个阶段,房地产行业也摆脱不了这种客观规律的制约,即不存在一直兴旺繁荣的房地产市场。本质上,房地产业的发展是城市化发展的产物,随着城市化的发展,人口聚集,城市住房需求、城市产业布局需求、城市基础设施建设需求等等会共同带动房地产业的发展;当城市化发展接近尾声,房地产业也随着步入衰落和萧条。韩本毅的研究认为,城市化促进了地方土地财政收入的增长,城市化每上升 1 百分点,土地出让收入就增加 1.1467 元[56]。唐在富则根据对广东省各地市和国内其他 6 个城市的考察,发现在不同的经济社会发展阶段,土地财政收入相对地方财政收入的比重会有所不同。工业化初期阶段,随着各项基础设施建设的铺开,固定资产投资开始加速,财政对土地财政收入的依赖程度逐步提高;在工业化深化阶段,城市化加速推进,基础设施建设规模大,需要政府在短时期内进行大量的投资,地方财政对土地财政收入的依赖程度达到峰值阶段;之后,随着工业化、城市化的继续深入推进,土地资源的消耗和土地管理相关制度的改革,必然会出现财政对土地财政收入依赖下降的一个自然转变过程。从这个角度看,土地财政的产生和发展具有明显的阶段性,地方财政对土地财政收入的依赖程度,总体呈现出一种倒"U"形特征[38]。

目前,我国城市化率已超过 50.00%,正处于城市化快速发展阶段[52],对土地的需求的确是较大的。但在实践中,我国房地产业的发展和城市化发展并非恰好一致,地方政府和房地产开发商在各自利益的驱使下不断推高市场价格,致使土地供应和房地产投资增速都已远远超出了城市化和经济社会发展的速度,产生了严重泡沫,这将会导致倒"U"拐点的提前到来。当房地产市场因客观规律或国家调控等原因而发生变化,特别是当国家实施持续的严控时,不仅房地产业的税收贡献会下降,而且土地一级市场上原来的供不应求就会转化为供过于求,土地流拍、土地贬值就不可避免,土地生财也就难以为继。

3. 宏观调控从供、需双方引发土地市场波动,加大了土地财政收入的不确定性

土地既是资源也是资产,土地市场是一个特殊的市场,无论是土地一级市场还是房地产市场,始终处于国家严格的调控之中,所以土地财政的财源还深受国家宏观政策的影响。我国土地实行的是城市土地国家所有、土地用途管制、建设用地统一供应等制度,政府不仅对土地一级市场上的土地资源供应有较强的调控能力,而且在房地产市场出现过冷或过热等异常情形时也会坚决出手干预以达到对土地资源的需求进行间接调控的目的。

2003 年下半年起,中央政府就明确将用地管理作为宏观调控手段之一,"土地开始与信贷共同成为宏观调控的主要手段"[57]。国家宏观政策可能带来土地资源供给计划指标的减少,造成土地供给不足,也可能由于一些需地产业受到宏观调控,需地计划减少或取消,造成土地需求减少,这些均可能直接使土地出让收入减少。例如,2003—2004 年中央连续发文整顿土地市场后,2004 年和 2005 年土地供应总量同比分别减少了 23.30% 和 17.90%,2004 年土地出让金增速同比下降 85.30%,2005 年更是出现了负增长[58]。

从房地产市场看,宏观调控则更为频繁,自 2002 年以来,国家实施了十余波的严格调控,其中大多数的调控效果明显,比如 2005—2009 年的 5 年间,国家依次推出了"国八条(2005)、"国六条"和"国十五条"(2006 年)、"9·27 房贷新政"(2007 年)、"国十三条"(2008 年)和"国四条"(2009 年)等收紧政策,房地产市场也随着经历了大起大落,尤其是 2008 年受国内紧缩政策和国际金融危机叠加影响,房地产市场出现大幅下跌。滞后效果在 2010—2012 年这 3 年间进一步显示出来,全国新建住宅销售量平均增幅跌至 6.00%,显著低于房改以来平均 20.00% 的年增幅水平,2012 年全国 300 个城市土地出让金总额为 19504.30 亿元,同比减少 13.00%;房地产业五种直接税税收收入同比减少 3.00%[59]。再如 2013—2014 年,两会之后国家对房地产开始了严厉调控,出台了限购措施,由此,2014 年全国 300 个城市土地成交面积 10.28 亿平方米,同比减少 31.00%;土地出让金总额 2.30 万亿元,同比下降 28.00%[60]。相应的,全国土地出让收入 2012 和 2014 年环比增速分别下降 12.71% 和 7.68%;相关税费收入的环比增速分别为 23.08% 和 12.84%,比上一年的增速分别减少 3 百分点和 8 百分点(见表 3-1)。

在土地财政收入受宏观调控和经济大环境影响而大起大落的同时,地方政府财政支出却一直保持着稳定且持续增长的态势,2007—2015 年,几乎每年都以两位数的增速在增长,特别在土地出让收入出现负增长的年份,支出照样保持大幅的增加(见表 3-1)。这就造成了地方政府收支有着不尽相同的规律,在

收入大幅回落的时期,支出却因其惯性继续在增加。因此,在经济形势发生改变的时候,很有可能会造成巨大的财政缺口,引发一系列的财政及金融风险。

表 3-1　土地出让金及地方本级财政支出

时间	土地出让金		相关税费收入		地方本级财政支出	
	全国/亿元	增速/%	全国/亿元	增速/%	全国/亿元	环比/%
2006	5740.42	—	2007.35	—	30431.33	—
2007	12216.72	112.82	2755.34	37.26	38339.29	26.00
2008	10259.80	−16.10	3656.61	32.71	49248.50	28.45
2009	17179.53	67.45	4812.32	31.61	61044.12	23.95
2010	27464.48	59.87	6529.86	35.69	73884.42	21.03
2011	32126.08	16.97	8228.45	26.01	92733.70	25.51
2012	28042.28	−12.71	10127.99	23.08	107188.36	15.59
2013	43745.30	56.00	12246.43	20.92	119740.35	11.71
2014	40385.86	−7.68	13818.69	12.84	129215.50	7.91
2015	30783.80	23.78	14020.88	1.46	154824.94	19.82

资料来源:2006—2015 年《中国国土资源年鉴》和《中国财政年鉴》,增速由笔者计算。

4.本部分小结

综上所述,土地财政收入因土地资源供应的不可持续性和土地市场旺盛需求的不可持续性而面临根本性的长期风险,一旦土地资源枯竭和(或)房地产市场步入衰败期,我国的土地财政将无以为继;在短期内,我国土地财政随着宏观调控和经济环境的冲击而大起大落,收入的不确定性进一步加大。

(二)土地财政支出风险

土地财政支出是指地方政府为了履行其经济、社会职能而对土地使用权出让收入(简称"土地出让收入")[①]的安排支出。它和其他财政支出一样,直接体现了地方政府的职能范围。由于存在政府认知的不完备性和各利益集团对自身利益最大化的追求等因素,可能会导致对土地财政支出政策目标的偏离,使土地出让收入不能满足地方政府的需求或达不到预期目标,由此导致地方政府的土地财政支出风险。下面分别从土地出让收支管理制度安排和实际支出情况(包括支出规模、支出结构)两方面对土地财政支出中所蕴含的风险状况进行分析。

---

① 为了与财政部土地出让金收支情况公告上的口径保持一致,本部分内容中的土地财政收入特指土地出让收入。

1.土地财政支出的预算风险

财政预算的功能在于约束财政资金的使用,并监督政府的财政活动。但我国地方政府土地财政预算在安排土地财政资金使用、监督地方政府活动方面发挥的作用并不大。在土地财政运行的早期,土地财政的收支完全游走于"预算"之外,土地出让收入有的归财政部门管理,有的归国土资源部门管理,处于混乱之中。直到2006年,国务院才下发了《关于规范国有土地使用权出让收支管理的通知》(国办发〔2006〕100号,下称"100号"文),明确规定从2007年1月1日起,土地出让收全额纳入地方基金预算,收入全部缴入地方国库,支出一律通过地方基金预算从土地出让收入中予以安排,实行彻底的"收支两条线"管理。同时,财政部、国土资源部和中国人民银行共同发布了《国有土地使用权出让收支管理办法》(财综〔2006〕68号,下称"68号"办法)。但即便如此,我国地方政府的土地财政预算基本上也只是个"摆设品",预算管理中存在着明显的问题。

(1)预算编制过于粗略,流于形式

事实上,财政部要求的土地出让收支科目管理是非常详细的,即按照会计科目分级"类款项目",收入编制到"目",支出编制到"项",支出的经济科目编制到"款"。"68号"办法中也调整了会计科目,以期全面反映土地出让收支情况。然而,对外公布的土地出让收入和支出的会计科目级别只到"类"。比"类"更具体的数据,财政部门不公开,公众也没有能力一一核实和鉴别,自然起不到约束土地财政支出安排的作用。

(2)预算透明度低,信息渠道不畅

总体上,土地出让收入的使用去向,鲜有地方政府对外公开,公众难以知晓。上海财经大学公共政策研究中心自2009年以来坚持对省级政府财政透明度进行研究,并每年对外发布中国财政透明度报告,其发布的《2015中国财政透明度报告》显示,2015年31个省级政府财政透明度的平均得分为36.04分,如果把31个省(自治区、直辖市)作为一个整体来看,我国省级政府仅公开1/3左右的财政信息,省级财政透明度仍处于低水平状态,"还没有到40分,更不要谈及格的事情"[62]。地方整体财政的透明度如此,可以想象,土地财政支出信息的透明度远不及此。因此,2015年9月,财政部和国土资源部共同印发了《关于进一步强化土地出让收支管理的通知》(财综〔2015〕83号),强调要推进土地出让收支管理信息公开化。

(3)预算编制不规范、预算执行随意化

决算是预算执行的总结,因执行期中情况千变万化,决算数据和执行数据之间存在差额也是情有可原,但差额过大,则很可能另有原因了。2009年是土地出让收支纳入地方政府性基金管理的第三个年头,执行数超过决算数的差额居然是决算数的 2.67 倍(见表 3-2),足见预算编制和预算执行是"各行其是"。此后的年度内,这个差额在决算中的占比基本稳定在 6.00%~6.50%,但平稳数据背后的随意性问题依然存在,正如财政部综合司在《2014 年全国土地出让收支基本情况》报告中指出的,"有的地方土地出让支出预算编制比较粗放,在预算执行中随意追加支出等"。在 2014 年全国土地出让情况全面审计中暴露出来的问题显示,预算编制不规范、预算执行随意化的现象还是相当严重。2015 年 6 月 28 日的"土地审计报告"也显示,"在土地出让收支方面,土地出让收入少征 3664.23 亿元,通过收入空转等方式虚增 1467.78 亿元;支出中违规用于弥补行政经费、对外出借、修建楼堂馆所等 7807.46 亿元;征地拆迁中,一些地方和单位少支付补偿 17.41 亿元,编造虚假资料等套取或骗取补偿 10.57 亿元。此外,一些地方土地出让收支核算不够规范,有 8358.75 亿元滞留在财政专户或直接坐支"[①]。

表 3-2　2009—2015 年我国土地出让收入安排支出的执行数和决算数

时间	土地出让收入安排支出			
	执行数(1)/亿元	决算数(2)/亿元	差额(1)—(2)/亿元	差额在决算数中占比/%
2009	12327.10	3358.64	8968.46	267.03
2010	26975.79	26622.12	353.67	1.33
2011	32931.99	31052.26	1879.73	6.05
2012	28418.90	26663.87	1755.03	6.58
2013	40600.45	38265.60	2334.85	6.10
2014	41202.45	38700.72	2501.73	6.46
2015	32895.00	30612.75	2282.25	7.46

资料来源:决算数据来自中华人民共和国财政部网站(www.mof.gov.cn)上公布的相关年份的《地方财政政府性基金预算收入决算表》和《地方政府性基金支出决算表》,执行数据来自于中华人民共和国财政部网站上公布的相关年份的《本年度中央和地方预算执行情况与下一年度中央和地方预算草案的报告》,差额数据由笔者计算。

(4)预算执行缺乏长效监管机制。

总体上,我国土地出让收入由本级政府"自收自支",长期缺乏收支规范与监督机制。虽然"68 号"办法中第 6 章第 33 条要求财政部门、国土资源管理部门、

[①]　2014 年,中央政府首次对全国土地出让情况进行全面审计,涵盖全国 29 个省本级、200 个市本级和 709 个县,时间跨度为 2008—2013 年。但审计报告直到 2015 年 6 月 28 日才公布出来。

人民银行机构以及审计机关"要建立健全对土地出让收支情况的定期和不定期监督检查制度,强化对土地出让收支的监督管理,确保土地出让收入及时足额上缴国库,支出严格按照财政预算管理规定执行"。但直到该"68号"办法实施7年之后的2014年才迎来了全国性的第一次专项审计。考虑到审计署的财力和人力有限、全国各地社会经济发展不平衡等实际情况,审计工作确实很难同时应对全国土地出让金上规模的数百个城市,经常性开展大规模的专项审计,在客观上是不现实的。由此可见,依赖专项审计,对地方政府很难构成持续性的监督作用。

2. 土地财政支出结构风险

依照上文中土地财政支出的定义,土地出让收入的支出结构是指各类安排支出占土地出让收入总额的比例。支出结构优化则是指在一定时期内,在支出总规模控制在土地出让收入总规模以内的前提下,支出内部各构成要素符合国家关于土地出让收入支出范围的管理规定且各方面支出总量的比例相对协调、合理的状态。从社会资源的配置角度来说,财政支出结构直接关系到政府动员社会资源的程度,土地出让收入作为地方政府的"第二财政",整体上要服从国家宏观调控的导向,更多的是要谋求地方社会经济的利益最大化。而符合国家关于土地出让收入支出范围的管理规定,可以理解为服从宏观调控导向,满足社会相关各种类的共同需要;各方面支出总量的比例相对协调、合理的状态,则可以理解为能促进和带动地方社会经济的发展。反之,就是支出结构不规范、不合理,导致支出结构风险。

(1)土地出让收入的使用现状

土地出让收入支出结构的现状及其变化,表明了该地方政府正在履行的重点职能以及变化趋势。

①全国平均情况分析

2010年4月财政部首次公布了《2009年全国土地出让收支基本情况》,其后陆续公布了2012年、2014年和2015年的全国土地出让收支情况,其中公布有大类支出数据。本文利用《关于2008年中央和地方预算执行情况与2009年中央和地方预算草案的报告》《关于2010年中央和地方预算执行情况与2011年中央和地方预算草案的报告》《关于2011年中央和地方预算执行情况与2012年中央和地方预算草案的报告》《关于2013年中央和地方预算执行情况与2014年中央和地方预算草案的报告》以及《2013年地方政府性基金支出决算表》,对历年支出大类数据进行补充(见表3-3)。

根据表3-3中的数据,2009—2015年间,全国地方政府总体上土地出让收入安排支出平均每年增加3428.03亿元,与总收入平均增加数3326.06亿元接近;支出规模随收入的波动而增减,其中2012年和2015年的收入出现

—12.90％和—21.00％的负增长,支出也分别出现—13.70％和—18.20％的负增长,增速变动方向一致,变动幅度大致相当;再从收支平衡情况看,历年皆有盈余,并结转下年使用,盈余总额 7288.72 亿元,平均每年盈余 1045.25 亿元。由此可见,土地出让收入安排支出,做到了量入为出,不仅没有发生"超支"现象,而且略有盈余。

表 3-3　2008—2015 年全国土地出让收入、支出及其平衡状况

时间	收入		安排支出		平衡状况/亿元
	总额/亿元	增长/％	总额/亿元	增长/％	
2008	10375.28	—	10172.50	—	202.74
2009	13964.76	34.60	12327.10	21.20	1637.66
2010	29109.94	108.50	26975.79	100.60	2134.15
2011	33166.24	13.90	32931.99	22.10	234.25
2012	28886.31	—12.90	28418.90	—13.70	467.41
2013	41249.52	42.80	40600.45	42.80	649.07
2014	42605.90	3.30	41202.45	1.50	1403.45
2015	33657.73	—21.00	32895.30	—18.20	762.73

注:此表中土地出让收入数据与表 3-1 中的数据并不完全相同,主要是数据来源不同;我国土地出让收支的数据,因来源不同而存在差异的现象普遍存在,本文中不予以更多的解释。此处为了与安排支出数据的口径保持一致,故没有简单采用表 3-1 中的收入数据,特此说明。

资料来源:收入总额和支出总额来自《关于 2010 年中央和地方预算执行情况与 2011 年中央和地方预算草案的报告》等历年相应报告。其中 2012 年和 2015 年的收入数,在执行报告中没有被体现,故采用《2012 年全国土地出让收支情况》和《2015 年全国土地出让收支情况》中的收入国库数代替。其余数据为笔者计算。

从支出结构上看(见表 3-4),2009—2015 年,成本性支出比较大,历年占比约在 60.00％以上,2011 年之后,占比逐渐上升到 80.00％左右。成本性支出的增加情况反映了土地开发成本的上升。

在非成本性支出中,用于农业农村方面的支出从 2009 年的 1017.91 亿元增加到 2015 年的 2528.17 亿元,平均每年增加 308.33 亿元;相应地,土地出让净收入的占比从 20.50％上升到 37.10％。其中 2013 年的占比只有 4.60％,不排除统计口径不同造成的误差;其他年份虽有小起伏,但总体上呈小幅攀升的态势。特别是 2012 年起,受贯彻实施《国有土地上房屋征收与补偿条例》的影响,各地征地和拆迁补偿费用有明显提高。

在非成本性支出中,2009—2015 年,用于保障性安居工程支出,从 189.68 亿元

增加到 823.49 亿元,平均每年增加 97.41 亿元;在土地出让净收入中的占比分别为 3.60%、3.70%、7.00%、9.50%、3.50%、8.80% 和 12.10%,总体上占比逐年有所增加,但占比始终在 10.00% 以下,占比偏小的格局未能改变。

在非成本性支出中,2009—2015 年,用于城市建设的支出规模依次为 3355.42 亿元、7531.67 亿元、5964.57 亿元、3204.15 亿元、3775.14 亿元、4063.02 亿元和 3531.53 亿元,在土地出让净收入中的占比分别为 64.30%、60.80%、62.50%、51.20%、33.90%、47.00% 和 51.30%。总体上占比有下降趋势,从 2009 年的 60.00% 以上下降为 2015 年的接近 50.00%,但在土地出让净收入中始终保持占半壁江山的地位。

表 3-4 2008—2015 年地方政府土地出让安排支出结构

| 时间 | 成本性支出 | | 非成本性支出 | | | | | |
| | | | 农业农村 | | 保障性安居工程 | | 城市建设 | |
	绝对额/亿元	占总收入比/%	绝对额/亿元	占净收入比/%	绝对额/亿元	占净收入比/%	绝对额/亿元	占净收入比/%
2008	6625.65	63.90	369.88	9.90	141.65	3.80	3035.32	80.90
2009	8746.98	62.40	1071.90	20.50	189.68	3.60	3355.42	64.30
2010	16732.23	57.50	2248.27	18.10	463.62	3.70	7531.67	60.80
2011	23629.97	71.20	2668.87	30.00	668.58	7.00	5964.57	62.50
2012	22624.90	78.30	1999.79	31.90	593.01	9.50	3204.15	51.20
2013	30120.18	77.10	516.50	4.60	391.81	3.50	3775.14	33.90
2014	33952.37	79.70	2435.49	28.10	760.10	8.80	4063.02	47.00
2015	26844.59	79.70	2528.17	37.10	823.49	12.10	3531.53	51.80

注:①以下三项数据没有在表中体现:2009 年存在用于土地出让业务支出 86.89 亿元,2013 年存在其他土地使用权出让收入安排支出 3222.71 亿元和业务支出 239.26 亿元。其他年份的支出中均不存在土地出让业务支出项和其他土地出让支出项。

②为了更直接地反映土地出让收入的使用去向和使用重点,计算支出结构时采用土地出让总收入或净收入作为分母,而不是采用总支出作为分母。

资料来源:表中各类支出绝对数来自中华人民共和国财政部网站(www.mof.gov.cn)中公布的 2009 年、2012 年、2014 年和 2015 年的《全国土地出让收支基本情况》,以及 2008 年、2010 年和 2011 年的《关于本年度中央和地方预算执行情况与下一年度中央和地方预算草案的报告》。需要特别说明的是,由于在《关于 2013 年中央和地方预算执行情况与 2014 年中央和地方预算草案的报告》中缺乏支出分类数据,因而采用了《2013 年地方政府性基金支出决算表》中分类支出数据,为保持计算口径一致,2013 年的土地出让收入也采用《2013 年地方政府性基金收入决算表》中数据(39072.99 亿元),但总体上不会影响对问题的分析。表中的占比数由笔者计算。

②沿海某省会城市 Y 区的情况分析

2009—2015 年，Y 区土地出让收入分别为 767981 万元、2482596 万元、1744078 万元、1157285 万元、2256832 万元、1376631 万元和 1079823 万元，环比的增幅分别是 223.30%、29.70%、－33.60%、95.00%、－39.00% 和－21.60%；历年支出的规模分别是 543560 万元、2195599 万元、2089314 万元、1037859 万元、2141106 万元、1827433 万元和 952530 万元，环比增幅分别是 303.90%、－4.80%、－50.30%、106.30%、－14.00%和－47.90%。总体上，收支增减变动起伏较大，其中 2010 年和 2013 年，收支几乎同步大幅增加，而 2012 年、2014 年和 2015 年的收入都有较大幅度下降，支出在 2012 年和 2015 年均有 50.00%左右的下降。就收支平衡状况看，其中 2011 年和 2014 年出现"赤字"，总额达 796038 万元，其他五年均有盈余，盈余总额达 873863 万元，总净盈余 77825 万元（见表 3-5）。

表 3-5　Y 区 2009—2015 年土地出让收支情况

时间	收入		安排支出		平衡状况/万元
	总额/万元	增长/%	总额/万元	增长/%	
2009	767981	—	543560	—	224421
2010	2482596	223.30	2195599	303.90	286997
2011	1744078	29.70	2089314	−4.80	−345236
2012	1157285	−33.60	1037859	−50.30	119426
2013	2256832	95.00	2141106	106.30	115726
2014	1376631	−39.00	1827433	−14.70	−450802
2015	1079823	−21.60	952530	−47.90	127293

资料来源：从相关部门调查获得。

从支出结构看（见表 3-6），历年成本性支出在总收入中占比分别为 22.80%、33.40%、71.90%、59.00%、71.30%、77.30%、65.30%，前两年占比较少，在 20.00%～30.00%，但从 2011 年开始占比大幅提高，占到约 60.00%～80.00%。这与全国平均情况大致相仿。

在非成本性支出中，用于农业农村的支出在土地出让净收入中分别占 0.90%、7.80%、21.80%、16.30%、15.70%、23.20%和 2.00%。总体上占比较少，最高年份也在 25%以下，并且起落波动频繁，其中 2009 年和 2015 年的占比在 2.00%以下。

表 3-6 Y 区土地出让收入支出结构

时间	成本性支出		非成本性支出					
			农业农村		保障性安居工程		城市建设	
	绝对额/亿元	占总收入比/%	绝对额/亿元	占净收入比/%	绝对额/亿元	占净收入比/%	绝对额/亿元	占净收入比/%
2009	174993	22.80	5535	0.90	500	0.10	319989	54.00
2010	828442	33.40	128542	7.80	2000	0.10	1174747	71.00
2011①	1502893	71.90	127711	21.80	2500	0.40	429628	73.30
2012	682967	59.00	77364	16.30	107000	22.60	161637	34.10
2013	1610116	71.30	101786	15.70	45000	7.00	269532	41.70
2014	1413226	77.30	96135	23.20	38000	9.20	262662	63.40
2015	704851	65.30	7649	2.00	21825	5.80	210945	56.30

注:①2011 年和 2014 年的支出都存在比较严重的"透支",为真实地反映当年可使用的土地出让收入,计算占比时采用总支出或总支出减去成本性支出后的差作为分母。

②表中未能列出的支出数据有:2009 年的出地出让业务支出 1901 万元、2010 年的出地出让业务支出 288 万元和其他支出 61580 万元、2011 年的其他支出 26582 万元、2012 年的出地出让业务支出 303 万元和其他支出 85888 万元、2013 年的出地出让业务支出 419 万元和其他支出 114253 万元、2014 年的其他支出 17411 万元以及 2015 年的出地出让业务支出 14 万元和其他支出 7246 万元。

资料来源:从相关部门走访调查中获得。

在非成本性支出中,用于保障性安居工程的支出在土地出让净收入中分别占 0.10%、0.10%、0.40%、22.60%、7.00%、9.20% 和 5.80%。这方面的支出特别少,除了 2012 年占比达 22.60% 之外,其他年份都在 10% 以下,特别在 2009—2011 年的 3 年间,每年支出占比还不到 1%。

在非成本性支出中,用于城市建设的支出在土地出让净收入中分别占 54.00%、71.00%、73.30%、34.10%、41.70%、63.40% 和 56.30%。其中 2012 年和 2013 年占比在 50.00% 以下,其他年份均在 55.00%~75.00%,属于主导性的支出。

综合以上分析可以看到,无论是全国平均情况还是 Y 区的情况,土地出让支出规模都能控制在收入规模之内,且有所结余,吻合"68 号"办法中第 29 条要求的编制年度土地出让收支预算要坚持"以收定支、收支平衡"的原则,因此不存在"赤字"风险;土地出让收入支出中成本性支出比较高,近年来更是居于

70.00%～80.00%的高位;非成本性支出中用于农业农村的占比有明显上升,而用于城市建设的比重有所下降,但城市建设作为土地出让收入支出主渠道的地位没有改变,占比仍在50.00%以上;用于保障性安居工程的支出的占比也有所提升,但占比几乎没有突破过10.00%。

（2）土地财政支出结构风险的表现

土地出让收入是地方政府经营城市的主要收益,如何合理使用和能否合法、合规使用是一个非常关键的问题,也是构成支出结构风险的主要因素。从宏观调控上讲,土地出让收入具有双重功能:一是调节土地的利用,改进和调整产业结构,制约或促进经济发展;二是作为调整市场经济关系的经济杠杆,调控如何在国家、土地所有者和土地使用者三者之间合理分配土地收益,调节市场竞争关系。同时,《土地管理法》还对土地出让收入的使用范围做出了明确的规定。因此支出结构风险可以从支出管理制度本身是否健全与规范,在既有的管理制度下支出是否合规、合法以及支出结构是否合理等角度进行考察。

①管理制度不规范带来的风险

土地出让收支管理制度的缺失为地方政府随意安排土地出让收入的支出创造可能,引起支出安排的不规范。从1988年《宪法》修正案规定"土地的使用权可以按照法律的规定转让"以来,我国土地出让收支管理制度一直处于空白,对土地出让金管理的最高文件仅见于2006年底国务院办公厅下发的"100号"文和"68号"办法。而且现有的土地出让收支管理办法中制度性规定较少,地方政府操作空间大,缺乏合理运用土地出让收入的前瞻性,易于造成土地出让收入使用的不合理。

首先,土地出让收支管理较为简单,使用的范围和支出结构安排均缺乏制度保障。按照国务院下发的"100号"文的规定,在资金管理方式上,实行彻底的"收支两条线"管理;在资金内容上,土地出让支出包括征地和拆迁补偿支出、城市建设支出、土地开发支出和其他土地使用权出让金支出等,但是并未对各项支出所占比例加以规定,这是我国土地出让收支管理制度方面最大的一个缺陷。地方政府倾向将土地出让收入的使用向可以产生各种"效益"的城市倾斜,而失地农民的补偿、农村基础设施改善等支农项目得不到足够的资金保障;商品住房严重过剩而政府保障性住房严重短缺。

其次,未能对土地出让收入提出合理规划使用的要求。当前收取的土地出让收入是所出让土地在未来几十年租金的折现,而土地作为稀缺资源是不可能无限长期持续供给的。地方政府在政绩的诱导下,往往是过度使用当期土地出让收入,而不会进行长期合理规划使用,未来财政支出需求只寄希望于继续扩大土地出让来满足,造成土地出让收入获取的无序性。

②土地出让收入被违规使用带来的风险

尽管"100号"文明确规定,作为政府性基金,土地出让收支预算必须做到专款专用,只能用于征地和拆迁补偿支出等5大项24小类的支出,任何该范围以外的支出都属于违规支出。然而上有政策下有对策,预算执行过程中有制不循、违规操作的现象长期大量存在,有关调查和审计报告也从未间断过披露违规使用土地出让收入的情况。

首先,违规支出占比大。在2010年审计署公布的《40个市地州56个县区市土地专项资金征收使用管理及土地征收出让情况审计调查结果》中显示,在被抽查的市县中,有11个市共有674.81亿元土地出让收入未按规定纳入基金预算管理,占征收总额的20.10%;19.61亿元土地出让收入以"招商引资""旧城改造"和"国有企业改制"等方式被变相减免。2015年6月28日的土地审计报告显示,全国土地出让收入违规支出达7807.00亿,平均每年违规支出1561.40亿元,占相应五年平均净收入的16.10%。若把五年内因为违规少征收的3664.23亿元也看作是一种违规支出,那么平均每年违规支出达2294.25亿元,占相应5年平均净收入的23.60%,几乎比每年用于安居保障性工程的支出占比高出1倍以上。

其次,违规行为已成惯性和顽疾。在2010年审计署公布的《40个市地州56个县区市土地专项资金征收使用管理及土地征收出让情况审计调查结果》中显示,在被抽查的市县中,11个市改变土地出让收入用途资金共56.91亿元,其中有6个市支出39.36亿元用于高校新校区、会展中心、剧院、软件园等公共工程建设;有4个市支出9.68亿元用于增加政府投资企业注册资本;有6个市支出3.26亿元用于补贴公交公司购车、还贷、设立农业科研发展专项资金等;有7个市支出2.10亿元用于弥补国土、城建等部门工作经费不足;有4个市违规支出2.38亿元用于建设和购置办公楼、商务楼、职工住宅等。2015年6月28日的土地审计报告显示,巨额的违规支出主要用于弥补行政经费、对外出借、修建楼堂馆所等。财政部《2014年全国土地出让收支基本情况》中也指出,土地出让支出管理不尽规范,有的地方不按规定及时足额支付被征地农民拆迁补偿款,有的地方挪用土地出让收入修建楼堂馆所、购买公务用车、发放津贴补贴奖金、弥补行政经费支出、为融资平台公司注资等。从财政部网站上发布的正式统计数据中并没有体现出违规支出数据,只有2013年决算表中有其他土地使用权出让收入安排的支出3222.71亿元,但从笔者对Y区的调查情况看,土地出让收入除了用于农业农村、安居保障性工程和城市建设外,还有大额的其他支出项存在,比如2012年和2013年的其他支出分别是85888万(8.59亿)元和114253万(11.43亿)元(见表3-6下的注②),占年净收入18.10%和

17.70％,高于同年用于农业农村的占比。

总之,土地出让收入支出中的违规现象一直大量存在,由于相应管理制度的薄弱和缺失,有关方面也只是指出这些问题的存在,却仍缺乏有效的制约措施,违规风险将长期存在。

③土地出让收入支出配置不合理导致的风险

从上文对土地出让收入支出情况的分析中可以看到,土地出让净收入中的绝大部分被用于城市基础设施建设;而用于农业农村方面的和用于安居保障性工程的占比很少,特别是用于安居保障性工程的占比还不到10.00％,有的年份甚至不到5.00％。这种资源配置状况,主要是受地方政府短期利益和政绩竞赛的主导,缺乏长远的合理规划,这将难免会导致并激化一系列的社会经济矛盾,产生社会风险和经济风险。

首先,土地出让收入主要投向城市建设,不利于产业结构优化。土地出让净收入中的绝大部分用于城市基础设施建设,使我国的城市化事业有了突飞猛进的发展,城市居民的生活质量不断提高,并带动了周边农村经济的转型与发展,吸引了大量落后地区的农民进城务工,这都是不容否定的正面效应。但是,不少问题也由此而生。在以经济增长为考核导向的激励约束下,作为城镇建设土地所有者、供给者与垄断者"三位一体"的政府,会倾向于通过选择倾斜发展房地产等服务业来扩大土地收益。把土地出让收入主要投向城市建设,刺激了建筑业、房地产业的大繁荣,带动了建材、民用电器、民用五金、民用化工等产业的发展,放大了土地在宏观方面的增长功能[63]。李勇刚和王猛通过实证研究发现土地财政虽有助于加快工业化进程,但对产业结构服务化产生了显著的抑制作用。具体说,当土地财政收入水平低于某一水平时,适当增加土地财政将促进产业结构服务化,但超过某一临界值之后,增加土地财政将抑制产业结构服务化[64]。地方政府的这条产业链基本处于低端,而且已出现相关生产能力严重过剩。过度的发展占用了大量社会资源,不仅与中央加快转变发展方式的方针背道而驰,而且不利于地区产业结构高级化,长远来看必然会制约当地经济的良性发展。

其次,土地出让收入用于农业农村的支出占比较低,城乡建设差距拉大。众所周知,由于历史的原因,我国的城乡居民收入差距和生活水平差距在世界上居于前位。而如今,土地出让收入支出使用上存在严重的城乡歧视,导致在城市建设蒸蒸日上的同时,农村基础设施建设却严重滞后。从笔者调查的Y区看,2009年土地出让净收入中用于农业农村的支出占比只有0.90％,2015年也只有2.00％,而同期用于城市建设的分别占54.00％和56.40％。由于大量资源集中用于城市,使中央关于"工业反哺农业,城市支持农村"的战略方针难以切实执行,全国城乡和地区经济社会发展的差距,不仅没有缩小,反而进一步扩大了。国土资源部咨询研究中心咨询委员黄小虎在 2011 年中国土地大会上发言时指出,政府经营土地,用卖地收入搞城市建设,城市居民的生活质量提高了,而被征地农村却无缘分享城市文明,城乡差距更加扩大,导致日益严重的社会问题。

第三,土地出让收入用于保障性住房支出长期偏低,积聚社会风险。我国当前房价的居高不下在很大程度上与地方政府获取巨额土地出让收入有关,因此政府应加大保障性住房建设,解决中低收入家庭的住房问题。但是在实际的土地出让收入的支出使用中,用于保障性住房建设的资金占比非常低,2009—2015 年的 7 年中,全国土地出让净收入中用于安居保障性工程的占比,有 4 年不足 5.00%,3 年在 7.00%~10.00%,只有 2015 年超过 10.00%,达到 12.10%;从笔者调查的 Y 区情况看,有 3 年不足 0.50%,其中 2 年只有 0.10%,另 3 年在 5.00%~10.00%。2009 年,国家发改委针对当时国家下达的保障性住房建设计划未能如期完成的实际情况,提出将土地出让净收益中不低于 10.00% 的部分用于保障廉租住房建设,以解决保障性住房中的资金不足问题。但是,一方面,这个 10.00% 的要求仍远不能满足地方建设保障性住房的资金需求,而另一方面,在实际执行中,这个 10.00% 的占比也无法得到保证。审计署在 2015 年 8 月 17 日发布的"2014 年城镇保障性安居工程跟踪审计结果"公告中显示,安居工程的实施虽然取得了一些成效,但仍有 93.83 亿元的安居工程专项资金被违规使用。住房保障问题是重要的民生问题,涉及广大中低收入家庭的切身利益;保障性住房是公共产品,是公共资源在公共领域中的分配,也是国民收入的再分配,直接涉及我国分配领域的社会公平性。安居保障性工程建设资金长期得不到保障,将积聚社会风险。

3.本部分小结

土地财政支出风险既有相关制度弱化的漏洞,更有操作执行层面无序性的因素。土地出让收支管理制度的缺乏和不足纵容了土地财政支出预算风险和违规使用风险的滋生;在土地出让收入安排支出实践中,地方政府在地区竞赛和政绩考核导向下,不仅造成了倚重房地产业发展的产业结构单一化的风险,而且形成了重城市建设轻农村发展、重基建投资轻社会发展的支出结构,蕴含着包括城乡建设差距扩大在内的社会风险。

四、土地财政的债务风险

2009 年,为应对金融海啸的冲击,中央政府出台了 4.00 万亿元经济刺激计划,其中 2.82 万亿元被分配给地方政府来完成。显然,地方政府光凭地方财政收入无力承担这样的巨额投资,而我国《预算法》规定地方政府不得举债。在这样的背景下,地方融资平台登上了历史舞台,成了地方政府融资的重要工具,由此我国地方债务迅猛攀升。

审计署 2010 年度审计报告显示,截至 2010 年底,除 54 个县级政府没有政府性债务外,全国省、市、县三级地方政府性债务余额共计 10.70 万亿元,约占 2010 年全国 GDP 总额的 27.40%。审计署《2013 年全国政府性债务审计结果》则显示,地方政府性债务对土地出让收入的依赖程度较高,截至 2012 年底,11 个省级、316 个市级、1396 个县级政府承诺以土地出让收入偿还的债务余额 34865.24 亿元,占省、市、县三级政府负有偿还责任债务余额 93642.66 亿元的 37.23%。

我国地方政府的债务在我国经济社会发展、加快基础设施建设和改善民生等方面发挥了不可或缺的作用,然而这些债务所伴生的风险已经成为当前影响我国经济健康发展的重大隐患。中央经济工作会议指出,要高度重视财政金融领域存在的风险隐患,坚决守住不发生系统性和区域性金融风险的底线。而可能演变成区域性金融风险的地方债务风险问题成为一个困扰着中央和地方的焦点问题。

(一)以融资平台和土地财政为依托的地方融资模式

1.地方融资平台的性质

地方融资平台是指由各级政府出资设立,通过划拨土地、股权、规费、债券、税费返还等资产(其中主要是通过划拨土地),组建成一个资产和现金流均可达到融资标准的地方国有企业或企业集团,这些地方国有企业或企业集团实际上由政府控制,具体形式有城市建设投资类公司、交通运输投资类公司、国有资产管理公司、各类开发区(园区)投资类公司和土地储备类公司等。地方融资平台是我国政府职能转变过程中形成的一种半官方组织,或者说具有官方背景的组织,是我国特有的经济现象。

事实上,我国地方政府的融资主体经历了政府部门、非平台融资和平台融资三个形态。早在国家对政府部门借债进行严格规定之前,政府部门作为借债主体就已经是较为普遍的现象,财政局、审计局、法院、工商局、国家税务局、政府办事处、气象局、检察院、林业局、开发区管委会等政府部门都曾经作为借款的主体。在这一阶段中,政府部门直接作为债务融资的主体,多是发生在层级较低的县级行政单位甚至是乡级行政单位,市级以上的行政单位较少直接作为借款主体。第二阶段的融资主体是非平台融资企业。在政企分开实行现代企业制度之前,政府部门不仅直接从银行借款,而且政府不同部门各自通过设立名目繁多的下属国有企业或集体企业,向银行或其他金融机构借款,如各级政府成立的信托投资公司、经济委员会和计划委员会成立的工业公司、商业委员会和财贸办公司设立的商业公司、科技局成立的科技公司、物资厅设立的物资总公司和各类开发区下属的发展总公司等。非平台类融资企业因其受到规模过小、融资渠道单一、治理结构混乱等问题的限制,通常只能够在一定时期内获得十分有限的融资,无法满足地方政府持续存在的城建资金需求,于是出现了第三阶段数量庞大的融资平台。在 2009 年中央实施经济刺激计划之际,上海、重庆和安徽等地的地方政府开始尝试将原来各类市政建设的资产整合起来,形成相对规模较大、具备一定持续经营能力,并被明确指定成为政府借款人的平台公司,并迅速在融资方面显示出巨大能量,使得全国各地地方政府纷纷效仿,由此各种面貌的地方融资平台迅速在全国范围内发展起来。2013 年 12 月 30 日,审计署发布的《全国政府性债务审计结果》显示,截至 2013 年 6 月底,纳入审计署审计范围的地方政府投融资平台公司共 7170 家,实际投融资平台公司数目要比统计范围更大一些。由此可见,政府融资平台的发展不是偶然的,而是在政府职能转换过程中,在特定时期从非平台融资这个本身具有官方特征的融资机构转换而来的必然产物。融资平台最初的融资主体是直接的本级政府,由一系列政府下属的融资机构、市政机构组建而成的,融资平台的负责人大多就是地方政府官员,机构办公室设在市政府办公室或财政局等部门,这些也更加说明地方政府融资平台的政府性特征和半官方的性质。这种政府性特征和半官方的性质直接决定了融资平台的作用就是为了解决地方政府在市政建设、基础设施建设方面融资难的问题,以及政府在融资平台运行中起到的重要作用。

2.地方融资平台的"土地融资"特点

地方融资平台的融资主要有三种形式:一是银行项目贷款;二是发行"城投债";三是融资租赁、项目融资、信托私募等资本市场融资。城投债是地方融资平台发行的用于城市基础设施的债券,主要在银行间市场发行;而信托融资是地方融资平台通过政信合作发行信托产品的方式进行融资。在这几种方式中,银行贷款所占的比重最高,是地方政府债务的主导。据统计,在 2011 年年底地方政府性债务余额中,银行贷款占 79.01%;2012 年年底,36 个地区的地方政府性债务余额中,银行贷款占 78.07%①。审计署发布的《2013 年全国政府性债务审计结果》显示,2013 年上半年,地方政府性债务资金总额达 108859.17

---

① 参见搜狐财经:http://business. sohu. com/s2013/dfzh/。

亿元,其中银行贷款 55252.45 亿元,占 50.76%①。其次是信托融资和城投债。2012 年,地方政府因融资平台限制和土地财政吃紧而催生大量融资需求,信托融资和城投债则迅速成为地方政府融资的另两个重要渠道。据 Wind 数据统计,2012 年全年,中国银行间债券市场发行的城投类债券累计达 6367.90 亿元,较 2011 年增加 3805.90 亿元,同比增长 148.00%。审计署发布的《2013 年全国政府性债务审计结果》显示,2013 年上半年,信托融资 7620.33 亿元,地方政府发行债券 6146.28 亿元。但无论是哪一种融资方式,土地作为地方政府的重要资产,在融资中都发挥着极为关键的作用,充分体现了"土地融资"的特征。

(1)以土地进行抵押获得银行贷款,并依赖土地出让收益进行还贷

地方融资平台从商业银行获得贷款的一般做法是,在土地储备中由土地管理部门根据规划确定储备土地的供应用途、年限等,向土地储备中心发放土地使用权证,以此作为向银行申请土地抵押贷款的凭证。土地储备中心还可以在储备土地的收益权上设立质押,向政府控股的开发区或公司进行贷款担保。实践中,地方政府土地抵押融资规模迅速扩张,据 2010—2013 年《国土资源公报》数据,截至 2013 年底,我国 84 个重点城市处于抵押状态的土地面积为 40.39 万公顷,抵押贷款总额 7.76 万亿元,同比分别增长 15.80% 和 30.40%。而在 2010 年末,84 城处于抵押状态的土地共有 12.94 万宗,抵押面积 25.82 万公顷,抵押贷款 3.53 万亿元,抵押土地净增面积和抵押贷款净增额均持续增长。

不仅贷款的获得依赖土地资产的抵押,而且贷款的偿还也依赖未来土地增值收益。融资平台获得的贷款主要用于两大类别——建设公益性项目和准公益性项目,例如城市设施、园林与垃圾处理项目以及电力、公路和铁路项目。公益性的基础设施建设项目投资期长而收益很低,因而依靠投资项目本身产生的收益来偿还贷款本息的希望很是渺茫,主要是希望通过开发区招商引资,带动当地工业、商业的发展,由未来土地相关税收增加和土地增值来埋单。图 3-2 描述了这种"时间换空间"的融资方式。在我国尚没有开征房地产保有环节的税收情况下,偿还土地抵押贷款所依赖的未来土地增值收益的实现主要来自于商、住用地一次性的土地出让收入。截止到 2010 年底,我国地方政府财政收入中来自土地出让的相关税费已经达 71.70%,地方政府承诺用土地收入作为偿债来源的债务占总偿债责任的比例则高达 37.96%[66]。审计署 2013 年度审计报告则显示,地方政府性债务对土地出让收入的依赖程度较高,截至 2012 年底,11 个省级、316 个市级、1396 个县级政府承诺以土地出让收入偿还的债务余额 34865.24 亿元,占省、市、

①　审计署《2013 年全国政府性债务审计结果》中的"表 4:2013 年 6 月底地方政府性债务资金来源表"。

县三级政府负有偿还责任债务余额 93642.66 亿元的 37.23％;18 个省会和直辖市,有 17 个承诺以土地出让收入来偿债,比例高达 95.00％。

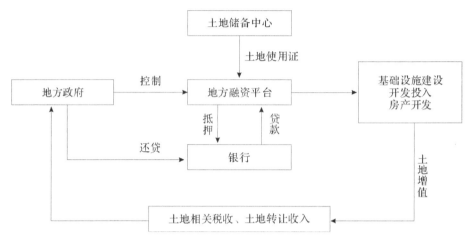

图 3-2　地方融资平台土地抵押借款及还款流程

(2)土地资产及其收益也是融资平台发行"城投债"的重要担保

在不少城投债的公告中显示,有的直接以地方政府的土地资产进行担保,有的由投融资平台公司之间相互担保,还有的则由为平台公司提供贷款的银行进行担保。相对银行贷款,城投债的债权人更加广泛,因此土地担保的变现更加困难。截至 2012 年底,有 29 个省(自治区、直辖市)成功发行了"城投债"。在这些发债的地方融资平台中,市、县级融资平台呈现增多的趋势。2010—2012 年,县级、园区和市辖区政府融资平台企业发债规模均以每年 100.00％左右的速度快速增长,2013 年由于监管部门对行政级别较低的政府融资平台企业加大了监管力度,省级和地级市政府融资平台企业发债规模才重回融资平台债券发行的主力军的位置[67]。显然,在我国目前的财政分权体制下,级次越低的政府自有收入越有限,依赖上级转移支付和预算外收入的比例越高,因而财力较薄弱的县、市隐藏了较大的偿债风险。

总之,无论是银行贷款,还是债券、信托等资本市场融资,其潜在抵押物主要都是政府的土地,尤其是商、住用地,因此,商、住用地价格在未来一旦出现较大下行压力,地方政府还债困难就会很大。

(二)"土地融资"债务风险的表现与传导

我国地方债与土地财政的关联度过高,不仅有以储备土地为抵押的直接负债,还包括了以未来土地出让收益为担保的间接负债,而更为关键的是,用于清偿债务的地方政府的财政收入更是严重依赖城市土地出让收益。正是这种对土地财政的严重依赖,以及利用城市土地的过度融资,使得我国地方政府的债务风险已经超过了国际上通常的地方债问题。据财政部财政科学研究所的估算,截至 2008 年,我国地方债务总额在 4.00 万亿左右,是地方财政收入的 174.60%,尚没有达到世界银行设定的 200.00%的警戒线,但已经很接近。近年来关于我国地方债的统计,最权威的数字是审计署公布的《2013 年全国政府性债务审计结果》。该报告显示截至 2013 年 6 月底,我国地方债累计约17.90 万亿元。目前,市场中普遍估算,中国整体的资产负债率约为 45.00%～50.00%,已经逐渐逼近 60.00%的警戒水平[68]。

1."土地融资"债务风险的表现

土地抵押融资贷款难以按期偿还是地方融资平台"土地融资"债务风险的直接表现。目前,融资平台不仅债务规模日益扩大,而且已进入密集的还本付息期,还贷的压力巨大。

(1)从地方债务规模观察,我国的地方债增长已经进入了一个怪圈

从 2010 年开始,中央就着手整顿地方债融资平台。然而,越整顿债务越多,2010 年时,地方融资平台的债务只有 10.00 万亿元,到了 2013 年 6 月已达17.90 万亿①。地方债余额不仅没有在总量上被控制住,而且在结构方面呈现出复杂化与隐蔽化的倾向。

(2)从未来偿债年度看,地方政府进入偿债的高峰期

2013 年下半年和 2014 年到期需偿还的政府负有偿还责任债务分别占22.92%和 21.89%,2015 年、2016 年和 2017 年到期需偿还的分别占 17.06%、11.58%和 7.79%,2018 年及以后到期需偿还的占 18.76%(见表 3-7)。

表 3-7   2013—2018 年及以后地方政府到期需偿还的债务情况

偿债年度	政府负有偿还责任的债务		政府或有债务	
	金额/亿元	比重/%	政府负有担保责任的债务/亿元	政府可能承担一定救助责任的债务/亿元
2013 年 7 月至 12 月	24949.06	22.92	2472.69	5522.67
2014 年	23826.39	21.89	4373.05	7481.69
2015 年	18577.91	17.06	3198.42	5994.78

---

①   参见中华人民共和国审计署《2013 年全国政府性债务审计结果》(中华人民共和国审计署网站:www.audit.gov.cn)

续表

偿债年度	政府负有偿还责任的债务		政府或有债务	
	金额/亿元	比重/%	政府负有担保责任的债务/亿元	政府可能承担一定救助责任的债务/亿元
2016 年	12608.53	11.58	2606.26	4206.51
2017 年	8477.55	7.79	2298.60	3519.02
2018 年及以后	20419.73	18.76	11706.75	16669.05
合计	108859.17	100.00	26655.77	43393.72

资料来源:中华人民共和国审计署《2013 年全国政府性债务审计结果》(www. audit. gov. cn)。

(3)地方政府借新债还旧债已经成了一种模式

审计署公布的《2013 年全国政府性债务审计结果》表明,2012 年底,17 个省会城市承诺以土地出让收入为偿债来源的债务余额 7746.97 亿元,占这些地区债务余额的 54.64%,比 2010 年增加 1183.97 亿元,占比提高 3.61 百分点;而上述地区 2012 年土地出让收入比 2010 年减少 135.08 亿元,降低 2.83%,扣除成本性支出和按国家规定提取的各项收入后,可支配土地出让收入减少 179.56 亿元,降低 8.82%。也就是说,这些地区 2012 年以土地出让收入为偿债来源的债务,需偿还本息 2315.73 亿元,为当年可支配土地出让收入的 1.25 倍。审计结果还显示,有 3 个省级、99 个市级、195 个县级、3465 个乡镇政府负有偿还责任债务的债务率高于 100.00%;其中,有 2 个省级、31 个市级、29 个县级、148 个乡镇 2012 年政府负有偿还责任债务的借新还旧率[①]超过 20.00%。有关审计结果还显示,截至 2013 年 6 月底,中国地方政府债务占 GDP 比例高达 31.50%;估计截至 2014 年底此比例继续攀升至 33.80%。自 2014 年以后过半地方政府将新举债用于偿还旧债,偿付压力巨大[②]。某省审计署对地方融资平台进行交叉检查时发现,一个市城投公司 25.00 亿元以上的贷款,一年的利息支出就要近 2.00 亿元,如再考虑银行要求其每年均衡还本,每年资金需求要在 7.00 亿元以上才能转得动。而相当一部分平台三五年之内以基础设施和公益性项目为主,虽然路网和环境改造会使周边土地升值,但就项目本身来说基本没有直接经济效益,无法用项目本身的收益来还银行贷款。为

---

① 举借新债偿还的债务本金占偿还债务本金总额的比重。

② 参见中华人民共和国审计署 2011 年和 2013 年《全国地方性政府债务审计结果》。

维持运转,有些平台从一开始就在"借钱还钱",这可能导致包袱越背越重[66]。

总之,目前地方政府债务压力呈现出负有偿还责任的债务增长较快、债务负担较重、债务偿还压力巨大的特征。

2."土地融资"债务的风险源:土地市场风险

地方政府利用土地抵押或担保取得融资,且还款来源主要是土地财政收入,这就导致土地融资的偿还或展期极度依赖土地市场。一个简单的道理是,如果土地市场能保持持续的供需两旺,那么土地增值有保障,从而能保证土地作为抵押品和担保品的价值;土地财政收入也能有保障,从而能保证按期足额偿还融资债务,或者能顺利获得银行贷款展期,那么土地抵押融资债务风险就只是理论上的风险。但在实践中,土地市场风险已开始积累,正如前文中分析的,一方面,地方政府手中可供开发的土地资源越来越少,另一方面,在国家宏观经济政策调整和房地产市场运行规律等因素的共同作用下,房地产市场步入下行期,土地市场供需两旺风光不再,由此导致地方政府的土地财政收入减少,而且土地抵押的贬值也使得贷款的展期变得困难,甚至在极端情况下银行会要求追加抵押的土地[66]。由此,土地财政收入的减少和土地资产贬值的共同作用往往会使得地方政府陷入偿债危机中。土地市场风险成为地方政府"土地"融资债务风险的源头。

3."土地融资"债务风险的传导

"土地融资"债务风险的传导,大致上由两条路径和三个环节串并而成(见图3-3)。

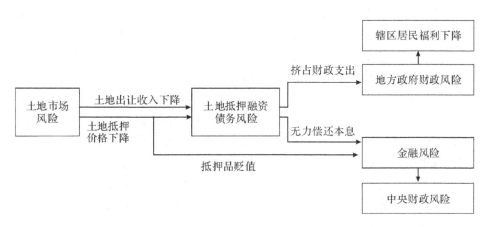

图 3-3 "土地融资"债务风险传导

两条路径,即地方财政偿付风险——拖欠银行本金和利息导致银行金融风险——银行金融风险转化为中央财政兜底风险;地方财政偿付风险——财政支出风险——压缩财政支出导致居民福利受损风险(承担者是广大辖区居民)。

三个环节如下。

第一环节,土地市场风险触发"土地融资"债务风险。首先,土地市场上价格波动通过土地财政收入的作用机制直接影响到地方政府的债务偿还能力。一旦土地市场不景气、土地出让价格下降,土地出让收入将出现大幅度下滑,直接导致融资平台难以履行其偿债义务,引发地方政府债务偿付风险。其次,过度的土地抵押和担保进一步加剧了土地市场风险向"土地融资"债务风险的转移。在"土地融资"操作中,各地方政府将大量规划用地用于抵押和担保,虽然从当期来看,通过土地抵押和担保将土地价格风险转移到了金融机构,但从长期来看,一旦土地产市场下行甚至泡沫破裂,土地出让价格的下跌会导致土地财政收入的锐减,地方政府不可避免地会陷入借新债偿旧债的局面[61],这时金融机构必然会限制债务的展期或是要求地方政府增加抵押和担保资产。然而由于过度的土地融资已经透支了地方政府的土地资产,使其无法通过追加抵押和担保土地来获取债务的展期,这样就必然导致地方政府的偿债危机。第三,地方政府融资平台存在的运行风险也是"土地融资"债务风险传导的重要动因。比如,融资平台投资项目大多是基础设施建设,这样的项目投入大、建设期长,回收期也长,资金流动性和偿债能力弱。而且存在债务偿还和投资失误的责任主体不明确,对所投的项目缺乏严格科学的项目论证等问题,投入产出效率过低,容易造成资金浪费和损失,甚至出现"半拉子"工程,形成项目建设风险。此外,地方政府融资平台中的部分土地融资被用于非投资性的运营支出,贷款项目无法产生稳定的现金流。如此,使得融资债务的偿还完全依赖于地方政府的土地财政收入,从而使得地方政府的土地财政收支状况完全置于土地价格波动的风险之中。

第二环节,"土地融资"债务风险向地方财政风险传导。当"土地融资"出现偿还本息困难时,会对地方财政产生支出风险。如前文所述,"土地融资"运行模式依赖地价不断上涨,而如果情况发生变化,土地价格不上涨、土地出让不顺利或是城市土地资源已经卖光,就会出现资金短缺;一旦资金链断裂,就会面临偿债资金无法落实、征地补偿不到位、拆迁资金不到位等问题,这些问题的解决都需要地方政府大量的财政支出,必然形成地方政府的财政支出风险。如果地方政府不压缩财政支出,则拖欠金融机构的本金和利息,财政支出风险转化为金融风险;如果地方政府压缩财政支出,则地方居民的公共产品和公共服务质量和数量受到影响。

第三环节,"土地融资"债务风险向金融风险的传导。目前,由地方政府融资平台形成的金融风险是银行业面临的主要风险。银监会表示,伴随暴风骤雨般的房地产调控,地方融资平台风险凸显,已被认定为当前银行业面临的三大风险之首,成为制约未来银行发展的重大隐患。

"土地融资"债务风险经由融资平台向金融风险传导,其传导动因主要有以下四个方面:首先,地方融资平台债务负担重、负债率高、偿还债务压力大,陷身于无力如期偿还本息的拖欠风险中。融资平台偿债压力大的另一面便是金融机构回收放贷困难,呆账、坏账巨额增加,不良贷款率上升,成为引发金融风险的主要因素。其次,土地抵押贷款杠杆比例偏高,使得金融机构过度承担了土地市场风险。在土地市场上行期,银行对土地抵押的偏好更强,因而土地抵押贷款规模更容易扩大。一旦土地市场形势逆转,那么,不仅地方政府出现偿付困难,而且经由土地抵押和担保机制,这种地方债务危机会演变为贷款机构的不良贷款。第三,"土地抵押"融资中广泛存在的"短借长投"问题,会增加贷款机构的流动性风险。与地方政府融资平台的贷款主要投向资金需求量较大,贷款期限以及偿还期限都较长的项目形成鲜明对比的是,融资的期限大多只是1~3年的中短期贷款,这就给银行带来了久期匹配的困难。因此,银行过度承担着资产负债期限错配的流动性风险,从而加大金融风险。第四,融资平台官方或半官方的性质也助推了"土地融资"债务风险向金融风险的传导。比如,土地抵押融资中的财政性担保是一种特殊的保证担保,然而我国法律指出国家机关不能作为担保人。很显然,财政性担保不属于国家机关可以成为担保人的范畴,因此若有冲突发生,银行很难拿着相关协议去法院和政府打官司。而且,一旦出现债务问题,债权人也难以用法律的手段去处置这些担保资产。这就为金融机构带来了一定的融资风险以及相关的法律风险。又如,融资平台贷款期限一般较长,可能跨越几届政府任期,地方政府会因换届而不愿偿还贷款,特别是地方政府融资平台企业与地方政府在形式上是相对独立的,所以新一届政府不为上一届政府埋单就更有合理性。再如,贷款资金流向缺乏监管容易形成信贷资金安全风险。由于城市基础设施项目建设一般所需要的资金规模较大,地方政府需要从多家银行分别贷款,从而出现一些平台公司把分别借来的贷款放在一个统一的资金池里,再根据不同的项目进度统一安排使用。贷款资金进入平台公司账户之后,贷款银行无法对贷款资金的使用进行有效的监控,缺乏流向监管,容易造成信贷资金被违规挪用的风险。如此种种,使银行在"土地融资"中面对更大的风险。

(三)新预算法下地方政府债的变动趋势

1. 新预算法的有关新规定及其影响

(1)新预算法的有关新规定

被称为"经济宪法"的新预算法,历经十余年的反复讨论和修订,于 2015 年 1 月 1 日开始正式生效。与地方债相关的主要新措施有:①允许地方政府直接发行债券。②地方政府不能再通过地方政府融资平台或企业渠道举债,且现有地方政府融资平台债务须于 2016 年前逐渐退出。③地方政府债券只能用于偿还当前债务或指定的公共服务或项目的债务。④地方政府债券必须纳入地方财政预算。⑤预算计划必须在获批后 20 天内对外公布。

(2)新预算法对地方债的影响

直接的重大影响主要有二。

第一,新增地方债。新预算法明确赋予地方政府举债融资职能,允许省级政府本身或为下级政府发行债券,债券额度需限制于国务院所批额度之内,并需经全国人民代表大会审批。同时限制地方政府融资平台和银行贷款等其他融资途径,地方政府不再通过地方政府融资平台或企业渠道举债;现有债务不能延展,特殊情形下需举债以完成当前项目的,必须受到严格的审查。由于新增债券的本金和利息均由借款人偿还(即"自发自还"),并由省级政府担保,所以被视为违约风险非常低。地方政府债券只能用于偿还当前债务或指定的公共服务或项目的债务。主要有三种地方政府债券——一般用途债券、专项用途债券和通过公私合作伙伴关系(PPP)模式发放的债券。①一般用途债券为没有特定现金流的一般债务项目融资;项目主要涉及的是未来现金流量不确定的公共利益项目,比如市政设施建设、棚户区改造和经济适用房、污水处理,等等。一般债券的偿还由财政收入和补贴负担。②专项债务为专项债务项目融资;项目一般会产生一定的收入来源,这些项目包括公共服务如热气和电力供应,交通运输如地铁和机场,等等。专项债务项目的偿还由项目本身的未来现金流量负担。③PPP 模式下的债券以吸引更多民间资本进入公共项目。各级政府提供了大约 1/4 的基建项目资金,政府与民营资本共享利润共担风险。地方融资平台退出以后,PPP 模式将在政府支持项目中发挥更加重要的作用,尤其在公用事业与公共设施建设领域,如机场、发电厂、医院与学校等。

第二,置换债。置换债券是指通过地方政府债券,来置换非政府债券形式的地方政府存量债务。地方政府发行置换债券不仅仅在于规范地方政府债券的预算管理,还将减轻地方偿债利息负担。2015 年地方政府债务置换的规模为 3.20 万亿元,置换范围由 2013 年 6 月审计确定的债务扩展至 2014 年底确定的地方债务,几乎覆盖了 2015 年到期的全部债务。2016 年的置换限额为 5.50 万亿元,2017 年未设置置换限额,但按照当时财政部楼继伟部长的介绍,截至 2014 年底地方政府存量债务余额 15.40 万亿元,其中 1.06 万亿元是过去批准发行债券的部分。除去这部分之外,剩余的通过银行贷款、融资平台等非债券方式举借的存量债务,国务院准备用 3 年左右的时间进行置换。由此估计 2017 年置换限额在 5.00 万亿元左右。

2.新预算法下地方债务风险的化解与新变动

新预算法的适时出台,特别是通过债务置换与发债等措施,有效地缓解了地方政府的"土地融资"债务风险。就 2015 年 3.20 万亿元的置换债券额度而言,就意味着在 3.00 万亿元人民币的额度内,高成本、低流动性的短期债务将置换成为低成本的政府担保的长期市政债;被置换的存量债务成本从平均约 10.00% 降至 3.50% 左右,为地方每年节省利息 2000.00 亿元,使地方政府的偿债压力顿时得到缓解。然而,要真正实现新预算法精神依然路漫漫,债务风险不是彻底化解了,而是将出现新趋势[71]。

(1)债务规模依然有强大的膨胀冲动

虽然新预算法对地方政府债务采用限额管理的办法,理论上使未来每年的地方债新增规模可控。但考虑到"营改增"已基本上全部完成,地方财政收入增长的不确定性加大,加上经济下行压力趋紧,地方财政支出需要加码,由此,地方政府债务增速很可能会进一步提高。2015 年以来,债务限额步步上升的实际数据印证了这种担忧并非多余。2015 年新增地方政府债务限额为 6000.00 亿元,这是地方政府首次发行专项债券,其中一般债券 5000.00 亿元,专项债券 1000.00 亿元;2016 年新增地方政府债务限额为 1.18 万亿元,其中一般债券 7800.00 亿元,专项债券 4000.00 亿元;2017 年新增地方政府债务限额 1.63 万亿元,其中一般债务限额 8300.00 亿元、专项债务限额 8000.00 亿元。由此可见,债务规模控制问题依然不能掉以轻心。

(2)新形式的债务风险已开始孕育

随着融资平台正在成为过去式,城市基础设施和公共服务项目的建设缺乏投资主体,为了引导社会资本,各种形式的政策性基金(如 PPP 引导基金)纷纷登场。在政策性基金运行中,地方政府在面对基建投资配套资金缺乏困境的同时,还面临着需要通过政策优惠与财政资金的支持来降低社会资本的风险情绪、引导资金向重点领域投资的压力。在这"双重"压力下,地方政府"隐性债务"的风险问题应运而生。

其一,政策性基金中产生了地方政府的"承诺"债务风险。正如公共经济学研究指出的,私人投资在理性约束下,用于公共领域的投资将出现严重不足。

为此,地方政府在社会资本积极性不高的压力下,往往以财政资金作为引导,吸引金融资本作为基金优先级成立投资基金,再以股权投资方式对接基建项目(包括 PPP 项目),这种方式实质上是"明股实债"。大部分政策性基金中,注资政府向金融资本、社会资本保证一定的收益率,一旦出现亏损,就需要拆出财政资金实现这个收益承诺。因此,这种"承诺"虽然暂时实现了降低社会资本风险担忧和吸引金融机构注资的效果,但却为或有负债的增加打开了窗[51]。比如河南省 2016 年争取了中央预算内资金 1.50 亿元,下拨省级高成长服务业专项引导资金 6000.00 万元,与金融机构按 1∶4 出资,于 2017 年设立"湖南省养老产业基金"[74]。为保证基金对社会资本的吸引力,政府的引导资金作为劣后资金,而社会资本作为优先资金,政府兜底意图明显。

其二,政策性基金退出时可能坐实"明股实债"风险。政策性基金将如何退出?如若退出不当,将成为地方政府的显明债务。政策性基金一般的退出方式包括项目清算、股权回购或转让、资产证券化等。对于那些投资期限较长的建设项目,特别是期限超过 10 年以上的建设项目,基金会要求在建设前期退出。如果退出机制的设计或选择缺乏针对性,很可能会导致最终地方政府只能回购基金股权的方式,如此,所谓的"股权投资"也将落实为地方政府的实际债务。一旦政府债务负担过重,将重新求助于"土地融资"的可能性极大。

(四)本部分小结

我国地方债主要是"土地融资"债务,不仅有以储备土地为抵押的直接负债,还包括了以未来土地出让收益为担保的间接负债,并且用于清偿债务的地方政府的财政收入更是严重依赖城市土地出让收益。"土地融资"债务风险,起源于土地市场的价格风险,通过土地财政和土地融资渠道扩散到金融体系中,使得我国地方政府的债务风险成了当前影响我国经济健康发展的重大隐患。中央政府适时出台"新预算法",通过允许地方政府直接发行债券和"置换债"两大招,缓解了地方政府"土地融资"债务风险。"新预算法"下,地方政府将面临"承诺"债务风险等新形式的债务风险,这将有待于在今后再做深入研究。

五、地方政府土地财政风险评估

(一)指标体系构建的基本原则

本指标体系设计的目的是通过分析土地财政相关数据,选取合适的衡量指标,为土地财政风险的评估提供依据。这一体系的建立,并非各项指标的简单组合,而是遵循了指标体系构建的一般原则,主要包括:科学性原则、可获得性原则、定量分析与定性分析相结合原则。

1.科学性原则

所谓科学性原则,是指本指标体系的建立是通过科学分析且符合客观实际的,主要体现在两个方面,一是数据来源可靠,本次指标体系所需数据均来自中国统计年鉴等官方权威渠道;二是指标权重确定客观合理,本篇为保证评估结果的客观性,选取熵权法确定指标权重,最大程度减轻主观因素影响。

2.可获得性原则

所谓可获得性原则,是指本篇各项指标使用的数据能够从已经发布的官方数据中获得。如果指标所需数据不能够获得,这一指标就毫无实际意义可言。本篇在构建指标体系时充分考虑了这一点,对不可获得数据的指标,通过转换思路,保证所有数据都能顺利取得。

3.定量分析与定性分析相结合原则

所谓定量分析与定性分析相结合原则,是指文中指标的选取包含主观判断,同时采用数量分析方法进行研究[75]。定性分析是定量分析的基础,定量分析是定性分析的深化、精确化,两者结合,使得指标体系更具说服力。

(二)土地财政风险评估指标体系的构建

根据上文对土地财政风险类型和风险因素的分析,认为对于土地财政风险衡量的出发点在于收支的平衡。对传统意义上的财政风险而言,当财政支出责任和义务相对稳定时,财政收入流量的不稳定性会造成财政收支失衡;当财政收入相对稳定时,财政支出责任和义务的不稳定性也会造成财政收支失衡。当然,土地财政风险与财政风险并不等同。在土地财政模式下,相关财政收入有明确的关联主体,包括土地出让金、直接税收、间接税收以及融资收入等,但与之相关的支出责任却并不明确,土地财政收入作为财政收入的一部分投入到社会建设和服务中,而缺乏明确定义的支出范围和支出结构。因此,本篇的风险评估主要是从收入这一角度展开。

其表现主要分为两个方面:其一,由于土地供给具有有限性,土地财政模式是不可持续的,这种公共资源的不确定性是土地财政风险产生的根本原因;其二,在财政支出责任和义务相对稳定的情况下,土地财政收入的不稳定性直接造成财政收支的失衡,这是土地财政风险产生的直接原因。基于以上分析,我们将公共资源的不确定性和收入流量的不确定性作为衡量土地财政风险的指标。

1.收入流量不确定性的衡量

对于土地财政收入流量不确定性的衡量,主要有两种不同的思路。其中一种思路是采用绝对指标,即用各地区土地财政收入的绝对数值衡量;另一种思路是采用相对指标,即用土地财政收入与该地区的财政收入(或支出)的比值衡量。显然,由于我国各地区经济发展水平参差不齐,经济发展水平较高的地区土地财政收入普遍较高,但该地区财政收入总额也较高,这并不说明该地区土地财政风险很高,因此土地财政收入的绝对收入并不能作为衡量风险的合适指标。为了消除这一影响,本篇拟采用相对指标来衡量土地财政收入流量不确定性。

关于土地财政收入的衡量,学者们观点不一,考虑到数据的重要程度和易得程度,文中以土地出让金和直接税收代替土地财政收入。土地出让金是土地财政收入的主要组成部分,也是稳定性最差的部分,是风险产生最重要的因素。除此之外,与土地财政相关的直接税收在土地财政收入中占有较大份额并容易测算,主要包括城镇土地使用税、土地增值税、耕地占用税、房产税、契税、农业税。

对于相对指标的分母,文中选择支出指标,而非收入指标,以此更好地反映土地财政收入流量的变化对地方财政负有支出责任和义务的各项公共支出的影响,体现收入流量变化对地方财政运行的破坏程度,更好揭示土地财政风险程度。

综上,收入流量不确定性衡量的最终指标公式为:土地财政收入/地方本级财政支出。这一指标数值越大,说明地方财政支出对土地财政收入的依赖程度越高,土地财政风险水平越高。

2.公共资源不确定性的衡量

关于公共资源不确定性的衡量,主要利用国土资源部制定的《全国土地利用总体规划纲要(2006—2020 年)》中的建设用地控制指标,研究其可持续能力。其逻辑在于,在规划时间内(2006—2020 年)可供应的建设土地是既定的,每年使用的建设用地越多,可持续使用的时间就越短,因而土地财政持续性越弱、风险越高。

具体测算过程如下:首先,用 2020 年建设用地总量控制目标减去测算年度年底建设用地总量,由此得出未来年度可供用建设用地的数量 N;其次,用测算年度年底建设用地总量减去上一年度年底总量,得出测算年度供应建设用地的数量 n;最后,用未来年度可供用建设用地的数量 N 除以测算年度供应建设用地的数量 n,得到按目前水平还可供应的年数[74]。这一指标数值越小,土地财政的可持续能力越差,土地财政风险越高。

(三)土地财政风险评估方法

1.指标权重的确定

目前,指标权重的确定方法大体可分为两类:第一类是主观权重确定法,即依赖经验判断各指标对于评价对象的重要程度,以指标间相对重要程度赋予指标权重,代表方法是层次分析法和专家调查法,本类方法优点是适用范围广,易于操作,缺点是受主观影响程度大;第二类是客观权重确定法,即通过对指标数据的处理结果来确定指标权重,代表方法是标准离差法、熵权法,本类方法优点是依赖实测数据,避免主观性,缺点是数据要求严格,不适用于中间层。考虑到本次评估数据齐全,评估结果对客观性要求高,笔者最终选取熵权法来确定指标权重。

熵权法最早来源于熵思想。按照熵思想,人们在决策中获得信息的多少和质量,是决策的精度和可靠性大小的决定因素之一,而熵可以用来度量信息量的多少,并可以度量获取数据所提供的有用信息量。因此,人们可以根据熵衡量各指标的相对重要程度并赋予相对应的权重,某一指标所能提供的有效信息越多,所获得的熵权越大[75]。

熵权法确定指标权重分为以下几个步骤。

(1)数据标准化处理

由于不同的指标使用不同的量纲,为方便数据处理分析,笔者采用离差标准化方法对原始数据进行无量纲化操作,具体过程如下。

①正向指标的标准化

$$r_{ij} = \frac{r'_{ij} - \min_{j}\{r'_{ij}\}}{\max_{j}\{r'_{ij}\} - \min_{j}\{r'_{ij}\}} \tag{1}$$

②负向指标的标准化

$$r_{ij} = \frac{\max_{j}\{r'_{ij}\} - r'_{ij}}{\max_{j}\{r'_{ij}\} - \min_{j}\{r'_{ij}\}} \tag{2}$$

注:r_{ij}代表标准化后指标数值,r'_{ij}代表指标原值,$\max_{j}\{r'_{ij}\}$和$\min_{j}\{r'_{ij}\}$分别代表指标原值的最大值和最小值。

(2)定义熵

在有m个评价指标,n个被评价对象的评估问题中(以下简称(m,n)评价问题),第i个评价指标的熵定义如下。

$$H_i = -k \sum_{j=1}^{n} f_{ij} \ln f_{ij}, \qquad i = 1, 2, \cdots, m \tag{3}$$

注:$f_{ij} = \dfrac{r_{ij}}{\sum\limits_{j=1}^{n} r_{ij}}$,$k = \dfrac{1}{\ln n}$。

(3)定义熵权

在(m,n)评价问题中,第i个指标的熵权w_i定义如下。

$$w_i = \frac{1 - H_i}{m - \sum_{i=1}^{m} H_i} \qquad (4)$$

2. 评价依据的确定

利用标准化后的数据,结合对应指标的熵权,我们就可以得到评价依据,其计算公式如下。

$$F_j = \sum_{i=1}^{n} r_{ij} w_{ij} \qquad (5)$$

注:F_j 代表评价依据分数,r_{ij} 代表指标标准化数值,w_{ij} 代表指标对应的熵权。

3. 风险等级划分

对于风险等级的划分,文中采用标准风险的概念。所谓标准风险,指的是风险临界点所对应的风险程度,即当某一年度风险评估指标均为临界值的时候,通过评价所得出的风险评价值。当风险值大于标准风险时,风险水平过高,对财政稳定性产生不利影响的可能性大;当风险值小于标准风险时,风险水平较低,对财政稳定性产生不利影响的可能性小。

文中的指标体系涉及两项指标,分别是收入流量不确定性指标和公共资源不确定性指标。对于收入流量不确定性指标,借鉴国外经验并结合我国实际情况,认为土地财政收入与地方财政支出比值的临界值为 25%。就当下中国的财政收入情况来看,绝大部分非税收入是由土地出让金收入构成,因此非税收入与财政收入的比值对研究土地出让金收入与财政收入的比值具有很强的借鉴意义。根据统计,非税收入在发达国家一般占政府财政总收入的 10% 左右,发展中国家的比例一般为 15%~20%。因此,我国目前土地出让金收入占财政总收入的比重也以 15%~20% 为宜。考虑到文中的土地财政收入包含一部分直接税收收入,直接税收的比重在 40% 左右,加之财政收支大体均衡,因而将土地财政收入与地方财政支出的比值的临界值确定为 25%。对于公共资源不确定性指标,当剩余建设用地规模可用时间正好等于本年度起到 2020 年所剩余的年数时,公共资源刚好可以满足需求,不会因资源匮乏而产生风险,因此,将公共资源不确定性指标的临界值确定为 2020—i(i 为当前年份)。

综上,将临界值(25%,2020—i)代入便可以确定标准风险(R),在此基础上,通过上下浮动得到以下风险等级划分标准(见表 3-8)。

表 3-8 风险级别及风险值区间

风险级别	高风险	较高风险	中等风险	较低风险	低风险
风险值区间	$[1.4R, 1)$	$[1.1R, 1.4R)$	$[0.9R, 1.1R)$	$[0.6R, 0.9R)$	$(0, 0.6R)$

(四)数据来源与描述性统计

1. 数据来源

文中选取全国层面和浙江省层面两个空间维度进行考察,在时间跨度上,收入流量不确定性和公共资源不确定性的评估年份均为 2006—2015 年。具体数据来源如下:收入流量不确定性所需数据中,土地出让金的数据来自 2006—2015 年历年的《中国国土资源年鉴》,直接税收数据来自财政部预算司官网,地方本级财政支出来自 2006—2015 年历年的《中国财政年鉴》;公共资源不确定性所需数据中,2020 年建设用地总量控制目标来自《全国土地利用总体规划纲要(2006—2020)》,历年建设用地总量数据来自 2006—2015 年历年的《中国国土资源公报》和《浙江省国土资源公报》。

2. 描述性统计

从收入流量不确定性的相关数据(表 3-9)看,2006 年以来,全国土地财政收入在 2013 年以前总体呈现高速增长的态势,从 2006 年的 7747.77 亿元猛增到 2013 年的 55991.73 亿元,随后土地财政收入开始有所下降,但仍然维持在较高的水平;浙江省土地财政收入变化趋势与全国总体一致,但开始下降的时间是 2010 年,之后的五年除 2013 年异常反弹外,其余年份均呈下降态势,说明浙江省对土地财政的调控时间更早。在地方本级财政支出方面,无论是全国层面还是浙江省层面,近 10 年均保持较高速度的增长,地方政府支出压力一直较大。

表 3-9　2006—2015 年土地财政收入及地方本级财政支出

单位:亿元

时间	全国		浙江省	
	土地财政收入	地方本级财政支出	土地财政收入	地方本级财政支出
2006	7747.77	30431.33	414.13	1471.86
2007	14972.06	38339.29	1905.35	1806.79
2008	13916.41	49248.50	1329.77	2208.58
2009	21991.85	61044.12	2917.79	2653.35
2010	33994.34	73884.42	4158.22	3207.88
2011	40354.53	92733.70	3652.55	3842.59
2012	38170.27	107188.36	2669.07	4161.88
2013	55991.73	119740.35	4861.13	4730.47
2014	54204.55	129215.50	3139.12	5159.57
2015	44804.68	154824.94	2813.31	6645.98

资料来源:2006—2015 年的《中国国土资源年鉴》和《中国财政年鉴》。

从公共资源不确定性的相关数据(表 3-10)看,截至 2015 年底,无论是全国层次还是浙江省层面,建设用地总规模仍然处在控制规模范围内,并未出现供应中断现象。2006—2015 年,全国层面和浙江省层面建设用地年供应量变化趋势相似,表明浙江省在土地供应方面与全国其他各省差别不大。十年来,全国和浙江省的年供应量均在 2009 年出现极端峰值,分别为 194.20 万公顷和9.30 万公顷,表明 2009 年全国在建设用地供应方面普遍出现决策失控。不过,2009 年后,建设用地年供应量出现下降趋势,逐步进入可控范围。

表 3-10　2006—2015 年建设用地供应总量及年供应量

单位:万公顷

时间	全国		浙江省	
	供应总量	年供应量	供应总量	年供应量
2005	3192.24	—	94.08	—
2006	3236.50	44.26	97.48	3.40
2007	3272.00	35.50	101.31	3.82
2008	3305.80	33.80	104.93	3.62
2009	3500.00	194.20	114.23	9.30
2010	3567.90	67.90	117.02	2.79
2011	3631.80	63.90	119.75	2.73
2012	3690.70	58.90	121.58	1.83
2013	3745.64	54.94	124.09	2.51
2014	3811.42	65.78	126.61	2.52
2015	3860.00	48.58	128.31	1.70
2020	4071.93[①]	211.93[②]	134.53[③]	6.22[④]

注:①表示 2020 年全国建设用地总量控制目标。

②2015—2020 年全国可供应建设用地规模。

③2020 年浙江省建设用地总量控制目标。

④2015—2020 年浙江省可供应建设用地规模。

资料来源:《全国土地利用总体规划纲要(2006—2020)》,2006—2015 年历年的《中国国土资源公报》和《浙江省国土资源公报》。

(五)风险评价结果

1.全国层面风险评价结果

从全国历年土地财政风险的评估结果(表 3-11)中,我们可以发现,近 10 年来,全国土地财政风险呈现出先升后降的变化趋势。第一阶段是从 2006—2008 年,这一阶段土地财政风险处于积聚阶段,虽然风险水平不断增加,但总体仍然处于可控范围。特别是受到金融危机冲击的 2008 年,因为房地产市场萎靡,建设用地供应减少,土地财政收入增速放缓,土地财政风险水平也因此得以降低。第二阶段是 2009—2013 年,在这一阶段,地方政府为增加财政收入,大面积出让国有建设用地,一方面直接获取大量的土地出让金,另一方面进一步刺激房地产行业,获取增量税收收入等额外收入,从而保证正常的财政支出。这一系列措施使得地方财政对土地财政收入的依赖程度急速提高,建设用地可供用规模不断下降,造成土地财政风险处在极高的水平,给我国的财政稳定带来巨大隐患。第三阶段是 2014 年至今,这一阶段,政府已经注意到土地财政模式对财政稳定带来的严重威胁,逐步采取控制措施,调控土地财政风险。到 2015 年,土地财政风险已经从高风险水平降至较高风险水平,调控效果日趋明显(见图 3-4)。

表 3-11　2006—2015 年全国土地财政风险评估结果

时间	评估风险	R	0.6R	0.9R	1.1R	1.4R	评估结果
2006	0.1063	0.2221	0.1333	0.1777	0.2444	0.3110	低风险
2007	0.3043	0.2490	0.1494	0.1992	0.2738	0.3485	较高风险
2008	0.0672	0.2758	0.1655	0.2206	0.3033	0.3861	低风险
2009	0.7625	0.3026	0.1815	0.2421	0.3328	0.4236	高风险
2010	0.8633	0.3294	0.1976	0.2635	0.3623	0.4611	高风险
2011	0.8225	0.3562	0.2137	0.2849	0.3918	0.4987	高风险
2012	0.6587	0.3830	0.2298	0.3064	0.4213	0.5362	高风险
2013	0.9197	0.4098	0.2459	0.3278	0.4508	0.5737	高风险
2014	0.8663	0.4366	0.2620	0.3493	0.4803	0.6112	高风险
2015	0.5677	0.4634	0.2780	0.3707	0.5097	0.6488	较高风险

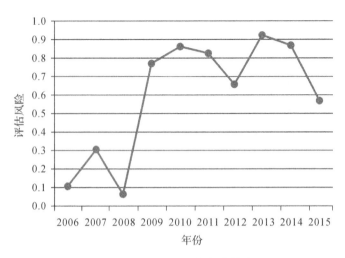

图 3-4 2006—2015 年评估风险

2.浙江省层面风险评估结果

从浙江省历年土地财政风险水平(见表3-12)中,我们发现,近10年来浙江省土地财政风险水平始终处于高风险水平。总体可以分为前后两个阶段:前一阶段为2006—2009年,这一阶段是土地财政风险水平不断提高的阶段,并在2009年达到风险最高值。原因在于浙江省地处长三角经济发达地区,财政支出压力大,经济建设活动密集,土地财政模式产生时间早。2006年以后,土地财政收入在财政支出中所占比重已经达到相当高的水平,加之浙江省土地资源匮乏,建设用地供应缺口大,使得土地财政风险在这一时间集中显现。后一阶段为2009—2015年,这一阶段是土地财政风险逐步走低的阶段,但风险水平依旧很高。由于前期土地财政风险达到较高水平,土地财政风险带来的弊端也逐步爆发,政府和广大学者认识到风险的严重性并逐步采取控制措施。相关措施的实施使得财政收支对土地财政收入的依赖程度有所降低,建设用地供应量也得到控制,土地财政风险逐步走低。可以预见,在未来几年,浙江省土地财政风险将进一步降低,并最终达到可控范围。

表 3-12　2006—2015 年浙江省土地财政风险评估结果

时间	评估风险	R	0.6R	0.9R	1.1R	1.4R	评估结果
2006	0.0100	0.0100	0.0060	0.0080	0.0110	0.0140	中等风险
2007	0.5340	0.0100	0.0060	0.0080	0.0110	0.0140	高风险
2008	0.3135	0.0100	0.0060	0.0080	0.0110	0.0140	高风险
2009	0.8929	0.0100	0.0060	0.0080	0.0110	0.0140	高风险
2010	0.7895	0.0283	0.0170	0.0227	0.0311	0.0396	高风险
2011	0.6456	0.0797	0.0478	0.0638	0.0877	0.1116	高风险
2012	0.3917	0.1311	0.0787	0.1049	0.1442	0.1836	高风险
2013	0.7524	0.1825	0.1095	0.1460	0.2008	0.2555	高风险
2014	0.5761	0.2339	0.1404	0.1871	0.2573	0.3275	高风险
2015	0.4488	0.2853	0.1712	0.2283	0.3139	0.3995	高风险

(六)本部分小结

本部分以科学性、可获得性、定量分析与定性分析相结合三大原则为指导，建立包含收入流量不确定性和公共资源不确定性两大指标的风险评估体系，并通过熵权法科学合理地确定两大指标的权重。在此基础上，本篇搜集全国层面和浙江省层面的相关数据，测评出 2006—2015 年全国和浙江省的土地财政风险水平。

从测评结果来看，无论是全国层面，还是浙江省层面，土地财政风险水平都经历了先升后降的过程，但浙江省的风险水平较全国平均水平要高得多，这主要是因为浙江省经济发展水平高，土地财政模式持续时间长，对经济发展的影响大，改革的难度高。除此之外，近两三年的时间，无论是全国层面，还是浙江省层面，土地财政风险水平均出现下降趋势，这表明，国家对于土地财政风险的管控正在逐步显现效果。我们有理由相信，在未来的一段时间里，土地财政风险将进一步得到控制。

六、土地财政风险防范对策

前文的研究表明地方政府对土地财政的依赖程度较高，而时至今日，土地财政在收入源、支出结构以及融资债务等方面都已面临极大的风险。一旦某一方面的风险触发，那么地方政府的财政支出责任和义务将难以得到有效的支撑和保障，从而严重破坏地方财政体系的运行。鉴于此，结合前文的分析和研究结果，本篇以为在现有财政体制下应从以下几个方面着手有针对性地对土地财政进行治理,从而保障经济社会持续稳定发展。

(一)土地财政收入风险防范

土地财政收入风险形成的主要诱因在于可供应的城市建设用地的稀缺性和土地市场旺盛需求的不可持续性。鉴于此,在目前土地财政模式下,提出以下化解风险建议。

1.加强土地行政管理监督,控制建设用地供应节奏

从短期来看,控制建设用地供应节奏是当前降低土地财政收入风险最为紧迫和现实的政策路径选择。通过减缓城市建设用地供应速度,从而降低土地财政模式中公共资源的不确定性。第一,结合土地利用总体规划和土地利用年度计划编制过程,加强用地指标的控制性。一方面加强对一定时期内和年度内城市建设用地供应数量的指标控制,引导土地利用空间格局的优化,另一方面鼓励地方政府进行城市建设用地存量潜力的挖掘,严格控制并逐步减少新增建设用地供应指标数量,以进一步提高建设用地利用效率。第二,进一步强化土地管理监管制度化建设,加大对地方土地管理工作的监督检查力度,以保障土地规划和年度计划指标的落实和控制。第三,注重土地监管手段的更新,积极促进信息管理系统等新技术新手段在土地管理工作中的运用,实现对区域土地资源变化的快速动态监测,提高监督效率。

2.建立对房地产市场的持续性宏观调控,抑制房地产市场泡沫膨胀

"亡羊补牢"型的宏观调控容易引发土地市场短期波动,反而会加大土地财政收入的不确定性,但具有前瞻性的持续的宏观调控则是控制土地市场价格波动、抑制房地产市场泡沫膨胀的最终有效途径。对房地产市场的宏观调控最直接的手段是对商品房的价格实施调控,为此要区别价格上涨的动因进行有针对性的分层次的调控。

(1)持续控制一线城市房价,防止过快上涨

确定地讲,全国范围内商品房价格总体上是不断上涨的,而一线城市房价更是出现了快速的上涨。房价出现过快上涨,即房价上涨的幅度显著超出工资水平、一般物价水平,泡沫开始形成。因此,对这部分城市的房价,地方政府应当以各种手段进行调节,把过快上涨的势头抑制住,维护整个房地产市场的稳定。首先,地方政府应尽可能准确预测未来房地产市场上商品房的销售状况,以土地供给结构的调节为主,同时平稳有序地展开新增土地的出让交易活动,并明确规定开发商的建筑工程进度与质量标准,防止开发商变相囤积土地。其次,要用好信贷手段。对于房地产开发商,可以适当提高借贷门槛,限制信誉差、偿付能力不足的开发商取得贷款;也可以缩短贷款的偿付时限,促使开发商

尽快销售竣工楼盘,消除其捂盘惜售、待价而沽的动机。第三,地方政府应当自觉承担起房地产市场信息采集与披露的责任,客观、公正报道房地产市场运行情况,引导广大群众树立正确的住房消费观念。

(2)用好信贷手段,抑制投机性需求

房价的过快上涨,与房地产市场中存在着大量的投机性需求密不可分。而信贷控制仍然是抑制投机性需求的最主要方式。2010年4月17日,中央下发的《国务院关于坚决遏制部分城市房价过快上涨的通知》(以下简称《通知》)中,明确提出要坚决抑制不合理的住房需求,打击房地产市场中的各种投机行为。《通知》要求实行更为严格的差别化住房信贷政策,通过家庭拥有住房的数量和面积,区分消费型需求、混合型需求和投机性需求,并针对性地规定首付比例与贷款利率,从而对投机性需求可以起明显的抑制作用。

(3)限制其他行业国有资本涉足房地产领域

2009年以来,国内房地产市场的迅猛发展,与央企、国企涉足房地产业并成为"圈地运动"主角密切关联。当时,有逾七成央企涉足房地产业,"央企地王"现象愈演愈烈[76]。央企、国企以其身份的优越性易于获得大量信贷资金,然后通过各种曲线手段,把资金转移到下属子公司,再通过子公司来购置土地。从这个角度来分析,这些央企、国企所获得的土地无疑具备更为强烈的投机性质和天生的不稳定性。而"央企地王"现象强化了购房者的追涨心理[77]。为此,早在2010年3月18日,国资委就要求除16家以房地产为主营业务的央企外,其余78家不以房地产为主营业务的央企,在完成企业自有土地开发和已实施项目等工程后要退出房地产市场。然而,时至今日,不仅央企继续在疯狂发起"地王大战",而且那些属于清退行列的央企也并没有完全退出地产市场[78]。由此可见,要从房地产市场清退央企和国企,远非一纸"要求"所能完成。抑制"央企地王"必须要有强有力的行政手段,并辅之以必要的行政监督以及惩处机制,更重要的是还要配合信贷制裁。此外,也需要限制其变相向房地产市场注资,以及控制为数众多的非国资委管理的部属企业和各地方的国企在房地产领域的投机炒作。

(二)土地财政支出风险防范

土地财政支出风险主要体现在支出预算风险和支出结构风险。根据土地出让收支资金运行的特点,针对预算管理和执行中存在的问题,提出以下改进建议。

1. 加强预算管理、规范预算执行

(1)搞好预算编制,提高预算编制的质量

预算编制是一项非常严肃复杂的工作,特别是对于地方拥有较大自主权的土地财政收支而言,更是如此。要搞好预算编制,应安排足够的时间,按照严格的程序,遵循完整性、年度性、公开性和分类性原则,在充分调查论证基础上,通盘考虑所有的支出项目,科学测定支出规模,细化预算支出,增加预算的完整性和透明性,切实提高预算编制的质量,减少预算追加的弹性和预算支出的随意性;要完善预算管理机制,进一步加强对各类、各项支出的预算控制,切实规范预算收支行为。

(2)加强预算管理,严格预算执行

预算执行中,对所有的收入和支出,必须按照编制好的预算项目进行,严禁随意调整和变更预算,确保预算的"刚性";对于必要的预算调整,必须坚持先提交可行性报告,经调查论证,政府机关审查,人大机关最后审批的原则,杜绝预算调整的随意性和盲目性,切实提高预算的严肃性;高度重视资金拨发后的管理,实行相应的跟踪问效方法,及时关注各专项资金使用的具体情况和使用的实际效果,对发现资金使用中存在的分配不合理和效益不高甚至浪费的问题,要及时处理,以充分发挥土地财政资金的使用效果。

(3)加大检查力度,强化预算监督

首先,审计部门应事先介入,加强对预算编制的审查,根据预算法律法规及历年审计发现的实际情况,提出合理化建议,促进预算编制的科学性、合理性和规范性。其次,预算执行中,应定期和不定期地对运行中的资金收支情况进行审计监督检查,实现即时和事后监督相结合,对发现的问题,要求认真分析原因,并督促落实整改,对责任人员要给予严肃处理。第三,公开预算信息,提高土地财政收支安排的透明度。只有及时披露预算信息,才能使各个阶层监督政府的土地财政收支行为,避免只有上级政府监督地方财政行为的"软约束"尴尬。除了要及时披露地方政府性基金预算收支表外,更重要的是赋予社会各阶层监督地方政府预算土地财政收支行为的权利。例如,媒体和公众可以对地方政府的土地财政投融资等财政行为进行有根据的批评;信用评级机构可以对地方政府的投资行为、财政行为进行风险和信用评级等等。从某种意义上说,地方政府土地财政预算公开化,也是我国建立民主财政、公共财政的时代要求。

2.兼顾效率与公平,优化土地财政支出结构

(1)完善土地出让收支管理办法

目前土地出让支出规定并不明确。由于土地出让成本和收益没有明确界定,以及对土地出让收入到底应多少用于城市基础设施建设没有定额定量及使用规范,为地方政府将土地出让收益的绝大部分用于城市建设打开了方便之门。2007年新修订并实施的《国有土地使用权出让收支管理办法》,在土地出让收入使用管理及科目设置等方面都做了较为翔实的规定,但在监督检查方面还有一定的欠缺。其中第33条规定,财政部门、国土资源管理部门、人民银行

以及审计机关要建立健全对土地出让收支情况的定期和不定期监督检查制度,强化对土地出让收支的监督管理这一条规定强调同级政府部门之间要进行监督检查,而从目前土地出让金在征收与使用过程中反映出来的问题来看,更多是地方政府出于各种因素考虑主动违规。这样同级政府部门之间的监督检查等同虚设。任何管理办法如果没有切实可行和强有力的监督检查那都将是一纸空文,为此建议土地出让收入支出安排与执行应该由上一级主管部门来履行监督检查的职责。

(2)加强审计监督,杜绝违规使用土地出让收入行为

一直以来土地出让收入被违规挪用、未按规定从土地出让收入中足额计提或安排农业土地开发资金、廉租住房保障资金问题以及资金闲置浪费等现象都普遍存在。为此呼吁加强审计监督。第一,审计土地出让收入的使用是否符合政策规定,有无挤占挪用和扩大开支范围;业务费提取是否符合规定、有无多提和列支等行为。第二,审计资金管理是否到位,是否全额纳入本级财政预算管理,是否认真执行收支两条线规定,审计财务核算中有无坐支、挪用的行为等。第三,审计耕地保护和被征地农民权益维护情况。要检查征地补偿安置标准是否符合国家法律法规和政策规定,有无侵占农民和拆迁户切身利益行为;检查土地征收、转用情况,重点检查是否严格依照土地利用总体规划、年度计划和有关审批制度审批征地、农用地转用,是否存在"以租代征"农村集体用地等问题;检查是否建立了被征地农民社会保障制度,重点关注有无挪用、拖欠被征地农民社会保障资金等问题。第四,审计土地出让金的收入与支出会计科目是否严格按照2007年新修订并实施的《国有土地使用权出让收支管理办法》中第四章的相关规定执行。更关键的在于对于审计工作中暴露出来的问题,要有妥善的后续解决措施和落实机制。

(3)适当提高用于保障安居工程建设支出的占比,促进新型城镇化发展

目前,新型城镇化建设的试点工作正在推进过程中。"以人为本"是新型城镇化的核心,要把进城农民纳入城镇住房和社会保障体系。在此过程中,地方政府在保障房建设、公共服务投资等方面的支出将会进一步加大。一直以来,土地出让收入中用于保障安居工程建设的支出偏少,应当酌情压缩用于城市基建的支出,而适当提高保障安居工程建设支出的占比。修订后的预算法明确将地方政府债务纳入预算管理,并通过政府与社会资本合作(PPP)模式吸引社会资本进入公共服务领域,建立地方政府多元化可持续的投融资机制将有利于化解土地出让收入支出的矛盾,对于促进新型城镇化建设也是一大利好。

(三)利用新预算法出台的契机,化解"土地融资"债务风险

"土地融资"债务风险是土地财政模式下最具传导性、最急迫的风险,好在

中央政府适时出台新预算法,通过允许地方政府直接发行债券和"置换债"两大招,使地方政府"土地融资"债务风险得到缓解。但新预算法究竟能把"土地融资"债务风险化解到什么程度,恐怕还与地方融资平台退出的方式和过程有关。正如前文中所论,在新预算法相关的配套政策中,除了允许地方政府发债外,中央政府开始把解决地方政府城镇化建设和公共基础建设所需资金的目光转向了 PPP 融资模式。PPP 融资模式离不开政府的参与,使政府承担着"承诺"债务风险和社会性基金退出时的"明股实债"风险,届时地方政府很可能再重新求助于"土地生财"。因此,如何最大限度地避免新模式中"需要政府埋单"情况的发生,正是当前应该未雨绸缪的。

新预算法相关配套政策要求地方融资平台必须在 2016 年前彻底退出,这个一刀切的做法可能不利于地方政府防范"土地融资"债务风险的再度发生。如果先对融资平台的债务情况进行一个全面的摸查,即既要了解融资平台的债务总量,又要理清债务的性质类型,从而区分不同债务风险类型的融资平台[①],然后有针对性地制定不同类型融资平台退出或转型的方案和措施,以尽量减少需要通过 PPP 等模式运行的融资数量,从而减少"承诺"债务风险和"明股实债"风险。具体如下。

对于债务完全覆盖型的融资平台,应严格按照公司法的规定对其进行规范和整合,赋予平台真正的市场主体地位。通过私有化使得融资平台转型成为一个专门从事基础设施建设的有较高经营效率的民营企业,那么这类融资平台的债务问题就会迎刃而解。

对于债务部分覆盖型的融资平台,可以转型升级为国家发改委、财政部等文件中所称的"项目实施机构"。目前该机构的性质更多还是原来的融资平台,机构作为政府方的代表可以通过引入社会资本进行项目建设。短期内,所代表政府应该为机构提供一定的财政补贴、税收返还或减免等优惠政策以扶持其以 PPP 等模式承建有一定收益的公共设施项目,从而通过相对市场化、专业化的运作方式提高经营效率。在未来,转型为项目实施机构后的融资平台可以尝试在接受相关政府或部门授权下发行收益型地方政府债券。虽然新预算法以及相关配套政策中明确提出只允许地方政府通过政府自身及其部门举借债务,但是又提出对于债务部分覆盖型的融资平台,其中不能覆盖的债务部分,可以发

---

① 银行业金融机构按现金流覆盖(现金流覆盖率＝当期可偿债现金流/当期还债责任)情况对平台贷款进行准确分类,银监会对地方政府投融资平台贷款的偿还程度采用现金流覆盖率的"四分法",即对于地方融资平台贷款要按照现金流覆盖比例将贷款划分为全覆盖、基本覆盖、半覆盖和基本无覆盖四类。现金流全覆盖应该是现金流管理比较安全,断裂风险较小的。

行专项债券。那么就可以尝试将此类专项债的发行权授予具有城投债发行经验的融资平台。这可能也是相关的政策法规需要深入思考和进一步完善的地方[79]。

对于债务完全无覆盖型的融资平台,应当坚决予以清退。将完全不产生收益的公益性债务从融资平台的债务中剥离出来,通过发行债券的方式进行融资,使债务规范化、公开化和透明化,从而更有利于资金的使用和监管。

参考文献

[1] 谢作诗,陈刚,王亚男.地区竞争与中国的经济增长[J].经济社会体制比较,2013(1):31-39.

[2] 骆祖春.中国土地财政问题研究[D].南京:南京大学,2012.

[3] 赵国玲,胡贤辉,杨钢桥."土地财政"的效应分析[J].生态经济(中文版),2008(7):60-64.

[4] 谢安忆.中国"土地财政"与经济增长的实证研究[J].经济论坛,2011(7):5-8.

[5] 李乐.北京供地逼近管控红线:2020 年仅剩 1.24 万公顷[EB/OL].[2014-06-21].http://finance.sina.com.cn/china/dfjj/20140621/022119479561.shtml.

[6] 巴九录.谁说中国房价只涨不跌这几次泡沫刻骨铭心[EB/OL].[2017-05-02].http://news.hexun.com/2017-05-02/189023592.html.

[7] 赵卿.一文梳理地方政府融资平台的债务状况[EB/OL].[2016-12-16].http://news.hexun.com/2016-12-16/187367177.html.

[8] 梁红梅.转轨时期的财政风险及其防范与控制[J].财政研究,1999(3):37-38.

[9] 卢林平.防范外债导致的财政风险[J].现代财经(天津财经大学学报),2000(10):26-28.

[10] 邓晓兰.化解金融风险与防范财政风险关系探析[J].西南金融,2000(9):39-42.

[11] 孙国相.论防范和化解财政风险[J].财贸经济,2001(2):17-21,67.

[12] 余永定.财政稳定问题研究的一个理论框架[J].世界经济,2000(6):3-12.

[13] 卢文鹏.经济转型中的政府担保与财政成本[M].北京:经济科学出版社,2003.

[14] 刘尚希.财政风险:一个分析框架[J].经济研究,2003(5):23-31.

[15] 王美涵.中国财政风险实证研究[M].北京:北京大学出版社,1999.

[16] Brixi H P. Government Contingent Liabilities:A Hidden Risk For Fiscal Stability[R].Washington,D.C.:The World Bank,1998.

[17] 殷士浩,刘小兵.政府资产风险:地方财政风险分析的一个新视角[J].财贸研究,2004(4):76-82.

[18] 刘尚希.财政风险及其防范问题研究[M].北京:经济科学出版社,2004.

[19] 张志超.财政风险——成因、估测与防范[M].北京:中国财政经济出版社,2004.

[20] 李萍.地方政府债务管理:国际比较与借鉴[M].北京:中国财政经济出版社,2010.

[21] 高培勇.中国财政困难的由来:从运行机制角度的分析[J].经济科学,1995(5):16-22.

[22] 宋仪.论我国财政风险[J].重庆工商大学学报(社会科学版),2002,19(2):17-20.

[23] 张智.财政风险:理论研究与对策分析[D].杭州:浙江大学,2002.

[24] Steil B. Debt and Systemic Risk: The Contribution of Fiscal and Monetary[J]. *Cato Journal*,2010(30):391-396.

[25] 武小惠.试论经济转轨中的财政风险[J].经济问题,2000(11):42-45.

[26] Uribe M: A fiscal theory of sovereign risk[J]. *Journal of Monetary Economics*,2006(5):1857-1875.

[27] Reinhart C M,Rogoff K S. *This Time Is Different: Eight Centuries of Financial Folly*[M]. Princeton:Princeton University Press,2010.

[28] 陈薇.当前经济形势下中国财政风险研究[D].成都:西南财经大学,2005.

[29] 王玉华,孔振焕.公共财政框架下我国财政风险分析[J].山东财政学院学报,2005(2):3-7.

[30] 祝志勇,吴垠.内生型制度因子的财政风险分析框架——模型及实证分析[J].财经研究,2005(2):5-13.

[31] 胡蜂,贺晋兵.我国财政风险形成原因的实证研究[J].保险研究,2010(5):19-26.

[32] Cuadra G,Sanchez J M,Sapriza H. Fiscal Policy and Default Risk in Emerging Markets[J]. *Review of Economic Dynamics*,2010(13),452-469.

[33] 刘红梅,张志斌,王克强.我国土地财政收入研究综述[J].开发研究,2008(1):141-144.

[34] 陈明."土地财政"的多重风险及其政治阐释[J].经济体制改革,2010(5):25-29.

[35] 陈志勇,陈莉莉."土地财政":缘由与出路[J].财政研究,2010(1):29-34.

[36] 朱丘祥.地方土地财政困局的体制成因及其法治出路[J].经济体制改革,2011(3):9-14.

[37] 李娟娟.论地方政府融资平台的财政风险与化解对策[J].金融监管,2011(2):11-15.

[38] 唐在富.中国土地财政基本理论研究——土地财政的起源、本质、风险与未来[J].经济经纬,2012(2):140-145.

[39] 张玉新.地方政府土地融资风险及其管理[J].中国行政管理,2013(1):89-92.

[40] 刘守英,蒋省三.土地融资与财政和金融风险——来自东部一个发达地区的个案[J].中国土地科学,2005,19(5):3-9.

[41] 杜雪君,黄忠华,吴次芳.中国土地财政与经济增长——基于省际面板数据的分析[J].财贸经济,2009(1):60-64.

[42] 邓建波,陈文宽.基于面板数据的"土地财政"规模及其风险研究[J].湖北农业科学,2012,51(21):4951-4955.

[43] 朱秋霞.中国土地财政制度改革研究[M].上海:立信会计出版社,2007.

[44] 陈国富,卿志琼.财政幻觉下的中国土地财政——一个法经济学视角[J].南开学报(哲学社会科学版),2009(1):69-78.

[45] 韩本毅.城市化与地方政府土地财政关系分析[J].城市发展研究,2010(5):16-19.

[46] 程瑶.制度经济学视角下的土地财政[J].经济体制改革,2009(1):31-34.

[47] 杨重光."土地财政"浅析[J].住宅产业,2011(3):19-23.

[48] 陈学安,侯效国.财政风险特点、表现及防范对策[J].财政研究,2001(3):22-24.

[49] 许柳鹏.地方财政风险表现及成因分析[D].厦门:集美大学,2011.

[50] 刘尚希.中国财政风险的制度特征:"风险大锅饭"[J].管理世界,2004(5):39-44.

[51] 李奇霖,李云霏.2015年地方政府债的真正开始[N/OL].[2015-10-24].http://finance.qq.com/cross/20151024/x48p6j8j.html.

[52] 刘玉红.我国城镇化发展特征和内涵[EB/OL].[2014-08-07].http://www.360doc.com/content/14/0807/16/1369622_400122267.shtml.

[53] 郭贯成,汪勋杰.地方政府土地财政的动机、能力、约束与效应:一个分析框架[J].当代财经,2013(11):30-31.

[54] 杜雪君,黄忠华.土地财政与耕地保护—基于省际面板数据的因果关系分析[J].自然资源学报,2009,(10):1724-1728.

[55] 安体富,窦欣.论土地财政与房地产市场调控[J].地方财政研究,2011(2):8-13.

[56] 韩本毅.城市化与地方政府土地财政关系研究[J].城市发展研究,2010(5):22-26.

[57] 李蕾.土地政策参与宏观调控的过程及效果[J].资源管理,2007(2):11.

[58] 徐绍史.加强和改善土地宏观调控,构建科学发展新机制[EB/OL].[2010-02-01].http://www.mlr.gov.cn/xwdt/jrxw/201002/t20100202_135793.htm.

[59] 中国指数研究院.2012年中国300城市土地市场交易情报[N/OL].[2013-02-21].http://fdc.fang.com/report/6199.htm.

[60] 中国指数研究院.2014年中国300城市土地市场交易情报[N/OL].[2015-01-04].http://fdc.fang.com/report/8709.htm.

[61] 王姝.部分地方借新债还旧债变相融资[EB/OL].[2013-06-11].http://finance.sina.com.cn/china/hgjj/20130611/084415763851.shtml.

[62] 周凯.2015中国省级财政透明度排行榜发布:山东省居于首位[D/OL].凤凰网青岛,http://qd.ifeng.com/app/sd/detail_/4510923_0.shtml,2015-11-02.

[63] 郭志勇,顾乃华.制度变迁、土地财政与外延式城市扩张——一个解释我国城市化和产业结构虚高现象的新视角[J].社会科学研究,2013(1):8-14.

[64] 李勇刚,王猛.地财政与产业结构服务化——一个解释产业结构服务化"中国悖论"的新视角[J].财经研究,2015(9):29-41.

[65] 王陆迪,许正中.我国地方财政风险防范及其化解[J].江西社会科学,2009(6):102-105.

[66] 张玉新.地方政府土地融资风险及其管理[J].中国行政管理,2013(1):89-92.

[67] 中债资信评估有限公司.2013年我国政府融资平台债券发行情况分析[EB/OL].[2014-03-04].http://bond.jrj.com.cn/2014/03/04161616793476-c.shtml,2014-03-04.

[68] 王丽颖.马塞洛警告中国警惕地方债债务率逼近警戒线[EB/OL].[2015-01-26].http://finance.jrj.com.cn/2015/01/26101818765619.shtml,2015-01-26.

[69] 晓晨.地方融资平台近半现金流为零或负　银行惊出一身冷汗[EB/OL].[2011-03-

18].http://finance.ifeng.com/bank/zzyh/20110318/3697368.shtml,2011-03-18.

[70] 郑中.地方融资平台风险排查风暴袭来[EB/OL].[2010-05-12].http://finance.jrj.com.cn/2010/05/1206457446357-1.shtml,2010-05-12.

[71] 胡一帆.新预算法与地方政府债务[EB/OL].财新网:http://opinion.caixin.com/2015-03-27/100795332.html,2015-03-27.

[72] "河南养老产业喜迎来国资帮:企业债和政府引导基金"[N/OL].[2017-02-09].http://hn.chinaso.com/finance/detail/20170209/100020003282660148660571199109647_1.html.

[73] 高欢.创业板上市公司财务风险指标体系的构建[D].北京:财政部财政科学研究所,2013.

[74] 汪勋杰.地方政府土地财政风险评估与防范研究[D].南京:南京农业大学,2014.

[75] 李元年.基于熵理论的指标体系区分度测算与权重设计[D].南京:南京航空航天大学,2008.

[76] 齐琳.逾七成央企涉足房地产业务[EB/OL].[2010-03-19].http://finance.sina.com.cn/roll/20100319/01567591825.shtml.

[77] 戴秀珍."地王"频现为哪般[J].中国品牌与防伪,2010(4):53-55.

[78] 李在融,氏玎."退房令"发出六年央企为何还在楼市里[EB/OL].[2016-06-02].http://business.sohu.com/20160602/n452469160.shtml.

[79] 李楠.新预算法下地方政府融资平台该何去何从[J].商业会计,2016(7):17-20.

第四篇 土地出让金:独特的公共产品成本补偿机制

朱柏铭

[提　要]本篇把公共产品分为工程性公共产品和服务性公共产品,认为土地出让金架起了工程性公共产品供给与需求的桥梁。实证结果表明,凡是工程性公共产品充分供给的城市,往往是土地出让金规模大的城市。从本质上看,土地出让金是一种"寓征于价"的隐蔽税,而且以土地出让金补偿工程性公共产品的供给成本具有"帕累托改进"效应。未来一个时期内,工程性公共产品供给难以摆脱对土地出让金的路径依赖,"房地产税"与土地出让金不是替代关系,对于土地资源、地产收益和房产收益,政府应采用不同手段进行调节。在"租售并举"背景下,土地出让制度和土地出让金分配制度要做重大调整,鉴于房产评估的异常复杂性,酝酿中的"房地产税"应定位于房产税。

[关键词]土地出让金;工程性公共产品;成本补偿机制

Land Leasing:A Unique Compensation Mechanism for Public Goods Cost

ZHU Baiming

Abstract:This part divides public goods into engineering public products and service public products, and supposes that land leasing has built up a bridge between the supply and demand of engineering public products. The empirical results show that the cities with sufficient supply of engineering public goods are often the cities with large scale of land leasing. In essence, the land leasing is a hidden tax which is "implied in price", and the cost for the supply of engineering public goods compensated by land leasing has the "Pareto improvement" effect. In the future, the supply of engineering public goods is difficult to get rid of the path dependence on the land leasing. "Real estate tax" is not an alternative relationship with the land leasing, and the government should adopt different means to adjust the land resources, real estate income and real estate income. In the context of "renting and selling" policy, the land leasing system and the distribution system of land leasing should be made major adjustments. In view of the unusual complexity of the property assessment, the "real estate tax" should be located in the property tax.

Key Words: Land Leasing; Engineering Public Goods; Compensation Mechanism for Cost

一、导言

(一)研究背景

城市的兴起和扩张,离不开大量的公共产品。城市公共产品的供给需要有大规模的一次性投资和巨额的后期维护费用。如何补偿供给成本,这是所有地方政府都面临的问题和难题。

1994 年分税制财政体制的实施,使得中央和地方的财政关系发生根本性的变化,中央财政收入与地方财政收入在全国财政收入中的占比,1993 年为22∶78,1994 年为 55.7∶44.3。如果不考虑税收返还和转移支付,一些地方政府拥有的财力仅能用于"人吃马喂",甚至可能还不够。

1998 年全面停止住房实物分配,实行住房分配货币化。从 2002 年 7 月 1日起,所有经营性开发的项目用地都必须通过招标、拍卖或挂牌方式进行公开交易。这就使得地方政府有可能通过土地"招拍挂"获得土地出让金①,然后用于提供公共产品。据统计,1998—2016 年,全国土地出让金总规模达 31.00 万亿元。

自 2013 年起,随着 GDP 增速的放缓以及房地产市场调控的加强,地方政府土地出让金有所回落。2003—2012 年,土地出让金与地方本级财政收入的比例平均为 50.00%,2010 年为最高峰,达到 72.00%。2014 年,土地出让金4.29 万亿元,占 GDP 的比例为 6.75%,占商品房销售额的比例为 56.20%。2016 年,土地出让金占 GDP 的比例达到 5.00%,占商品房销售额的比例为 31.50%。

与此同时,以地方政府为主导的城镇化战略提速给地方政府带来了巨大的财政压力。近年来,各地纷纷探索新型的融资模式,如项目收益债券、PPP 等,从实践情况看,都遇到不少障碍和困难。

土地出让金还没有到退出舞台的时候。据了解,一份名为《土地出让金收支管理办法》的文件正在制定中,主要内容包括:建立土地出让金收支专户、土

---

① 官方文件使用的正式名称是"土地出让收入"。

地出让金全额进入地方预算、土地出让金的分配体制、建立国有土地收益基金等。

土地出让金与城市公共产品是什么关系,如何评价土地出让金的"功"和"过",土地出让金未来的走向是什么,它是否会被酝酿中的"房地产税所"替代?这些问题都有必要做进一步的探讨。

(二)文献述评

目前,关于土地财政、土地出让金的研究文献可谓俯拾皆是。限于篇幅,本篇只关注与公共产品有关的相关文献。较有代表性的如下。

卢洪友等[1]基于2005—2007年中国地市一级的经验数据,实证分析了财政分权与地方政府"土地财政"的内在关系,并进一步检验了地方政府实施土地财政行为的根源:究竟是一种财政收入竞争冲动抑或是一种无奈之举?研究结果表明:中国地方政府的"土地财政"行为实则为一种"无奈之举"。要缓解地方政府对"土地财政"的路径依赖,短期内需要完善和加大中央向地方的纵向转移支付力度;而根本之道在于调整和深化分税制结构,赋予地方政府,尤其是基层政府更多的与事权相匹配的税权。

李勇刚等[2]基于中国市级动态面板数据,分析了分税制背景下土地财政对公共品供给的影响。结果显示,土地财政明显降低了公共品供给质量,而财政分权则促进了公共品供给质量的提高。进一步研究发现,土地财政显著增加了经济性公共品的供给,却对非经济性公共品的供给产生了明显的抑制作用。此外,土地财政对公共品供给的影响存在显著的空间和时序差异:土地财政促进了东部地区公共品供给的增加,却减少了中西部地区公共品的供给;随着土地成交价款的大幅增加,2004年以后土地财政对公共品供给的负面影响程度明显提高。

孙建飞和黄奕[3]认为,1994年我国推行以分税制改革为主要内容的财政分权,目的在于提高中央财政在国家财政总收入中的比例,但是经济社会发展中的公共支出却逐层发包下放,形成地方政府财权和事权不匹配。为弥补财力缺口,地方政府作为土地一级市场垄断供给者,普遍采用土地收储和批租的预算外融资策略支撑公共建设。

田传浩等[4]探讨了土地财政对地方政府公共物品供给结构的影响。他们利用2003—2011年全国286个地级及以上城市的面板数据进行实证分析。研究结果表明,土地财政收入的增加显著增加了地方政府对经济性公共物品的供给,对地方非经济性公共物品供给的增加影响不显著,甚至显著减少了部分非经济性公共物品的供给。土地财政收入的增加对城市道路建设等经济性公共物品供给的增加具有显著的正向影响,对城市教育、医疗卫生、文化等非经济性公共物品供给的增加影响不显著,对以城市教师、医生等为代表的非经济性公共物品的供给具有显著的负向影响。研究结论是,土地财政极大地缓解了地方政府财政紧张的状况,但是在土地财政的支出方面,地方政府存在行为扭曲,显著增加了经济性公共物品的供给,忽略了对地方非经济性公共物品的提供。

左翔和殷醒民[5]认为,"土地财政"包括低价协议出让工业用地"以地引资增税"和"招拍挂"国有土地获取土地出让金两种模式。他们利用2003—2008年284个城市面板数据实证研究发现,后者对中国公共品供给结构有更大的扭曲作用。进一步探讨微观机制的经验研究发现,经济性公共品的增量供给能显著提升国有土地"招拍挂"价格,而对非经济性公共品则没有显著影响。因此,追逐高额的土地出让金就成为地方政府公共品供给行为扭曲的主要原因。

阎焕利[6]试图将地方政府的土地财政收入与地方公共品供给结构联系起来进行分析。首先对近年来土地财政的规模进行估算,然后度量地方公共品供给的结构失衡程度,在此基础上,探讨土地财政不断膨胀背景下地方公共品供给结构失衡进一步加深的原因,最后得出结论:土地财政无助于纠正地方公共品供给的结构失衡,要改善公共品供给结构,必须进行一系列的制度变革。

陈永正和董忻璐[7]认为,关于土地财政起源的"财政压力说"比"GDP锦标赛说"更深入。在土地财政收入规模估算基础上的一系列研究成果表明,土地财政支撑地方财力的作用远远超过弥补地方财力缺口的水平,是充当地方财政的主要内容。充分发展的土地财政倾向于公共服务供给的特性,是土地财政的本质。发现土地财政本质的研究,是对土地财政过激批评的清醒剂。土地财政的地区差异的显著存在,引起公共服务供给存在着显著的地区差异;要在现行财税体制条件下改变这种格局,落后地区就要加快发展土地财政。

张倩和王海卉[8]认为,房产税代替土地财政是制度变迁的趋势。现实中,由于公共物品建设成本巨大,房产税的预期规模不能和土地财政相比,会造成公共物品的建设困境;土地财政是地方政府收取同等财政收入中交易成本最少的一种制度安排,当变更为房产税时,边际交易成本将极大增加。因而,土地财政暂时无法退出。

杜金华和陈治国[9]基于全国70个大中城市2003—2014年的面板数据,实证分析了土地财政、城市化对公共品供给的影响。结果显示:土地财政、城市化明显促进了大中城市公共产品的供给,且注重对教育和医疗服务的改善,而且,大中城市土地财政更加侧重于非经济性公共产品供给,尤其中等城市土地财政明显改善了教育和医疗服务供给水平。在城市化过程中,大中城市会通过土地财政改善地区整体公共服务环境,进而提高自身相对竞争优势。

严思齐等[10]利用我国31个省级行政单位的面板数据,采用空间计量模型,考察了土地财政收入的增长对各类地方公共物品供给水平的影响。结果显示:地方公共物品的供给水平存在着显著的空间自相关性;土地财政收入的增长显著提高了经济性公共物品的供给水平;土地财政收入的增长并未对投资周期较长的非经济性公共物品的供给水平产生显著影响,却显著提高了投资周期短、资本化速度快的非经济性公共物品的供给水平;土地财政支出存在着结构性扭曲。

归结起来看,上述有代表性的几篇文献主要阐述了以下两个观点。

第一,土地财政是地方政府提供公共产品的资金来源。

卢洪友等[1]认为地方政府的"土地财政"行为实则为一种"无奈之举"。这个观点与孙建飞和袁奕[3]所持的观点是相同的,即地方政府为弥补财力缺口,以土地一级市场垄断供给者的身份,采用土地收储和批租的融资策略支撑公共建设。另外,陈永正和董忻璐[7]对土地财政本质的认识也属于这一类。相反的观点来自左翔和殷醒民等[5]学者,他们认为追逐高额的土地出让金成为地方政府公共品供给行为扭曲的主要原因。

本篇认同土地出让金是公共产品的成本补偿来源,与他们略有不同的是,不主张采用"土地财政"的提法,因为这个提法并不严谨(后文将予以论述)。虽说"土地财政"不是一个严谨的学术概念,但是它的外延很广,除了土地出让金,还包括房地产税收和土地抵押融资。无论是土地出让金、房地产税收还是土地抵押融资,一定程度上都成为公共产品的成本补偿来源,这一点本篇也是赞同的。

第二,土地财政对公共产品的影响存在结构性差异。

一方面,土地财政显著增加了经济性公共产品的供给,却对非经济性公共产品的供给产生了明显的抑制作用。李勇刚等[2]、田传浩等[4]、严思齐等[10]学者都通过实证分析得出这样的结论。另一方面,土地财政促进了东部地区公共产品供给的增加,却减少了中西部地区公共产品的供给。李勇刚[2]的研究结论就是这样的。杜金华和陈治国[9]还认为土地财政、城市化明显促进了大中城市公共产品的供给。

本篇认同土地财政增加经济性公共产品供给和东部地区公共产品供给的观点,但对土地财政抑制了非经济性公共产品供给和中西部地区公共产品供给的观点持怀疑态度。如果土地财政对非经济性公共产品和中西部地区公共产品的供给有抑制的作用,那也只是相对地减少,不会是绝对的减少。不难推断,由于东部地区更多地依靠土地出让金提供公共产品,中央政府才有可能把更多的财政转移支付安排在中西部地区（并且这就是事实），结果必定增加那些地区公共产品的供给，或者说一种溢出效应是客观存在的。这样的推断同样适用于经济性公共产品与非经济性公共产品之间的结构分析。

（三）研究思路

1. 本篇不采用经济性公共产品与非经济性公共产品的分类，而自创工程性公共产品与服务性公共产品的分类

一些学者在文献中所称的经济性公共产品主要是指城市道路建设，而非经济性公共产品主要是指环境保护设施、公共卫生、教育、文化等。其实，"经济性"与"非经济性"之间的边界是模糊的，如道路不一定是经济性的物品，环境设施和教育也不一定是非经济性的物品。众所周知，学理上的公共产品包含纯公共产品和准公共产品，前者是指是具有非竞争性、非排他性的产品，后者是指具有非竞争性却有排他性的产品。对照学理上的划分，无论城市道路、公共卫生还是教育、文化等，既有属于纯公共产品的，也有属于准公共产品的。

把公共产品分为工程性公共产品和服务性公共产品，是参照了国际上通行的公共支出分类，即资本性支出与经常性支出。那些用于购买或生产使用年限在一年以上的耐用品所需的支出，属于资本性支出；用于维持公共部门正常运转或保障人们基本生活所必需的支出，属于经常性支出。[①] 顺着这样的思路，城市公共产品大体可分为工程性公共产品和服务性公共产品。前者如交通、通信、能源、给排水、环境、防灾等工程设施；后者是指行政管理、文化体育、教育、医疗卫生、社会福利等服务。诚然，工程类公共产品和服务类公共产品的分类，与纯公共产品和准公共产品的分类在一定程度上也有交叉。

区分工程性公共产品和服务性公共产品的用意在于，服务性公共产品往往是当年一次性消费的，当年的消费以当年的税收抵补；工程性公共产品却是逐年消费的，其成本要通过未来各年的收入去抵补。进入21世纪以来，在许多城市服务型公共产品主要通过财政预算拨款解决资金来源，而工程性公共产品主要通过土地出让金得以补偿。

2. 本篇把土地出让金看作是一种"隐蔽税"

土地出让金（land transaction fees），又称土地出让收入，是指各级政府土地管理部门将土地使用权出让给土地使用者，按规定向受让人收取的土地出让的全部价款。

---

① 会计学上也有类似的分类，把企业发生的支出分为收益性支出和资本性支出。收益性支出在发生当期直接扣除；资本性支出分期扣除或者计入有关资产成本，不得在发生当期直接扣除。

本篇的研究，虽有所涉及房地产税收和土地抵押贷款，但是没有把这二者作为研究对象，而且，着重探讨房地产用地的土地出让金，对工矿仓储用地和基础设施用地的土地出让金着墨不多。

从形式上看，土地出让金有地价的成分，却又不完全是地价；土地出让金有地租的成分，却又不完全是地租。土地出让金是准地价与准地租的复合体。

从本质上看，土地出让金是一种隐蔽税（hidden tax）。由于土地是政府垄断供应的，土地出让金将一部分资源从土地使用者手中转移到政府手中，虽然没有"税"的形式，却有"税"的实质。工业品与农产品之间的价格"剪刀差"是一种隐蔽税，增发通货减轻公债偿还负担也是一种隐蔽税，最典型的隐蔽税是专卖制度。中国历史上的盐、铁、酒专卖，实行垄断生产、运销和定价，名义上政府少征税，实际上通过专卖获得一大笔财政收入。

土地出让金的横空出世是有特定背景的。地方政府要提供公共产品，尤其是工程性公共产品，这是一种社会先行资本，它的发展才能带动包括外国资本在内的民间投资，而在计划经济时期和20世纪80年代，工程性公共产品一直是我国的"短板"，所以，投资的压力非常大。

柯尔培尔说过，课税是一种艺术，要"拔最多的鹅毛闻最少的鹅叫"。如果有一种隐蔽税，收入可观，缴纳者不怨声载道，而且最后大家都从中得益，那么这种"税"就是良税而非恶税。土地出让金使城市公共产品的大量供给成为可能，而且已经成了现实。没有土地出让金，城市化的进程不可能那么快。

3. 本篇试图考察土地出让金制度是否具有"帕累托改进"效应

地方政府通过"招拍挂"土地，获得土地出让金；开发商拥有土地的开发权，赚取商品房项目的利润；中高收入群体购买商品房，交付不菲的土地出让金；地方政府把土地出让金和相关的房地产税收用于提供工程性公共产品；由于居住环境的改善，中高收入群体拥有的商品房处于升值状态。同时，低收入群体虽然没有购买商品房，但是，他们同样享受到工程性公共产品。于是，开发商、地方政府、购房群体、未购房群体之间就构成了一个循环。在这个循环中，每一个主体的境况都得到改善，这是一种"帕累托改进"。

如果说，土地出让金制度有不足，主要是缺乏更具体、细致的机制设计。如地方政府将未来70年的土地出让金一次性收取后该怎么使用，各地的做法各不相同，以致有的地方政府多卖地、快卖地、早卖地、贱卖地，甚至不惜顶风违法用地。问题是存在的，但是，不能因此否定土地出让金制度。

4. 本篇预言公共产品供给难以摆脱对土地出让金的路径依赖，而且土地出让金将与"房地产税"双轨运行

随着经济步入新时代，我国房地产业处于转折期。党的十九大报告明确，

坚持房子是用来住的、不是用来炒的的定位,加快建立多主体供给、多渠道保障、租购并举的住房制度。在这种背景下,工程性公共产品的融资渠道也应该发生变化,但是,始终摆脱不了对土地出让金的依赖。这是由经济发展模式、宏观税收负担等多个因素决定的。土地出让金将继续存在,但是制度本身需要做改进和完善,"房地产税"可以开征,但是替代不了土地出让金。未来可能是"金""税"并存,双轨运行。

二、土地出让金的性质

(一)理论界已有的观点

关于土地出让金的性质,学术界一直存在争议。由于这个概念与另一个概念即土地财政(land finance)是紧密相关的,故本文将这两个概念一并讨论。

1. 土地出让金:地价、租金还是税收

王美涵[11]认为,土地出让金,是租非税,似税非税。"土地出让金,实际上就是土地所有者出让土地使用权若干年限的地租之总和。现行的土地出让金的实质,可概括为它是一个既有累计若干年的地租性质,又有一次性收取的似税非税性质的矛盾复合体。这里所说的累计若干年地租总和,本质上是公有资产的所有者收入,是出让土地资产使用权的收入。它是一种按市场等价交换原则的市场交易行为。因而,土地出让金具有地租而非税性质。"同时,"土地出让金,将累计若干年地租总和,采取一次性收取,则又似有税收的非租性质。土地出让金自身就是这样一个内在矛盾的复合体。也就是说,土地出让金,是租非租,似税非税"。

胡洪曙和杨君茹[12]认为,土地出让金应该是作为由人民授权政府征收的土地40～70年租金的折现,和税收一样都是为了国家政权的运行,同样具有财政收入的属性,二者之间并无不可逾越的鸿沟。

程瑶[13]认为,从性质上看,土地出让金实际上是以国家作为出租方向土地租赁方收取的地租。土地出让金的收取是以国家拥有对土地的所有权为前提的。

黄小虎[14]认为,土地出让金是若干年期的土地使用权价格,实际上是政府向企业一次性收取若干年的地租。所谓土地财政,实质上是一种依靠透支社会的未来收益,谋取眼前发展的发展方式。用形象的说法,就是"寅吃卯粮"。

钟大能[16]认为,土地出让金兼具租税性质。土地出让金应该是我国土地公有制下,国家凭借土地所有权获取土地资源收益在经济上的实现形式,因此毫无疑问其在收取上具有地租性质。然而我们可以换一种理论思考的角度,就不难发现土地出让金其实具有税收性质。

　　张鑫[17]认为,土地出让金是一种地价。住房价格由土地成本、建造成本、建筑材料成本、其他开发成本和企业利润等构成,其中地价占比达到40%。越是发达的城市,越是繁华地段,地价在住房价格中的比例也越高。地价大幅上涨必然推动房价大幅上涨。

　　童超[18]认为,将土地出让金称为"地价",这在概念使用上是不确切的。地价即土地价格,一般指土地买卖交易时的价格,其性质为土地所有权的永久性转让。我国国有土地不得进行所有权买卖一类的交易,所谓"地价"就无从谈起。土地出让金与地价不同,它是政府代表国有土地的所有者(即"全民")出让土地使用权的所得,实质上是个人或法人为取得土地使用权所缴纳的租金。显然,不能把土地使用权出让的"地租"与土地所有权买卖的"地价"混为一谈。

　　赵燕菁[20]从一个比较独特的角度出发,认为中国土地收益的本质,就是通过出售土地未来(70年)的增值,为城市公共服务的一次性投资融资……在这个意义上,"土地财政"这个词,存在根本性的误导——土地收益是融资(股票),而不是财政收入(税收)。在城市政府的资产负债表上,土地收益属于"负债",税收则属于"收益"。

　　与土地出让金相关的一个概念是"土地财政",这也是一个充满争议的概念。如朱秋霞[21]认为,土地财政是指地方政府利用土地所有权和管理权所进行的财政收支活动和利益分配关系。陈国富和卿志琼[22]认为,在一般意义上,土地财政是指以政府为主体、围绕土地所进行的财政收支活动和利益分配关系。但在中国的语境下,土地财政主要指地方政府通过出让土地获得土地出让金,以此作为其财政收入来源的经济关系。陈志勇和陈利利[23,24]认为,"土地财政"是指地方政府的可支配财力高度倚重土地及其相关产业税费收入的一种财政模式。"土地财政"是指地方公共资本积累主要依靠卖地收入,而地方税和地方收费又高度依赖房地产业的财政模式。易毅[25]认为,"土地财政"是指中国现有的体制造成的地方财政过度依赖土地所带来的相关税费和融资收入的非正常现象,即一方面通过划拨和协议出让土地等方式招商引资,促进制造业、房地产业和建筑业超常规发展,以带来营业税、企业所得税等地方税的大丰收;另一方面,通过拍卖等方式收取土地出让金,并以土地使用权和收益权获得土地融资,以此带动地方经济发展。倪红日和刘芹芹[27]将"土地财政"定义为:政府(主要是地方政府)凭借土地所有者代表的身份,通过土地出让取得收入,并按照中央政府行政法规相关规定划分支出和对土地出让收益进行的一种分配活动。

　　2.土地出让金的统计口径

　　黄燕芬等[30]认为,从狭义上看,土地财政就是地方政府通过出让土地获得土地出让金收入,以此作为地方政府财政收入的重要补充。从广义上看,除土地出让金以外,土地财政还包括与土地有关的城镇土地使用税、房产税、契税、耕地占用税、土地增值税等收入。

董再平[28]认为,土地财政是学界对以地生财的地方政府财政收入结构的戏称,通常指地方政府的财政收入主要依靠土地运作来增加收益。地方政府以地生财的基本途径有三:一是通过出让土地获取土地出让金,二是通过发展建筑业和房地产业带来相关税费收入的增加,三是以土地为抵押获取债务收入。

黄小虎[15]认为,土地财政包含两部分:一是与土地有关的税收,如耕地占用税、房地产和建筑业等的营业税、土地增值税,等等。二是与土地有关的政府的非税收入,如土地租金、土地出让金、新增建设用地有偿使用费、耕地开垦费、新菜地建设基金,等等。

余丽生[31]认为,所谓土地财政通常是指政府的土地出让所形成的收入。地方政府通过土地收储中心,将土地低价收为政府所有,然后通过市场拍卖的形式出让土地,出让收入归地方政府所有,从而形成了土地财政。

刘洛妍[32]认为,土地出让金是指各级政府土地管理部门将土地使用权出让给土地使用者,按规定向受让人收取的土地出让的全部价款(指土地出让的交易总额);或土地使用期满,土地使用者需要续期而向土地管理部门缴纳的续期土地出让价款;或原通过行政划拨获得土地使用权的土地使用者,将土地使用权有偿转让、出租、抵押、作价入股和投资,按规定补交的土地出让价款。

(二)本文的质疑及主张

1. 几点疑问

(1)土地出让金是否具有税收的性质

王美涵[11]认为,土地出让金将累计若干年地租总和,采取一次性收取的办法,因而,它不完全是地租,而是带有一点"税"的性质;胡洪曙和杨君茹[12]将土地出让金看成是税,是基于征收主体是政府,而且具有财政收入的属性。这里有一个问题:判断一种政府收入是不是"税"的依据是什么?事实上,由政府征收的,归属于财政收入的收入,并不一定都是"税",如行政规费、司法规费。

(2)"土地财政"是否属于具有强制性特征的分配活动

假如"土地财政"的概念成立,充其量只是一个种概念,它应该服从于"财政"这个属概念。财政分配是国家凭借政治权力进行的,因而具有强制性,那么,"土地财政"是否具有这样的特质?如果不是,就无法归类到财政之中。

(3)以政府为主体的土地收支活动是不是一种财政收支活动

不少学者认为,从狭义上看,土地财政就是地方政府通过出让土地获得土地出让金收入;从广义上看,除土地出让金以外,土地财政还包括与土地有关税

208

费收入,甚至以土地为抵押获取债务收入。倪红日和刘芹芹[27]则认为"土地财政"不仅包括政府(主要是地方政府)通过土地出让取得收入,而且按照相关法规规定对土地出让收益进行分配。从预算体系看,土地收支并不包含在公共预算中,只是包含在政府性基金中。于是,无论是从土地收入层面看还是从土地收支两个层面看,这种活动是不是一种财政活动值得怀疑。

(4)"土地财政"是一种财政模式还是非常态现象

陈志勇和陈莉莉[23,24]认为,"土地财政"是指地方政府的可支配财力高度倚重土地及其相关产业税费收入的一种财政模式。从字面上理解,"模式"就是规范、标准的样式。如果"土地财政"是一种模式,应该是在某些特定条件下表现出来的规范形式。"土地财政"是不是规范的形式? 如果是,易毅[25]关于它是中国现有体制造成的地方财政过度依赖土地收入的非正常现象的论断又该怎样理解?

2.土地出让金是一种"寓征于价"的隐蔽税

(1)从形式上看,土地出让金是准地价与准地租的复合体

土地出让金政府出让土地收取价款,是地价。但是,众所周知,政府仅仅出让土地在一定期间内的使用权,并没有出让所有权。所以,土地出让金有地价的成分,却又不完全是地价。

一些学者把它看作是地租。其实,把土地出让金看作是地租不完全合适。从表 4-1 可见,土地出让收入中,相当大一部分是成本性支出,即出让的获得成本、整理成本、储备成本等,如征地和拆迁补偿支出等,这个不是租金,剩余的才可以算作地租,如农村基础设施建设支出、基本农田建设与保护、廉租房建设支出等。可见,土地出让金有地租的成分,却又不完全是地租。

土地出让金有地价的成分,却又不完全是地价;有地租的成分,却又不完全是地租。如果把土地出让金看作是"隐蔽税"那是可以的,毕竟隐蔽税不是真正意义上的税。

(2)从本质上看,土地出让金是一种隐蔽税

在通常情况下,公共产品的供给成本通过税收得到补偿。由于税种以税法或者法规的形式颁布,有明确的征税对象、纳税人和税率等要素,因而是公开和透明的。其实,古今中外的税收史上,还存在一种隐蔽性征税,简称"隐蔽税"。这种税没有明确的征税对象、纳税人和税率等要素,但对于缴纳者而言,同样是将一部分资源从自己手中转移到政府手中,因而,没有"税"的形式,却有"税"的实质。站在政府的角度,当公开的税收无法弥补财政支出的时候,就可能启用隐蔽的税收,不仅可以获得可观、稳定的财政收入,而且不至于引起民众的反对。工业品与农产品之间的价格"剪刀差"是一种隐蔽税,增发通货减轻公债偿

还负担也是一种隐蔽税,最典型的隐蔽税是盐、铁、酒专卖。政府垄断生产、运销和定价,名义上政府少征税,实际上通过专卖获得一大笔财政收入,"见夺之理而不见夺之形"。

回到赵燕菁[20]的观点上来,土地出让金是未来收益的折现,房地产开发依赖于银行信贷,房地产购买也依赖于住房消费信贷,政府、房地产开发商与银行金融系统联手,创造出这个价值折现,让社会公众埋单。如果未来70年房地产不增值,反而贬值,那就是泡沫的破裂。

然而,融资有三个条件:双方自愿、恪守信用、成本收益对称。在土地出让—受让过程中,第一个条件是具备的。后两个条件恐怕是不具备的。长达70年的期限,信用谁来保证?许多人对节衣缩食买下来的商品房并不放心,就是因为不明白70年后房子是否属于"自家"的。在70年的期限内,成本折现与收益折现各有多少,二者是否对称,这些没有人说得清。

(3)"土地财政"不具备强制性

"财政"的定义本身是有争论的,但是,一般地表述,财政是政府运用政治权力占有一部分国民收入,用于满足公共需要的收支活动。国家集中一部分国民收入的过程,是一种特殊的分配,是带有强制性的,主要体现在税收上。其他各种分配形式,如工资分配、利息分配等,都是非强制性的。

如果"土地财政"是指政府的土地出让所形成的收入[30,31],那就不具有强制性的特点,因为土地出让是一种市场行为,受让方(开发商)与出让方(政府)之间是一种愿买愿卖的关系。朱秋霞[21]认为,土地财政是指地方政府利用土地所有权和管理权所进行的财政收支活动和利益分配关系。土地的所有权和管理权都归政府,这当然是事实。但是,政府在行使所有权、管理权过程中,没有体现出强制性,所以,尽管取得了土地出让收入,但是,并不构成财政分配关系。

(4)土地出让收入并不属于一般公共预算收入

易毅[25]认为,"土地财政"是指中国现有的体制造成的地方财政过度依赖土地所带来的相关税费和融资收入的非正常现象。地方财政过度依赖土地所带来的收入,这个说法有没有问题?正确之处在于,前些年一些地方来自房地产业的税收收入占地方税收收入的比例高达20%~30%甚至更高;不正确之处在于土地出让金收入并不包含在地方一般公共预算收入中,它只是政府性基金预算的一个收入项目。在一些文献中,经常有"土地出让金收入占地方财政收入百分之几"的说法,例如黄小虎[15]指出,"目前地方政府主要看重的是土地出让金,出让金占地方财政预算内收入的比例,已达百分之四五十"。他们并不了解这样一个事实:土地出让金收入包含在政府性基金收入中,并不包含在地方一般公共预算收入中。至于以土地为抵押获取债务收入更不在地方一般公共预算收入中。因此,充其量只能说"土地出让金收入相当于地方一般公共预算收入的百分之几"。

从 2007 年开始,全国土地出让收支全额纳入政府性基金预算管理,因此,现行土地出让收入为"毛收入",包含了成本补偿性费用。相应地,土地出让支出分为两大类:一类为成本性支出,包括征地拆迁补偿支出、土地出让前期开发支出、补助被征地农民支出等,这类支出为政府在征收、储备、整理土地等环节先期垫付的成本,通过土地出让收入予以回收,不能用于其他开支;另一类为非成本性支出,从扣除成本性支出后的土地出让收益中获取,依法用于城市建设、农业农村、保障性安居工程三个方面,使城乡居民共享土地增值带来的收益。

从 2015 年的数据看,土地出让收益约占土地出让收入的 26.70%。如表 4-1 所示。

表 4-1　2015 年全国土地出让收入与土地出让支出情况

项目	金额/亿元	项目	金额/亿元
全国土地出让收入	33657.73	全国土地出让支出	33727.78
招拍挂和协议出让价款	29820.20	成本性支出	26844.59
补缴的土地价款	1455.18	其中:征地拆迁补偿及补助被征地农民	17935.82
划拨土地收入	1103.57	土地开发支出	6533.90
出租土地等其他收入	1278.78	支付破产或改制企业职工安置费等其他支出	2374.87
土地出让收益	8987.93	保障性安居工程支出	823.49
非成本性支出	6883.19	农业农村支出	2528.17
其中:城市建设支出	3531.53		

注:从土地出让收益中计提的教育资金、农田水利建设资金分别为 436.69 亿元和 423.51 亿元。土地出让收益=土地出让收入－成本性支出。

资料来源:2016 年 4 月 5 日财政部公布的《2015 年全国土地出让收支情况》。

综上所述,笔者认为,"土地财政"不是一个严格的学术概念,其主要指向对象是地方政府借助于土地使用权的出让而获得了可观的收入,实质是地方政府的一种公产收入,但是在当前的预算体系中,并没有包含在地方一般公共预算收入中。

至于"土地财政"之名词的确立,一有推断的意思,想当然地认为归政府的收入就是纳入公共预算的收入[①];二有指责的含义,一些地方城市基础设施的资金来源靠卖地和融资(融资要以土地收入作抵押),公共预算负责党政机关、事业单位正常运转,项目建设等依靠土地出让金;三有戏说的成分,中央钱多事少、地方事多钱少的非对称性财政体制,迫使地方政府走上"花钱靠地皮"的路子,自我嘲讽变成了"土地财政";四有容易上口的特点,类似于把阿联酋、卡塔尔等国主要依靠销售石油资源的现象称为"石油财政",把我国云南等省税收收入中烟草业税收比较高的现象称为"烟草财政",把我国陕西省神木县财政收入主要依靠煤炭资源的现象称为"煤炭财政"。

三、土地出让金成为工程性公共产品成本补偿来源的机理

(一)城市化进程的加快使得公共产品需求凸现

城市化(urbanization),本意是指第一产业的劳动力逐渐向第二、三产业转移,农村人口逐渐向城市集聚。新型城镇化的核心不是空间(土地)的城镇化,也不是经济(产业)的城镇化,而是人的城镇化,即农业转移人口市民化。

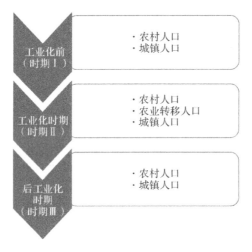

图 4-1　人口结构变化的趋势

图 4-1 中所指的农业转移人口,就是以往所称的"农民工""流动人口""外来人口""进城务工人员"。时期Ⅲ不是时期Ⅰ的简单回归。时期Ⅰ中农村人口与城镇人口之间的主要鸿沟在于户口;而时期Ⅲ中的农村人口是指不愿意生活在城镇,在农村工作和生活更符合其偏好的群体。另外,时期Ⅱ中的农业转移人口逐渐成

---

① 这个理念本身是正确的,但是当前中国的实际并非如此。

为城镇人口,以就业和生活方式的改变为前提,并不以拥有城镇户口为条件。

伴随城市化进程的加快,以城市为核心的地方公共产品需求明显增加。主要体现在以下两个方面。

1.人口数量增加引发公共产品的需求

从 1949 年到 1978 年党的第十一届三中全会以前,我国城市化的进程相当缓慢,1950—1980 年,全世界城市人口的比例由 28.40% 上升到 41.30%,其中发展中国家由 16.20% 上升到 30.50%,但是中国仅由 11.20% 上升到 19.40%。

1978 年以来,中国的城市化进程大致经历了以下三个阶段:1978—1984 年,以农村经济体制改革为主要推动力,城镇化率(城镇人口占总人口比例)由 1978 年的 17.92% 提高到 1984 年的 23.01%,年均提高 0.85 百分点。1985—1991 年,乡镇企业和城市改革双重推动,沿海地区出现了大量新兴的小城镇。1992 年以来,城市化全面推进,以城市建设、小城镇发展和特殊功能区为主要动力。2016 年城镇化率为 57.35%。

城镇化水平由 1978 年的 17.90% 上升到 2016 年的 57.35%,上升了 39.50 百分点,年均上升 1.00 百分点。城市化到了这个时候,城市公共产品的供给的压力明显增大,因为城市化的过程是伴随人口增加的过程。

学理上,纯公共产品具有非竞争性,新增一个消费者的边际分配成本等于零。事实上,大多数准公共产品存在不同程度的拥挤性,即便是国防事务,也与人口多少相关联,各国军事人员的数量与人口总量经常呈正相关关系。

布朗和杰克逊(Brown&Jackson,1990)曾用拥挤函数(Crowding Function)来表述人口变化对财政支出的影响。

$$A_K = X_K / N^\alpha \tag{1}$$

式(1)中,A_K 表示第 K 种产品的效用;X_K 表示用于生产第 K 种产品的活动(费用或设备);N 为人口规模;α 是拥挤参数。在纯公共产品情况下,$\alpha = 0$,$A_K = X_K$,说明现有公共活动能满足人们对公共产品的需求,与人口变化无关,无须增加财政支出。在私人产品情况下,$\alpha = 1$,即消费者增加会减少效用。在准公共产品情况下,$0 < \alpha < 1$,人们获得效用有所下降,为保持效用水平不下降,财政支出要有所增加。

准公共产品与人口之间的关系非常密切,一方面,消费者增加到一定数量之后,就会出现"拥挤",即公共服务具有消费的竞争性;另一方面,消费者的增加会引起公共服务供给成本的增加。以下七类公共服务均与人口的数量或密度相关,地方政府若按户籍人口配置公共服务,在流入人口较多的情况下,就会出现拥挤;若按常住人口配置,则相应的财政支出会明显增加。

(1)一般公共服务支出。覆盖农业转移人口的公共服务,要求增加各级各类官员及公务员,相应地,人员经费和公用经费会有所增加。

(2)公共安全支出。武警、公安、检察、法院、司法行政、监狱、劳教等直接增加社会的治安成本。邻里效应表明,人口流动性与治安有直接的关联性。来自基层公安部门的经验数据是,3/4的犯罪嫌疑人与农业转移人口有关。

(3)教育支出。幼儿园、中小学,甚至职业教育和成人教育等逐步面向农业转移人口的子女,教育经费就会增加。

(4)文化娱乐支出。设置图书馆分馆、充实藏书量、规划体育场馆,在中心公园、社区广场、居民小区设置健身运动器材等。

(5)社会保障与就业支出。提供免费职业培训、职业介绍、就业见习补贴、自谋职业自主创业补贴;补助家庭成员中非本地户籍的配偶、未成年子女;农业转移人口中的老年人可入住各类社会办养老机构;70岁以上老年人免费和优惠乘车;农业转移人口参加养老、失业、医疗保险;增加保障性安居工程建设。

(6)计生和医疗卫生支出。免费提供婚前检查、孕前检查、避孕药具领取等计生服务;增加公立医院药品、药具;增加社区医务人员。

(7)城乡社区事务支出。城乡社区管理、环境卫生等服务。如农业转移人口中小摊贩很多,可能影响社区环境、道路通行、户外广告等市容环境,需增加城管执法支出。

可见,公共服务受益面的扩大,会引起财政支出的增加。按照布朗和杰克逊的拥挤函数理论,在保持相同效用水平的条件下,实际财政支出的增长率应与人口的增长率相等。

2.产业结构演进引发公共产品的需求

工程性公共产品是指城市中生产和生活共同利用的辅助部门和服务部门,包括交通、通信、供电、供水、供气、供热、公共交通、排水、保洁、垃圾和粪便清运处理、公共厕所、城市绿地等设施。

产业结构的优化需要有良好的工程性公共产品作为支撑。国外一些学者研究的结果是,通过提供高速公路、公共设施以及通信设备等,城市地区显著地降低了其辖区范围内所有企业的生产成本。相对于小城市来说,规模更大、基础设施水平更高的城市,其制造业企业的确有更高的生产率水平。即便是相同大小的城市,也可能因工程性公共产品的规模和质量不同,而产生不同层次的集聚经济,从而形成不同的生产率水平。

1975年,Sveikauskas发现,城市规模扩张一倍,制造业的生产率会随之上升6%。其他研究估计出的这一弹性更大,达到8%~10%。这表明,1975年人口规模达到950万的纽约市,相比5万人口规模的小城市,生产率方面的优势至少在50.00%以上。究其原因,正如Goldstein和Gronberg于1984年所言:"在农村地区,需使用卡车的制造业企业须自备运输工具,或就近使用本地的'通用'交通工具。而在大城市地区,却可以通过专门提供卡车服务的企业来获得所需的运输工具。"小型企业可专注于生产过程,而无须自备生产所需的所有服务项目,通过提供这一服务的可能性,城市发挥着"货栈"(urban warehouse)的作用。

2004 年,Eberts 和 McMillen 认为,基础设施通过为商业活动提供便利、提高劳动生产率等,来影响城市运行的效率。因而公共基础设施对城市地区的经济活动产生影响的主要渠道包括:作为生产过程中一项无须支付的要素;提高其他要素的生产率水平;吸引别处的要素流入;增加对基础设施及其他服务建设的需求。

配第一克拉克定理是一条反映产业结构变动的经济规律。我国三次产业增加值在国内生产总值中所占的比例由 1978 年的 28.2:47.9:23.9 调整为 2016年的 8.6:39.8:51.6。与 1978 年相比,2016 年第一产业比例下降 19.60 百分点,第二产业比例下降 8.10 百分点,第三产业比例大幅上升 27.70 百分点。

巴曙松和杨现领[32]提供的数据说明我国工程性公共产品短缺。如果按照2005 年的不变价计算,1989 年我国的基础设施存量仅 9603 亿元,1990 年时突破万亿元,达到 1.04 万亿元,之后一直至今保持两位数的增速,2000—2010 年间的平均增速为 18.20%,2010 年存量达到 25.10 万亿元。如果基于当年的美元实际值跟国外比较,1980 年,中国基础设施资本存量在 23 个国家中排第 15位,甚至低于瑞典、比利时、奥地利等国。1990 年上升为第 7 位,2010 年则上升为仅次于美国和日本的第 3 位。

(二)地方政府提供公共产品陷入能力困境

1. 地方政府在体制内缺乏足够的财力补偿供给成本

现实中大量存在的是地方性公共产品。从理论上说,中央政府也可提供地方性公共产品,但在效率上不如地方政府提供来得高。

Oates 将全部人口分为两个子集,每个子集内的人都具有同样的偏好,而两个子集间的偏好是不相同的,他从中央政府等量分配公共产品出发,认为中央政府忽略了二者的不同偏好,因而达不到帕累托最优,地方政府与中央政府在提供公共产品上的效率差别,使中央政府在配置资源的功能上不如地方政府。由此提出了"财政分权定理":"让地方政府将一个帕累托有效的产出量提供给它们各自的选民,则总是要比由中央政府向全体选民提供任何特定的并且一致的产出量有效得多。"

住建部一份研究报告表明,每年仅为农村人口进入城市,政府就要投入4000 亿元用于基础设施建设。然而,我国地方政府在体制内缺乏足够的财力补偿公共产品的供给成本。

　　1980 年,中央实行"划分收支、分级包干"的财政体制,从那时开始到 2016 年,我国地方财政收入占全国财政总收入的比例经历了一个"高""低""平稳"交替变化的过程,这也是地方政府可支配财力的变化过程。

　　大体来说,1980—1993 年,地方财政收入占比高,而且有进一步提高的趋势,到 1993 年达到最高峰 78.00%。1994 年分税制体制开始,地方财政收入所占比例明显下降,中央财政收入占比始终高于地方财政收入占比,不过,1994—2008 年间基本稳定。2009 年以来,地方财政收入占比上升较快,中央财政收入占比下降较快,2014—2016 年地方财政收入占比约为 54.00%,中央财政收入占比约为 45.00%。如表 4-2 所示。

　　从内部结构看,在税收收入中,中央税收收入占比与地方税收收入占比约为 53:47;在非税收入中,中央非税收入占比与地方非税收入占比约为 20:80。

表 4-2　中央与地方财政收入占全国财政总收入的比例

年度	中央财政 收入占比/%	地方财政 收入占比/%	年度	中央财政 收入占比/%	地方财政 收入占比/%
1980	40.00	60.00	2002	55.00	45.00
1985	38.40	61.60	2003	54.60	45.40
1989	30.90	69.10	2004	54.90	45.10
1990	33.80	66.20	2005	52.30	47.70
1991	29.80	70.20	2006	52.80	47.20
1992	28.10	71.90	2007	54.00	46.00
1993	22.00	78.00	2008	53.30	46.70
1994	55.70	44.30	2009	52.00	48.00
1995	52.20	47.80	2010	51.00	49.00
1996	49.40	50.60	2011	49.50	50.50
1997	48.90	51.10	2012	49.00	51.00
1998	49.50	50.50	2013	47.40	52.60
1999	51.10	48.90	2014	45.90	54.10
2000	52.20	47.80	2015	45.50	54.50
2001	52.40	47.60	2016	45.40	54.60

　　注:按照近几年的提法,表中"中央财政收入""地方财政收入"和"全国财政总收入"分别对应"中央一般公共预算收入""地方一般公共预算收入"和"全国一般公共预算收入"。

　　资料来源:根据历年《中国财政年鉴》及预算报告整理。

如表 4-3 所示,1978—1993 年,地方政府可支配财力比较充足。实际上,地方政府可支配财力也并不绝对充足,中央与地方财政收支的对比结果,只是说明地方政府财力相对于中央政府而言,有一定的优势。1978—1993 年,全国财政总收入占 GDP 比例持续下降。1978 年财政收入占 GDP 的比例为 31.02%。之后,该比例持续下滑,1985 年为 22.18%,1992 年为 12.87%,1993 年为 12.24%。在这种情况下,地方政府可支配财力并不多。

1994 年分税制改革后,土地出让金主要归地方所有,并逐渐成为地方财政的一个重要来源。2002 年,土地"招拍挂"成为主要的出让方式,土地出让金随之大增。

表 4-3　1978—2015 年全国财政收入占 GDP 比例

年份	财政收入占 GDP 之比/%	年份	财政收入占 GDP 之比/%
1978	31.02	1998	11.63
1979	28.18	1999	12.69
1980	25.48	2000	13.43
1981	24.01	2001	14.86
1982	22.73	2002	15.62
1983	22.88	2003	15.90
1984	22.74	2004	16.42
1985	22.18	2005	17.03
1986	20.58	2006	17.81
1987	18.17	2007	19.15
1988	15.61	2008	19.36
1989	15.59	2009	19.81
1990	15.64	2010	20.32
1991	14.38	2011	21.43
1992	12.87	2012	21.94
1993	12.24	2013	21.96
1994	10.77	2014	22.05
1995	10.21	2015	22.49
1996	10.35	2016	22.42
1997	10.89		

注:按照近几年的提法,表中"财政收入"对应"全国一般公共预算收入"。

资料来源:根据历年《中国财政年鉴》及预算报告整理。

217

2.土地出让金规模与中央财政集中度的关联

财政理论界对于土地出让金规模大小与中央财政集中度之间有无直接的关联存在一些争论。孙秀林等（2013）[33]认为，分税制后，中央与地方、政府与企业的关系都出现了巨大的变化，这种变化导致地方政府全面以土地征用、开发和出让作为新的支持地方财政和经济增长的主要来源。他们使用全国的省级面板数据证明了这二者之间的稳定关系。刘尚希[34]却认为，2008—2014年，中央一般公共预算收入年均增长 11.50%，占全国一般公共预算收入比例从53.30%降至 45.90%（这一比例明显低于发达国家，也低于发展中国家），地方一般公共预算收入所占比例不降反升。而同期土地出让收入规模反而年均增长 26.30%，这表明，土地出让收入规模大小与中央财政集中度没有直接的逻辑关系。

本篇认为，土地出让金与分税制是相关联的。一方面，在支出去向上，一般公共预算收入基本上用于经常性支出，即提供服务性公共产品，与土地相关的税收倒是纳入了一般公共预算；土地出让金和土地抵押贷款基本上用于资本性支出，即提供工程性公共产品，如道路、管线、供排水、拆迁、机场、车站等。另一方面，在收入划分上，分税制前，与土地有关的税收收入，中央与地方基本上是"五五分成"；分税制后，划为地方财政固定收入，中央不再分享。与土地相关的非税收入绝大部分归地方政府所有。分税制将土地出让收入全部列入政府性基金收入，归地方政府使用，另外，新增建设用地土地有偿使用费的 70.00% 的增量部分和全部存量部分归地方所有。如表 4-4 所示。

表 4-4　房地产税种及收入归属

开发阶段	归属	转让阶段	归属	保有阶段	归属
契税	地方	契税	地方	城镇土地使用税	地方
印花税	地方	印花税	地方	房产税	地方
增值税	央、地共享	增值税	央、地共享		
城市维护建设税	地方	城市维护建设税	地方		
教育费附加	地方	教育费附加	地方		
企业所得税	央、地共享	企业所得税	央、地共享		

续表

开发阶段	归属	转让阶段	归属	保有阶段	归属
城镇土地使用税	央、地共享	个人所得税	地方		
耕地占用税	地方	土地增值税	地方		

(三)土地出让金架起了供给与需求的桥梁

1. 工程性公共产品融资模式的形成

1985 年,深圳市向银行贷款 6.50 亿元,每年须付息 5000 万元。其实,深圳在全国最先执行《中华人民共和国外资企业法》,向外资企业收取土地使用费,但是,1982—1986 年累计收取的土地使用费不足 4000 万元,不够支付利息。港商霍英东"一语惊醒梦中人":你们有土地,怎么会没有钱? 钱可以从土地中来! 于是,深圳市政府于 1987 年 10 月实施"土地使用权可以有偿出让、转让、抵押"的制度。1987 年,深圳只转让了三宗地,就还清了全部贷款,还有 2337 万元的结余,相当于 1985 年、1986 两年的土地使用费。

1988 年第七届全国人民代表第一次会议通过的宪法修正案规定"土地使用权可以依照法律的规定转让"。当年年底修订的《土地管理法》进一步规定"国家依法实行国有土地有偿使用制度","国有土地和集体所有的土地的使用权可以依法转让"。

2001 年国务院颁发《关于加强国有土地资产管理的通知》,明确指出"商业性房地产开发用地和其他土地供应计划公布后同一地块有两个以上意向用地者的,都必须由市、县人民政府土地主管部门依法以招标、拍卖方式提供"。

2004 年 3 月国土资源部、监察部联合下发《关于继续开展经营性土地使用权招标拍卖挂牌出让情况执法监察工作的通知》,规定国有土地使用权必须以公开的招标、拍卖、挂牌出让方式进行。

"招拍挂"的初衷是避免或减少在划拨和协议出让过程中产生的无效率和寻租现象。实践的结果是,政府可以在短期内通过土地出让获得巨额的收益,恰好补偿工程性公共产品的供给成本,对于地方财政收入起到替代的作用。如表 4-5 所示。

表 4-5　1998—2016 年全国土地出让金

年份	土地出让金/亿元	同比增速/%	年份	土地出让金/亿元	同比增速/%
1998	507.70	—	2008	10259.80	−16.00
1999	514.33	1.40	2009	17179.53	67.40
2000	595.58	16.00	2010	27464.48	59.90
2001	1295.89	117.50	2011	32126.08	17.00
2002	2416.79	86.40	2012	28042.28	−12.70
2003	5421.31	124.00	2013	39073.00	39.30
2004	6412.18	18.30	2014	42940.30	9.90
2005	5883.82	−8.30	2015	33657.73	−21.60
2006	8077.64	37.30	2016	37456.63	11.30
2007	12216.72	51.20			

资料来源:历年财政预算报告。

这方面一个很好的例子是京杭大运河综合保护工程。截至 2016 年底,杭州市在该工程中累计投资 320.00 亿元人民币,完成三大历史街区、富义仓、拱宸桥等一大批历史文脉的保护整治,建设沿岸公园 130 万平方米和游步道 23 千米,治理和提升水质,基本贯通全线风景。但是,政府财政只投入 5.00 亿元启动资金,其余资金都通过市场手段来筹资。主要是加大运河的保护和沿线文物遗迹的恢复,使得运河两边的土地大大升值,政府鼓励附近企业搬迁,拍卖这些土地后,筹措资金再投入保护工程。如将杭州汽车发动机厂搬到萧山区,政府先补偿 14.00 亿元,然后再拍卖原厂址所在的土地,获得 20.00 亿元收入,6.00 亿元的价差用于提供公共产品,尤其是工程性公共产品。

土地出让与土地储备紧密相关。1997 年 8 月,杭州市在全国最早成立了土地储备中心,其主要意图是依靠银行贷款和财政拨款,收购(回)破产或效益不高的国有企业的划拨土地,盘活闲置、低效利用的土地,解决下岗职工的生计和出路,推动企业改制。1998 年 6 月,中国国土资源部以内部通报的形式,向全国转发了杭州等地的经验。全国大小城市纷纷成立土地储备机构,土地储备的目的已不局限于为国企改制盘活土地资产,收储范围也扩大到市区内所有需要盘活的存量土地。

220

2001年5月,国务院强调,"为增强政府对土地市场的调控能力,有条件的地方政府要对建设用地试行收购储备。市、县人民政府可划出部分土地收益用于收购土地,金融机构要依法提供信贷支持"。[35]

于是,追求土地收益最大化及以土地抵押融资成了政府储备土地的真实宗旨。负责土地储备的机构既有由地方政府主要领导人牵头、由财政局或土管局直接负责的土地储备中心,也有为政府控股的投资公司,其中以土地储备中心手中掌握的土地为最多。

2002—2011年,城市累计征用土地面积16300平方千米,相当于城市建成区面积新增的83.00%。[36]

除了将收储的土地转让收取土地出让金之外,土地储备机构的一个基本功能是土地抵押融资。政府在从银行获得贷款时,土地便成为银行最为青睐的抵押品。

土地抵押贷款是指债务人以土地使用权作为担保而申请的贷款。土地出让和银行以土地、物业抵押贷款的基建融资占地方政府基建融资总额的80.00%~90.00%。表4-6和表4-7是刘守英、蒋省三提供的案例,从中可以看出,有些地方土地融资规模比土地出让金本身更大。

表4-6　1999—2003年J市基础设施投资来源

总额/亿元	财政投入		土地出让金		土地融资	
	金额/亿元	占比/%	金额/亿元	占比/%	金额/亿元	占比/%
233.27	30.00	12.80	33.27	14.30	170.00	72.88

资料来源:根据刘守英和蒋省三的论文整理。原载:土地融资与财政和金融风险——来自东部一个发达地区的个案[J].中国土地科学,2005(5).

表4-7　2003年S县基础设施投资来源

总额/亿元	财政投入		政府性基金		土地出让金		土地融资	
	金额/亿元	占比/%	金额/亿元	占比/%	金额/亿元	占比/%	金额/亿元	占比/%
60	1.59	2.67	0.89	1.48	19.20	32.00	38.32	63.87

资料来源:根据刘守英、蒋省三的论文整理。原载:土地融资与财政和金融风险——来自东部一个发达地区的个案[J].中国土地科学,2005(5).

土地出让金制度是在借鉴香港土地批租制度的基础上确立起来的。[37]150多年来,土地收入持续支撑了香港的经济繁荣,也是香港长期维持低税率和简单税制的原因之一。

自 1842 年以后,香港一直对辖区内几乎所有房地产拥有永久性的核心产权①。香港向开发商或土地使用者批租土地,开发商或使用者通过承租批准期限内的土地使用权,并向香港政府一次性缴纳规定期限内的土地出让金。1997年以后,根据《中华人民共和国香港特别行政区基本法》的规定,香港的土地批租制度没有改变。

香港土地批租的方式有公开拍卖、招标、协议三种。公开拍卖主要用作一般用途的土地。投标主要是针对那些政府鼓励发展、投资庞大、技术水平高而又不适宜在多层大厦设厂经营的工业投资用地。协议一般用于两种情形:一种是土地尚未列入发展计划,但被购买人看中,可直接与政府部门协商取得土地;另一种是用于非盈利的公共事业,如学校、医院、庙宇等,可以通过私下协商的方式申请以优惠条件批租,政府只收取名义地价。

由于土地收入被纳入到公共财政收入范围之内,香港比大多数发达地区拥有更为广泛的收入基础。据统计,从 1971—1998 年的 27 年间,香港的土地出让收入累计高达 2554.23 亿元,在同期财政总收入中所占比例达 13.50%。而2013—2014 年度香港土地收入约占特区政府全部收入的 16.00%。这还不包括与房地产行业有关的印花税和所得税。这一制度保证了香港居民能够享受优质的公共产品,如以香港地铁为核心的低成本公共交通系统及一流的通信系统,还有卫生、医院、教育、娱乐、购物等设施。

2. 工程性公共产品成本补偿的理论分析

工程性公共产品的供给成本可以由公共部门通过征税的方式补偿,也可以由企业通过向使用者收取使用费来补偿,当然,也可通过出售土地获得土地出让金补偿。究竟采取哪一种方式更好? 这取决于哪一种方式给社会带来更多的净收益。

若以 NB 表示净收益,TB 表示总收益,TC 表示总成本,那么工程性公共产品的净收益为:

$$NB = TB - TC \tag{2}$$

现以一座大桥为例来说明。如果是公共部门提供,那么社会公众可以"免费"使用,其成本通过征收一般税收(非"大桥通过税")的方式进行补偿;如果是私人部门提供,那么车辆和行人必须缴费才能过桥,其成本通过征收使用费的方式进行补偿。图 4-2 中横轴为交通流量,纵轴为价格即过桥费,AB 为该大桥的需求曲线,即边际效用曲线,OQ 为大桥的设计流量。

---

① 位于中环的圣约翰大教堂是唯一私人拥有的土地。

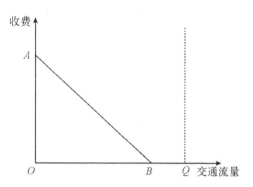

图 4-2　公共产品提供的总收益

从图 4-2 中可以看出,实际的交通流量为 OB,没有超过最大的交通设计流量 OQ,说明该大桥即使免费使用也不会出现拥挤。倘若由公共部门提供,由于新增一个消费者的边际成本仍为零,边际成本曲线与横轴重叠,并且与 AB 线在 B 点相交,大桥的使用在 B 点实现均衡。这时,大桥给社会带来的总收益 TB 可用消费者剩余来表示,即三角形 ABO 的面积。那么,净收益怎么样呢?

公共部门建设大桥是要消耗一定资源的,免费供社会公众使用,其建设成本只能通过征税来弥补,而征税本身也是有成本的即征管成本(administrative cost),不仅如此,征税还会迫使人们改变经济行为的选择,从而给社会带来一种福利损失,即税收的效率损失(inefficiency of taxation)。这说明,在公共提供方式下,不能把总收益和净收益等同起来,若以 C_B 表示建设成本,C_G 表示征税成本,C_E 表示税收的效率损失,那么公共提供的净收益为:

$$NBG = TB - (C_B + C_G + C_E) \tag{3}$$

大桥的特点决定建设者想把"免费搭车者"排除在外的愿望是完全有可能实现的,而且排他的成本相对较小,因而也可由私人部门来提供。但这样一来总成本的构成就有所不同,因为私人提供必然采取收费的办法,而收费需要有收费设施、收费人员、收费设备等,这些均构成收费成本;同样,收费也会迫使人们改变经济行为的选择,即会给社会带来一种福利损失,可以称它为收费的效率损失(inefficiency of charge)。为简便起见,不妨假定建设成本与公共提供时完全相等,收费成本和收费的效率损失分别用 C_P 和 C_F 表示,这样,私人部门提供的净收益为:

$$NBP = TB - (C_B + C_P + C_F) \tag{4}$$

从式(3)和式(4)不难看出,NBG 和 NBP 的大小,实际上取决于 C_G 与 C_P 和 C_E 与 C_F 的对比。征税成本 C_G 主要取决于税务行政效率,包括税务机构数量、税务人员素质、税收征管条件等。收费成本 C_P 的大小主要取决于收费的难易程度及效率高低。税收的效率损失 C_E 主要取决于税种性质和征税方式。关于收费的效率损失 C_F,如图 4-3 所示。由于过桥要收费,交通流量由 OB 缩减到 OQ_1,三角形面积 CBQ_1 是由收费所减少的消费者剩余,也就是收费的效率损失。

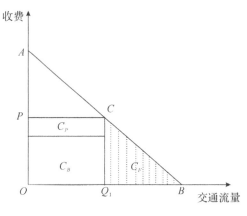

图 4-3　收费的效率损失

由于三角形面积 $CBQ_1 = 1/2(CQ_1 \cdot Q_1B)$,因而 C_F 主要取决于以下两个因素。

一是收费价格,即 CQ_1,因为 $CQ_1 = OP$。在建设成本既定的前提下,收费价格的高低实际上是由收费成本所决定的,收费成本越高,收费的效率损失越大;反之,则越小。

二是 AB 曲线的需求弹性,因为 Q_1B 的大小由 AB 曲线的需求弹性所决定。需求弹性越大,Q_1B 越大,在收费价格不变的前提下,收费的效率损失也越大;反之,则越小。由此不难看出,排他成本越大,替代性越强的工程性公共产品越适合于由公共部门提供;反之,则应由私人部门提供。

如果以土地出让金补偿工程性公共产品的供给成本,同样假设建设成本与公共提供或私人提供时完全相等,剩下来可能存在的成本有两种:一是卖地成本,即政府"招拍挂"土地所必须付出的费用。土地在进入土地储备中心之前要进行前期的征收、拆迁、平整等,这部分成本是巨大的,但是,"招拍挂"行为本身的成本并不高,因为土地是稀缺资源,面对众多参与竞标的开发商,政府处于卖方市场的地位,因而,这部分成本可以忽略不计。二是卖地的效率损失,由于以土地出让金作为工程性公共产品的成本补偿机制,就不必把"免费搭车者"排除在外,因而,这部分成本也是不存在的。但是,如果与竞争的土地市场相比较,政府垄断了一级土地的供给,效率损失依然是存在的。仍然以 C_P 代表大桥的建设成本，C_L 代表卖地成本，C_W 代表卖地的效率损失，那么，以土地出让金补偿工程性公共产品成本的净收益为：

$$NBP = TB - (C_B + C_L + C_W) \tag{5}$$

与式（3）和式（4）相对比，式（5）中净收益 NBP 是否更大，取决于 $(C_L + C_W)$ 与 $(C_G + C_E)$ 和 $(C_P + C_F)$ 之间的对比。也就是说，一则取决于卖地成本与征税成本、收费成本的对比，二则取决于卖地效率损失与税收效率损失、收费效率损失的对比。

(四)土地出让金与公共产品关联关系的实证分析[①]

1.理论假说

在中国财政收入集权而支出责任分权的背景下，与中央政府相比，地方政府通常被认为更加了解本地居民的偏好和需求，信息上的优势使得地方政府有能力提供高效而低成本的公共产品。然而，分权的好处并不能同等程度地扩展到政府税收方面，地区税收的不同选择可能会导致无效率和不公平，因而倾向于建立统一的国家税收体系。

在分税制条件下，地方政府需要承担的支出责任与其财政收入权利不相匹配，形成地方政府的纵向财力短缺。在中央转移支付不尽健全和合理的情况下，土地出让金成为地方政府可用财力的重要组成部分。如果一座城市，市政设施健全、完善，市容市貌整洁、亮丽，往往是这个城市有较多的土地出让金；反之，城市设施落后、破败不堪，往往是土地出让金很少。

基于以上分析，土地出让金在一定程度上能够发挥弥补地方政府财力短缺的作用，因而能够促进地方政府提供公共产品。

由此提出假说1：

土地出让金的增加会提高工程性公共产品的供给规模。

公共产品可分为工程性公共产品和服务性公共产品。工程性公共产品主要包括交通、电力、通信等的建设；服务性公共产品包括医疗卫生、文化教育、社会保障等。两者相比，工程性公共产品更具有短期性，能够在较短时间内促进经济的快速发展，而服务性公共产品主要着眼于增加居民福利，在较长时间后才能促进经济增长。正是由于服务性公共产品带动经济发展的长期性，这种公共产品不一定能够在地方当权者任期内带来直接的经济效益。因此地方政府可能更热衷于工程性公共产品的供给，即土地出让金的增加会提高公共产品的供给规模，并且其对工程性公共产品供给的推动作用显著于服务性公共产品。

---

① 这部分内容由朱柏铭与杨洋共同完成。

由此提出假说 2：

土地出让金的增加会提高服务性公共产品的供给规模，但对工程性公共产品的效果更为显著。

2. 变量选择和数据来源

根据假说 1 和假说 2，实证研究采用 2005—2014 年我国地级市的面板数据。本篇的被解释变量是公共产品供给，分为工程性和服务性两种类型。本篇选择道路和公共交通指标衡量工程性公共产品供给，具体选用年末实有铺装道路面积和公交车数量作为被解释变量；选择教育和医疗指标衡量服务性公共产品供给，具体选用每万人教师数和每万人医生数作为被解释变量。

基于已有的文献，结合假说 1 和假说 2，本篇的解释变量主要包括：（1）本期土地出让金，土地出让金增加能够为地方政府的公共产品供给提供财力保证；（2）滞后一期的土地出让金，设定这个解释变量是考虑到土地出让带来的财政收入对公共产品供给规模的影响可能存在滞后性；（3）预算内财政自主权，本篇选用人均预算内财政自主权衡量，具体为（一般公共预算收入－一般公共预算支出）/人口，这个指标比较高时，地方政府的财政支出较多依靠自身的收入筹集，因而对中央转移支付的依赖程度较小，具有较高的自由度；（4）人均GDP，经济水平的增长能够促进公共产品的投资。控制变量包括人口密度和非农产业比例。

土地出让金相关数据来源于 2005—2014 年的《中国国土资源统计年鉴》，公共产品相关数据来源于 2005—2014 年的《中国城市统计年鉴》，考虑到人口数量对公共产品供给规模可能存在的影响，本篇对以上公共产品供给规模采用对数和人均数进行实证检验。

3. 计量模型与检验结果

本篇的计量模型设计如下：

$$Y_{it} = \alpha_0 + \alpha_1 \ln land_{it} + \alpha_2 \ln land_{it-1} + \alpha_3 gap_{it} + \alpha_4 pergdp_{it} + \alpha_5 \gamma_{it} + \mu_i + \theta_t + \varepsilon_{it} \tag{6}$$

其中的 i 和 t 分别表示第 i 个地级市和第 t 年。

Y_{it} 是被解释变量，本篇的被解释变量是公共产品供给规模，分为工程性和服务性公共产品，具体为 i 地级市 t 年的年末实有铺装道路面积和公交车数量的对数值，以及教师和医生数量的人均值。

$\ln land_{it}$ 是指 i 地级市 t 年的土地出让金对数，$\ln land_{it-1}$ 是指 i 地级市 $t-1$ 年的土地出让金对数，gap_{it} 是指 i 地级市 t 年的人均预算内财政自主权，$pergdp_{it}$ 是人均 GDP，γ_{it} 是控制变量组合，包括人口密度和非农产业比例，μ_i 是指无法观测且不随时间变动的影响因素，θ_t 是时间虚拟变量，ε_{it} 是残差项。

表 4-8　相关变量的描述性统计

变量	观测值	最小值	最大值	平均值	标准差
土地出让金对数	2872	4.72	16.82	12.39	1.60
年末实有道路面积对数	2860	2.64	9.58	6.71	0.99
公交车数量对数	2865	2.40	10.35	6.27	1.17
每万人医生数	2856	3.59	133.53	30.20	15.01
每万人教师数	2728	12.71	528.49	112.31	34.25
人均 GDP 对数	2838	2.79	12.83	10.43	0.73
人口密度	2862	13.00	8248.04	962.08	890.21
人均预算内财政自主权	2858	−13380.75	17479.02	1850.57	1787.44
非农产业比例	2862	39.54	99.97	82.72	7.30
滞后一期的土地出让金对数	2870	4.72	16.70	12.17	1.65

表 4-8 为土地出让金与公共产品供给固定效应回归的实证结果。表 4-9 用当期和滞后一期的土地出让面积对数替代表 4-8 中的土地出让金指标，对计量模型进行稳健性检验。模型一和模型二的被解释变量是经济性公共产品，分别为年末实有铺装道路面积对数和公交车数量对数。模型三和模型四的被解释变量是服务性公共产品，分别为每万人教师数和人均医生数。通过对道路数、公交车数量、教师数和医生数这四个指标的对数形式和人均形式分别进行回归检验发现，道路和公交车数量这两个指标的对数形式回归结果较为理想，而教师数和医生数这两个指标的人均形式回归结果较为理想。这可能是因为年末实有道路面积和公交车数量这两个变量与人口的关系没有教师数和医生数这两个变量密切，故而本文模型一和二采用对数形式，模型三和四采用人均形式。表 4-8 和表 4-9 列出了各个模型的回归结果，可以得出以下结论。

在控制了其他变量之后，当期和之后一期的土地出让金与工程性和服务性的公共产品供给之间存在显著的正向相关关系，换言之，土地出让金的增加对地方政府增加公共产品的供给具有正向激励作用，即土地出让收入越高，公共产品供给规模越大，故而假设 1 得到验证。对比两种不同类型的公共产品，土地出让金与工程性公共产品的正向相关关系更为显著，土地出让金的增加对工程性公共产品的激励作用更强，因此假设 2 也得到验证。

表 4-9　土地出让金与公共产品供给

被解释变量	模型一	模型二	模型三	模型四
	lnroad	lnbus	perteacher	perdoctor
土地出让金对数	0.630***	0.506**	0.265*	0.197**
	(0.008)	(0.086)	(0.934)	(0.292)
滞后一期土地出让金对数	3.108***	1.074***	0.108***	0.135***
	(0.008)	(0.008)	(0.901)	(0.281)
人均预算内财政自主权	0.000**	0.159***	−0.002	0.004**
	(0.002)	(0.000)	(0.004)	(0.001)
人均GDP对数	0.193***	0.221***	2.740*	3.832***
	(0.017)	(0.022)	(1.970)	(0.616)
人口密度	−0.024*	−0.223*	−0.207***	−0.014*
	(0.154)	(0.017)	(0.002)	(0.005)
非农产业比例	0.005*	0.006***	0.122*	−0.040
	(0.128)	(0.014)	(0.205)	(0.064)
常数项	2.638***	2.620***	9.954***	−1.761
	(0.175)	(0.199)	(5.607)	(4.869)
观测值	2777	2783	2789	2789
组	289	289	289	289
回归方法	FE	FE	FE	FE

说明：*、**、***分别表示在10%、5%、1%水平下显著。

在表 4-10 的四个模型中,采用土地出让面积对数代替土地出让金对数对土地出让行为与公共产品供给之间的关系进行了稳健性分析。在控制其他变量后,土地出让面积对数与年末实有道路面积对数和公交车数量对数仍然呈现显著的正向相关关系,与假设 1 相符。表 4-10 模型三和四的回归结果表明,土地出让面积对数与每万人教师数和每万人医生数呈现正相关关系,但是回归结果并不显著。产生这样的回归结果还可能与选择的变量有关,一般城市规模越大,土地出让面积也会越大,但是教育和医疗在供给方面存在规模效应,因此可能存在这样的情况,即教师数和医生数达到一定规模后不会再继续增长,从而影响土地出让面积和教师数与医生数之间的相关性。

表 4-10　土地出让面积与公共产品供给

被解释变量	模型一	模型二	模型三	模型四
	lnroad	lnbus	perteacher	perdoctor
土地出让面积对数	0.336*** (0.013)	0.207*** (0.007)	0.008 (0.264)	0.091 (0.206)
滞后一期土地出让面积对数	0.121 (0.006)	0.332*** (0.005)	0.335 (0.206)	0.708* (0.133)
人均预算内财政自主权	0.042* (0.021)	0.075*** (0.009)	0.075 (0.062)	0.324 (0.001)
人均 GDP 对数	0.254*** (0.037)	0.138 (0.050)	5.368*** (1.637)	2.639* (0.491)
人口密度	−0.025* (0.138)	−0.006* (0.015)	0.089 (0.042)	0.053* (0.083)
非农产业比例	0.001 (0.008)	0.004* (0.014)	0.015 (0.074)	0.017* (0.045)
常数项	3.016*** (0.288)	1.658*** (0.235)	4.382 (9.240)	11.252** (5.144)
观测值	2777	2783	2789	2789
组	289	289	289	289
回归方法	FE	FE	FE	FE

备注:*、**、***分别表示在10%、5%、1%水平下显著。

除了核心解释变量,其他变量的回归情况也基本符合预期。地方政府的人均一般公共预算规模越大,越能够为公共产品的供给提供财力保证,公共产品的供给规模就越大;人均 GDP 数额越大,经济发展程度高,公共产品供给具备更加充分的财力保证;人口密度对土地出让的效应不明显,人口密度高的地区对公共产品有较高的需求,但是这些地区并不一定具备充分的财力实现公共产品的充分供给,故而其效用并不明确;非农产业比例与公共产品供给基本呈现正向相关,但是相关性并不显著。

四、以土地出让金补偿工程性公共产品成本的再分配效应

关于土地出让金制度的评价,理论界一直存有争议。如刘守刚[67]认为"土地出让金制度是一个恶政,不但扭曲了地方政府行为,也破坏了房地产市场的竞争性(政府实行双面垄断,既是土地收购储备的唯一购买者,又是土地使用权

的唯一出售者),同时还存在严重的法理难题:既然城镇土地为全民所有,那么拥有所有权的全民在购房时为何还要花钱购买使用权(使用权包括在所有权内)?"赵燕菁[20]却认为,没有"土地财政",今天中国经济的很多问题不会出现,但同样,也不会有今天中国城市化的高速发展。中国城市成就背后的真正秘密,就是创造性地发展出一套将土地作为信用基础的制度——"土地财政"。可以说,没有这一伟大的制度创新,中国特色的城市化道路就是一句空话。

本篇认为,刘守刚把土地出让金制度看成是一个"恶政"的观点未免有些极端。与其说土地出让金制度扭曲了地方政府的行为,倒不如说地方政府在分税制条件下无奈地选择了土地出让金制度。土地使用权包括在土地所有权之内的说法也值得商榷,因为所有权与使用权可以分离。相比之下,赵燕菁的观点更客观一些。他虽然说土地财政是"伟大的制度创新",但是,更强调"土地财政的本质是融资而非收益"。而且,他也指出了土地财政的风险,将会慢慢地退出。

与税收一样,作为一种筹资方式,土地出让金的征收与使用必然产生再分配效应。如果能实现帕累托改进,那就要肯定这种制度安排。

(一)土地征收和出让环节的财富再分配效应

1.土地征收和国有土地出让

(1)土地征收和土地征收补偿费

土地征收(land expropriation)是指国家为了公共利益需要,依照法律规定的程序和权限将农民集体所有的土地转化为国有土地,并依法给予被征地的农村集体经济组织和被征地农民合理补偿和妥善安置的行为。

土地征收是国家强制取得他人土地所有权的行为,就是说,征收土地的主体是国家,由国家授权县级以上人民政府行使征收权,不需要取得被征地人的同意;但是,土地征收必须符合法律法规的规定,遵循一定的法律程序;而且土地征收必须符合公共利益,以土地补偿为必备条件。

"土地征收"和"土地征用"(land acquisition)是两个既有共同之处、又有不同之处的概念。二者都是为了公共利益需要,都要经过法定程序,都要依法给予补偿,这是共同之处。但是,土地征收是土地所有权的改变,即由农民集体所有变为国家所有;土地征用只是使用权的改变,土地所有权仍然属于农民集体,征用条件结束需将土地交还给农民集体。

2004年修订的《中华人民共和国土地管理法》第47条明确规定了补偿原则和补偿标准:征收土地的,按照被征收土地的原用途给予补偿。征收耕地的补偿费用包括土地补偿费、安置补助费以及地上附着物和青苗的补偿费。

土地补偿费的标准是该耕地被征收前3年平均年产值的6～10倍。

安置补助费俗称"劳力安置",是对具有劳动能力而失去劳动对象的农民的生活安置。安置补助费的标准按照需要安置的农业人口数计算。需要安置的农业人口数＝被征收的耕地数量÷征地前被征收单位人均耕地占有量。每一农业人口的安置补助费标准为,该耕地被征收前3年平均年产值的4～6倍。但是,每公顷被征收耕地的安置补助费,最高不得超过被征收前3年平均年产值的15倍。

土地征收的地上附着物和青苗的补偿费分为青苗补偿标准和其他附着物的补偿标准。

青苗补偿标准:对刚刚播种的农作物,按季产值的1/3补偿工本费。对于成长期的农作物,最高按一季度产值补偿。对于粮食、油料和蔬菜青苗,能得到收获的,不予补偿。对于多年生的经济林木,要尽量移植,由用地单位付给移植费;如不能移植必须砍伐的,由用地单位按实际价值补偿。对于成材树木,由树木所有者自行砍伐,不予补偿。

其他附着物的补偿标准:征收土地需要迁移铁路、公路、高压电线、通信线、广播线等,要根据具体情况和有关部门进行协商,编制投资概算,列入初步设计概算报批。拆迁农田水利设施及其他配套建筑物、水井、人工鱼塘、养殖场、坟墓、厕所、猪圈等的补偿,参照有关标准,付给迁移费或补偿费。用地单位占用耕地建房或者从事其他非农业建设时,应当缴纳耕地占用税。

(2)土地出让——"招拍挂"

国有土地出让是指国家以土地所有者的身份将土地使用权在一定年限内让与土地使用者,并由土地使用者向国家支付土地出让金的行为。

土地出让的方式主要有:协议、招标、拍卖、挂牌。其中,商业、旅游、娱乐和商品住宅等各类经营性用地必须以招标、拍卖、挂牌方式出让。

协议出让是指县级以上人民政府土地管理部门与特定的公民、法人和其他经济组织通过平等协商出让国有土地使用权的行为。

招标是指代表国家出让土地使用权的土地管理部门,向不特定的多数人发出要约邀请,招引他人投标,然后根据一定的要求从投标者中择优确定土地使用权受让人。这种方式一般适用于开发性或有较高技术性要求的建设性用地。

拍卖是指土地所有者代表在指定的时间、地点组织符合条件的土地使用权有意受让人到场,就某一土地的使用权公开叫价竞买,按价高者得的原则确定土地使用权受让人的一种出让方式。以拍卖方式订立土地使用出让合同,国家可以获得较高的土地使用费。

挂牌出让是指出让人发布挂牌公告,按公告规定的期限将拟出让土地的交易条件在指定的土地交易场所挂牌公布,接受竞买人的报价申请并更新挂牌价格,根据挂牌期限截止时的出价结果确定土地使用者。

2.土地征收和土地出让对利益主体的影响

土地征收和出让行为涉及多个利益主体,包括县级以上人民政府、被征地农村集体经济组织、被征地农民、土地受让人(投标人、竞买人)、商业银行、房地产中介机构等(见图4-4)。如果这些主体的利益都有改善,那么就符合经济学中的帕累托改进。那么结果怎样呢?

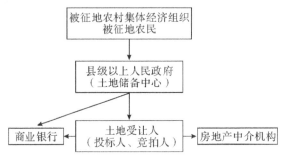

图 4-4 土地征收与出让

(1)被征地农村集体经济组织和被征地农民

根据《土地管理法实施条例》《村民委员会组织法》等法律法规,土地征收的补偿费用做如下分配。

①土地补偿费归村集体所有

村集体有权以村民会议或村民代表会议的形式,决定土地补偿费的分配和使用,村集体可以将该集体收入用于开办集体企业,发展公益建设,可以分配到各户,可以分配给被征用承包经营土地的村民。若村集体将土地补偿费进行分配,则该部分土地补偿费权属依法发生转移。

②地上附着物及青苗补偿费归地上附着物及青苗的所有者所有

用地者因土地被征收造成权益损失,理应获得补偿。

实际操作中,用地者将地上附着物、青苗补偿费连同其他费用一并支付给村集体,由村集体再行处理。

③安置补偿费的归属

如需要安置的人员由农村集体经济组织安置的,安置补助费支付给农村集体经济组织,由农村集体经济组织管理和使用;由其他单位安置的,安置补助费支付给安置单位;不需要统一安置的,安置补助费发放给被安置人员个人或征得被安置人员同意后用于支付被安置人员的保险费用。

可见,原先归农村集体所有的土地被政府征收之后,村集体经济组织和农民可以获得征地补偿费用,村集体经济组织把这笔钱用于农村公共产品供给,村民的生产和生活条件得到改善;农民获得安置补偿费和地上附着物及青苗补偿费等费用,同时,由于可以分到安置房,住房条件明显改善,有些地方还可以获得多套安置房,房屋出租收入不菲。

至于收入水平是否提高,不同地区可能有不同的情况。但是,多数研究成果表明,农民的境况是改善的。例如谭术魁和沈立威[38]根据苏州市和武汉市的微观数据,用 OLS 估计征地对农民收入的效应值为 8.90%,考虑异质性和选择偏差估计出的征地对农民收入的平均效应为 11.90% 的正值。再如钱瑛瑛和孙思竹[39]以上海市嘉定区安亭镇的绿苑新城小区与春盛苑小区为例,进行实地调研。结果显示:该两小区土地征收前后农民的福利水平有明显的上升,福利水平的总模糊指数由 0.313 上升到了 0.387。征地后,社会保障、健康与休闲的福利水平有了非常显著的提高。

(2)县级以上人民政府

地方政府获得了土地资产,一旦"招拍挂"成功,就在一般公共预算收入之外,多了一笔可用财力,或者将征用的土地进入土地储备中心,融资平台公司获得抵押贷款。

当然,房地产用地的售价远高于基础设施用地和工矿仓储用地,如果出让的土地主要用于住宅和商业,那么土地收益更多。

一个完整的房地产开发流程从获得土地出让信息开始,依次要经过多个部门的审批与管理,包括土地开发、招标、立项、勘测、规划、施工、验收等众多环节,需要的证明及涉及税费总结如表 4-11 所示。

表 4-11　房地产开发所涉及的权证及税费

环节	权利许可证及其他证明	涉及主要税费
土地使用	土地使用权证	耕地占用税、城镇土地使用税、个人所得税、契税
建设环节	项目立项备案、建设许可证、施工许可证、规划许可证、招投标书	增值税、城建税、两教附、城镇土地使用税、印花税、企业所得税、个人所得税
销售环节	销售面积明细表、销售许可证、国有土地使用权变更登记转让证明书、房屋所有权证	增值税、城建税、两教附、城镇土地使用税、土地增值税、印花税、企业所得税、个人所得税、契税

续表

环节	权利许可证及其他证明	涉及主要税费
装饰装潢	装饰装潢工程招标	增值税、城建税、两教附、印花税、企业所得税、个人所得税
自用或出租	房产土地信息	增值税、城建税、两教附、城镇土地使用税、印花税、企业所得税、个人所得税、房产税
物业管理		增值税、城建税、两教附、城镇土地使用税、印花税、企业所得税、个人所得税、房产税

说明:"两教附"是指教育费附加和地方教育附加,随增值税实缴税额的一定比例征收。

(3)土地受让人(投标人、竞买人)

土地受让人通过"招拍挂"获得地块的开发权,然后以较高的价格销售住房,获得丰厚的利润。从事工业开发用地的收益可达到农业用地的数百倍,而从事第三产业开发用地的收益甚至可达农业用地的数千倍。

房地产开发商在土地出让中得益,可从土地溢价率上得到反映。土地溢价率是指一块土地拍卖所得价格超出实际最大土地成本的比率。土地溢价率＝(竞拍成交价格－土地成本价)÷土地成本价。这里的土地成本价就是土地收归国有储备后到拿出来"招拍挂"为止所有的支出费用总和。

2016年以来,在土地成交金额排名前10位的城市中,二线城市占据8个名额,部分二线城市平均溢价率高达100%以上。例如,5月24日,武汉成功出让8宗地块,其中汉阳区的一宗地块经过10多家房地产企业50多轮竞争后,以9.72亿元夺得,溢价率为173%。[40]再如,7月5日,杭州未来科技城123号地块,阳光城集团经过64轮竞争后,以总价37.48亿元竞得,折合楼面价19664.44元/平方米,溢价率高达208%。[41]9月20日萧山区新街街道的24号地块经过56轮报价,最终由江苏中南建设集团以总价14.62亿元拿下,折合楼面价为12690.00元/平方米,溢价率为323%;25号地块则由阳光城集团以总价17.80亿元拿下,折合楼面价为12760.00元/平方米,溢价率为325%。[42]

2017年3月24日,杭州市出台土地出让新规则:当土地溢价率达到50%时地块所建商品房屋须在取得不动产登记证后方可销售;土地溢价率达到70%时锁定限价,转入竞报自持比例;当有两个或两个以上的竞买人投报自持面积比例为100%时,转入投报配建养老设施的程序。原以为土地溢价率会在50%以下,结果却是屡屡突破。如9月13日五宗住宅用地的拍卖,土地溢价率都是70%。如表4-12所示。

表 4-12　杭州五宗住宅用地土地溢价率

地块	建筑面积/米²	成交价/亿元	楼面价/元/米²	自持比例/%	溢价率/%	房企
长睦	186574	26.45	14178	34.00	70.00	杭房
运河新城	61710	11.64	18860	16.00	70.00	金科
三墩北	32912	6.46	19635	30.00	70.00	金辉
紫阳南星	134794	59.93	44460	23.00	70.00	滨江
彭埠	46166	16.80	36395	11.00	70.00	淮矿

资料来源:杭州百亿土拍诞生史上第二贵地块,楼面价 44460 元/平方米[EB/OL].房天下,http://news.fang.com/open/26468929.html.

溢价率 50.00% 意味着拍地的房地产企业付出高于土地最大成本的一半价格去拿地,而 100.00% 溢价率则代表房地产企业付出了整整一倍的代价去拿地。就当下而言,付出如此巨大的成本是不合算的,可是企业把盈利的希望寄托在土地价格大幅上涨以及房价上扬的基础上。

(4)商业银行、房地产中介机构

开发区企业、房地产开发商等获得地块之后,向商业银行贷款;政府通过融资平台公司(含土地储备机构)向商业银行贷款。二者都使商业银行赚取利息差。如果按照商业银行贷款行业投放结构来衡量,商业银行对房地产业的依赖度比较高。从 2009 年 12 月至 2012 年 9 月银行房贷(包括开发贷款和个人按揭贷款)在其各项贷款中的占比尽管存在差异,但大多保持在 20.00% 以上的高度,最高月份达到 46.00%,平均值是 28.31%。虽然这几年有所下降,但是,房地产业仍然是商业银行投放贷款较多的行业。

房地产中介机构通过住宅和商铺的销售获得中介费。

(二)土地出让收益使用环节的财富再分配效应

1.土地出让收益使用结构

土地出让收益是指土地出让收入扣除成本性支出之后的余额。土地出让收益是政府的可支配财力,主要用于城市建设支出、农村基础设施建设支出、农业土地开发、城镇廉租住房保障、农田水利建设资金、教育资金、新增建设用地土地有偿使用费。国务院及有关部委对于国有土地出让收入的使用,都有明确的规定。主要项目支出如下。

(1)农业土地开发资金

农业土地开发资金从招标、拍卖、挂牌和协议出让的国有土地使用权所取得的第一笔价款中一次性全额计提,主要用于农业土地开发的支出。

农业土地开发资金＝土地出让面积×土地出让平均纯收益征收标准(对应所在地征收等别)×各地规定的土地出让金用于农业土地开发的比例(不低于15％)。

(2)国有土地收益基金

由财政部门从缴入地方国库的招标、拍卖、挂牌和协议方式出让国有土地使用权所取得的总成交价款中,划出一定比例(4％～8％)的资金,用于建立国有土地收益基金,实行分账核算,主要用于土地收购储备。

(3)保障性住房建设资金

市、县财政部门应当按照当年实际缴入地方国库的招标、拍卖、挂牌和协议出让国有土地使用权取得的土地出让收入,扣除当年从地方国库中实际支付的征地和拆迁补偿支出、土地出让前期开发支出、计提农业土地开发资金支出、补助被征地农民社会保障支出、保持被征地农民原有生活水平补贴支出、支付破产或改制企业职工安置费支出、支付土地出让业务费支出、缴纳新增建设用地土地有偿使用费等相关项目后,作为计提保障性安居工程资金的土地出让收益口径,严格按照不低于10％的比例安排资金。统筹用于廉租住房、公共租赁住房、城市和国有工矿棚户区改造等保障性安居工程。

(4)农田水利建设资金

从2011年7月1日起,按照当年缴入国库招标、拍卖、挂牌和协议出让国有土地使用权取得的土地出让收入,扣除当年从国库支付的征地和拆迁补偿支出、土地开发支出、计提农业土地开发资金支出、补助被征地农民社会保障支出、支付破产或改制企业职工安置支出、支付土地出让业务费、缴纳新增建设用地土地有偿使用费等相关支出项目后,作为计提农田水利建设资金的土地出让收益口径,严格按照10％的比例计提农田水利建设资金。若全年应计提数小于土地出让收入2％,则按土地出让收入计提到2％,其中30％缴入省级国库,70％缴入地方国库。该笔资金用于农田水利建设。

(5)教育资金

从2011年1月1日起,按照当年缴入国库招标、拍卖、挂牌和协议出让国有土地使用权取得的土地出让收入,扣除当年从国库支付的征地和拆迁补偿支出、土地开发支出、计提农业土地开发资金支出、补助被征地农民社会保障支出、支付破产或改制企业职工安置支出、支付土地出让业务费、缴纳新增建设用地土地有偿使用费等相关支出项目后,作为计提教育资金的土地出让收益口径,严格按照10％的比例计提教育资金。若全年应计提数小于土地出让收入2％,则按土地出让收入计提到2％。从土地出让收益中计提的教育资金,实行专款专用,重点用于农村基础教育学校的校舍建设和维修改造、教学设备购置等项目支出,具体包括前期工作费、工程施工费、设备购置费、竣工验收费、项目管理费和不可预见的费用等。教育资金不得用于学校人员经费、公用经费等经常性开支。

(6)土地出让业务费

从"招拍挂"出让的国有土地使用权所取得的收入中计提土地出让业务费。一般按招标、拍卖、挂牌和协议出让国有土地使用权取得的土地出让收入的2%比例执行,主要用于土地有偿使用管理工作方面的支出。

(7)被征地农民保障资金

被征地农民社会保障所需资金从当地政府批准提高的安置补助费和用于被征地农户的土地补偿费中统一安排,两项费用尚不足以支付的,由当地政府从国有土地有偿使用收入中解决;地方人民政府可以从土地出让收入中安排一部分资金用于补助被征地农民社会保障支出,逐步建立被征地农民生活保障的长效机制。

2.土地出让收益的使用对利益主体的影响

国有土地出让收入的使用,也涉及多个利益主体,包括县级以上人民政府、农村集体经济组织和农民、城市购房居民、城市非购房居民等。如图4-5所示。

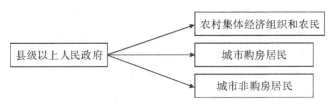

图 4-5　土地征收与出让

如果这些主体的利益都有改善,那么就符合经济学中的帕累托改进。那么结果怎样呢?

(1)县级以上人民政府

县级以上人民政府可以从土地出让收益中提取国有土地收益基金,用于土地收购储备;安排一部分资金用于城市和农村公共产品的供给,一旦获得民众的认可和赞许,就意味着体现了政绩。原本因为一般公共预算收入规模太小,无法提供工程性公共产品,如今有巨额的土地出让金作后盾,就有条件实施施政方略。

(2)农村集体经济组织和农民

农村集体经济组织和农民可以获得从土地出让收益中提取安排的农业土地开发资金、农田水利建设资金、教育资金等,有利于农业土地开发、水利建设,也有利于促进基础教育学校的校舍建设和维修改造、购置教学设备等。近年来,土地出让收益更多用于反哺农业、农村和农民,重点安排农村饮水、沼气、道路、环境、卫生、教育以及文化等基础设施建设项目,逐步改善农民的生产、生活条件和居住环境,提高农民的生活质量和水平。被征地农民还可以获得从土地出让收益中提取安排的被征地农民保障资金,从而逐步建立生活保障的长效机制。

(3)城市购房居民

城市购房居民虽然承担了较多的购房费用,但解决了住房问题,过上了舒适安逸的生活;同时,新建住宅小区有完善的幼儿园、中小学、诊所、绿化等生活配套设施,居住环境明显改善;地方政府将土地出让收益的一部分用于提供城市道路、桥涵、供水、供电、供气、排水、通信、照明、公共绿地、公共厕所、消防设施等设施,生活环境和条件明显改善。

(4)城市非购房居民(含进城务工人员)

城市低收入家庭虽然由于房价较高,支付能力有限,望房兴叹。但是,政府从土地出让收益中提取安排的保障性住房建设资金,统筹用于廉租住房、公共租赁住房、城市和国有工矿棚户区改造等保障性安居工程。还有,城市便捷的交通、舒适的环境等,这个群体同样可以享受。

实际上,城市非购房居民还应该分为老住户和新移民两种类型。老住户一直拥有住房,假如他们不购买新房,他们就不必承担土地出让金。在政府不开征房地产税的前提下,老住户的负担很轻,但他们可以享受政府提供的工程性公共产品。新移民却不同,他们要真正落户在城市,必须购买房屋。如果购买的是新房,就承担了土地出让金,意味着在享受工程性公共产品的同时,也支付了供给成本。

综上所述,土地出让金制度,提升了各个合法主体的利益,实现了帕累托改进。目前社会舆论对"土地财政"的诟病,多源于对"高土地出让金—高地价—高房价"机制的批评,这有一定的道理。然而,正是"土地出让金"顶抵了工程性公共产品的供给成本,企业和个人的税负才没有进一步加大。如表 4-13 所示。

表 4-13 土地征收—出让制度对相关利益主体的影响

环节	县级以上人民政府	村集体经济组织		农民		房地产开发商	商业银行、中介机构	城市居民	
		被征地集体	未被征地集体	被征地农民	未被征地农民			购房居民	非购房居民
土地征收和出让	√	√	—	√	—	√	√	—	—
土地出让收益使用	√	√	√	√	√	—	—	√	√

说明:"√"表示利益得到维护,"×"表示利益未得到维护,"—"表示利益不受影响。

（三）土地出让收益分配机制的缺失与弥补

1.适当增加被征地农民的占有份额

被征地后，农民的境况是变好了还是变坏了？这个问题的判断和评价差异非常大，甚至出现截然相反的观点。

郑风田[43]认为，农民为什么盼征地？一是我国巨大的城乡地租收入差距。同样的一块地，如果从事农业生产，特别是搞粮食种植的话，一年每亩净收入几百元，有时甚至是负的，而一亩地用来"种楼"、搞工业，亩产值比种粮收入要高出数百倍乃至上万倍，甚至几十万倍。二是征地拆迁暴富的神话。尤其是大都市郊区，通过拆迁获得数百万元乃至千万元补偿款的农民，并不是少数。拆迁征地带来的收益，比农民数代人从事农业生产所带来的收入加在一起还要高出数倍。通过拆迁征地，农民不但暴富，而且住房、社保、工作等基本上都能够解决，远比从事农业生产强。三是巨大的城乡公共品服务差距。土地被征用后，所能享受到的基础设施等公共服务，与征地前相比要高了不少，农民当然乐意。他还引用了中国社科院发布的一项调查结果：全国超过一半的农民希望国家征用土地，唯一的要求是得到合理的补偿。

盛风敏[52]认为，被征地的农民境况很糟糕。主要表现在：第一，由于征地用途不同，如市政项目或非市政项目，商业用地或非商业用地之间的补偿标准不一致，导致相邻地块被不同项目征用时，补偿费悬殊较大；第二，农民失地后就业无门。大多数文化水平低、以种植业为主、没有工作经验和技能或年龄偏大的农民，根本无法找到工作。由于缺乏就业和创业能力，农民失地后就处于坐吃山空的状态，未来的生活极不稳定。据统计，失地农民的失业率高达34.00%。第三，农民失地后缺乏社会保障。一旦土地被征用，农民就失去了基本生存的生活底线，务农无地、就业无岗、社保无份，生活在城市边缘，成为新的城市弱势群体。

土地出让收益主要应归于国家、用于社会。征用土地的增值，是因为国家把土地的用途改变了，是因为国家对道路交通、绿化等基础设施有大量的投入。在现实生活中，一些地方政府在获取和使用土地增值收益方面确有许多不规范，但不能因此得出结论，要把土地增值收益全部归于被征地农民。中央政府多次强调转变现有土地增值收益分配格局。党的十八大报告提出，改革征地制度，提高农民在土地增值收益中的分配比例。

农业部农村经济研究中心做过一项研究，以全国土地出让为例，1995年全国每公顷土地出让金纯收益为66.10万元，其中政府获得47.20万元，集体和农民获得18.90万元，政府与集体和农民的土地增值收益分配比例为2.5：

1.0。到了 2005 年,这个比例扩大到 9.7∶1.0。1995—2005 年间,土地出让价格上涨了 3.6 倍,而征地补偿标准却只提高了 0.5 倍。如果与政府商业用地出让收入相比,集体和农民在土地增值收益分配中的比例会更低。征地过程中政府与农民利益博弈被形象地描述为,"征走农民一头牛,补给农民一只鸡"。

最近几年,城市建设用地价格迅猛上涨,而征地补偿标准却没有做出相应调整,新增提高的农民社会保障费用也有限,致使集体和农民在土地增值收益分配中处于更加不利的地位。

统一片区综合征地补偿标准。实际工作中,有些地方在征地时按片区综合价补偿,即将行政管辖区域划分成若干片区,不同片区征地补偿有差异;同片区相同土地征地补偿相同,不同土地征地补偿有差异。

例如,从 2017 年 3 月 1 日开始,福建省征地补偿全面实行征地区片综合地价制度,全省各地根据地类、产值、土地区位等因素划分为四个区域类别。厦门思明区、湖里区、集美区属于一类区,海沧区、同安区、翔安区属于二类区。

福建省政府此次划定的征地补偿综合地价标准为最低标准,一类区价格 38750 元/亩,二类区价格为 37750 元/亩。省政府明确,各地在征收耕地时,按征地区片综合地价标准乘以 1.0 系数计发;除耕地外的农用地、建设用地、未利用地的调整系数由各地根据实际自行确定,但补偿标准不得低于现行征地补偿标准。

除了细化到区一级的征地补偿最低标准之外,福建省还要求县(市、区)人民政府划定当地的征地补偿综合地价。各县(市、区)要在综合考虑地类、产值、土地区位、农用地等级、人均耕地数量、土地供求关系、当地经济发展水平和城镇居民最低生活保障等因素基础上,将辖区划分 3~5 个区片,明确区片范围,确定具体征地区片综合地价,并建立征地区片综合地价数据库。

从长远看,参照市场价格支付征地补偿。政府因公共利益征收农民集体土地,必须支付与周边其他经营性用地大体相当的价格。

2.缩小城郊农民和远郊农民之间的利益落差

目前的征地主要发生在城乡接合部地区,要占全部土地征收的 60%~70%,但其征地指标又有可能相当一部分来源于远郊或者偏远地区的农村撤并腾置而得来的用地指标。如果直接入市的增值部分都被少数城乡接合部的农民拿走了,土地增值的收益分配就显得太不公平。

按照《土地管理法》及相关法律的规定,农民获得的补偿仅限于"农业用途"。农地被征用时的价格通常是每亩几十万元计算,而转为建设用地之后,所建的商品房价格则是以每平方米几万元计算。这个中间的落差非常大。但是,农民得益并不多。有些地方,征地补偿标准过低,甚至拖欠补偿安置费,补偿款又被层层截留,被征地农民最终得到的补偿极其有限,出现了所谓"务农无地、上班无岗、低保无份"的三无游民，增加了社会不安定因素。有学者引用了几个数字：土地用途转变增值的土地收益分配中，政府大约得 60%～70%，拥有集体土地所有权的村一级集体经济组织得 25%～30%，农民只得 5%～10%。[44]当然，位于城乡接合部的农民，往往获得巨额的土地利益，但是，全国绝大多数的农民无法分享到土地征用所形成的巨额增值收益。这是不公平的。

这个观点有一定的道理，但是，换个角度看，似乎又值得商榷。

一个人的收入水平是由两大因素共同决定的：一是拥有的生产要素数量和质量，二是提供生产要素的机会。两个人即便有同等数量和质量的生产要素（如劳动力、房屋等），也会因为机遇的不同产生收入的差异。

同样是土地，在地理位置上有很大的差别。处于城郊的农民，手中的土地有机会被征用，从而获得征地补偿费和安置房；处于远郊（exurban）①的农民，却没有那么幸运。这就是因为提供要素的机会不同。收入差距是存在的，甚至是巨大的，但是，不能由此完全否定土地征用制度。

城郊农民因土地被征用获益，有没有损害远郊农民的利益？或者说，前者的得益是不是建立在后者受损的基础上？显然不是。事实恰恰是，后者在一定程度上也得益。例如，远郊农民种植的蔬菜价格高了，收益也增加了。这足以说明，是一种帕累托改进。

再说，应该允许这一部分人先富起来。况且，农村经营性建设用地可以入市了。

鉴于只有少部分人获得土地增值，有学者建议应该通过补助的方式来让更多的人享受城市化的红利，最好的办法是通过公共财政的阳光普照来补充农民。问题是，通过转移支付方式使远郊农民增加收益，不一定取得好的效果。因为转移支付方式有其弱点。有学者研究，自 1999 年以来，中央政府将大量的财政转移支付给予内陆地区，但是，每一个单位的转移支付使政府支出水平上升 0.6～1.3 个单位，而相同的 GDP 或者居民收入增长的效应仅为 0.1～0.2；同样，人均财政转移支付每增加 1 万元，会使得每万人的机关人数增加 62 人，而本地财政收入相同增幅所带来的效应仅为 0.037 人。[45]

当然，比较好的征地制度应着眼于提高被征地农民原有的生活水平，而不是保持原有的生活水平。近年来，嘉兴南湖区七星镇、嘉善县姚庄镇等市镇实施"两分两换"的办法。"两分"是将宅基地与承包地分开，搬迁与土地流转分开；"两换"则是以承包地换股、换租、换保障，推进集约经营，转换生产方式；以宅基地换钱、换房、换地方，推进集中居住，转换生活方式。"两分两换"的实质

---

① 远郊是指离城市较远的农村地区。

为农民将分散的宅基地换成城镇住宅,政府获得新增建设用地指标。这两种做法更好地保证了被征地农民生活水平的提高。

五、工程性公共产品供给难以摆脱对土地出让金的路径依赖

(一)土地出让金有起落但未必枯竭

1998—2016 年,全国土地出让收入总额约 31 万亿元,年均 1.6 万亿元。2015年全国土地出让收入为 33657.73 亿元,同比下降 21.60％;但是 2016 年又增长了11.30％。苏州、南京、上海、杭州、天津、合肥、武汉、重庆、深圳 9 个城市土地出让收入均超过千亿元,另有 11 个城市土地出让收入金额同比上涨超过 100.00％,纷纷刷新历史最高纪录。从全国土地出让收入最多的 50 个城市看,土地出让金合计达到了 2.69 万亿元,同比上涨了 34.00％,而成交总面积还略微下滑。

1."城中村"改造为国有建设用地的供应提供空间

2011—2016 年,全国建设用地总量连续做减法,国有建设用地供应面积分别为 59.63 万公顷、71.49 万公顷、75.44 万公顷、65.12 万公顷、53.60 万公顷和 52.06 万公顷。2016 年国有建设用地供应面积相比近年来的高点 2013 年下滑了 30.00％。如表 4-14 所示。

表 4-14　2011—2016 年国有建设用地供应变化情况

单位:万公顷

用地类型	2011	2012	2013	2014	2015	2016
工矿仓储用地	19.23	20.82	21.46	15.03	12.54	12.14
房地产用地	17.00	16.64	21.00	15.55	12.03	10.80
基础设施等用地	23.41	34.02	33.00	34.54	29.05	29.12
合计	59.43	71.49	75.46	65.12	53.63	52.06

注:国有建设用地供应总量是指报告期内市、县人民政府根据年度土地供应计划依法以出让、划拨、租赁等方式将土地使用权提供给单位或个人使用的国有建设用地总量。房地产用地是指商业用地和住宅用地的总和。

资料来源:中华人民共和国国家国家统计局发布的历年《国民经济和社会发展统计公报》。

土地出让面积也逐年回落,2013—2016 年全国土地出让面积分别为 32.43万公顷、36.92 万公顷、27.34 万公顷、22.24 万公顷和 20.94 万公顷。如表 4-15所示。

表 4-15　2013—2016 年全国土地出让面积和出让合同总价款

年份	土地出让 面积/万公顷	同比涨幅/ %	土地出让合同 总价款/万亿元	同比 涨幅/%
2012	32.44	—	2.69	
2013	36.88	13.70	4.20	56.10
2014	27.32	−27.50	3.34	−27.40
2015	22.25	−20.20	2.98	−13.30
2016	20.92	−5.90	3.56	19.30

资料来源:中华人民共和国国土资源部公布的 2013—2016 年《中国国土资源公报》。

之所以国有建设用地供应面积减少,与耕地保护有关。早在 2013 年,中央农村工作会议就明确,要坚持国家粮食安全战略。18 亿亩耕地红线必须坚守,同时现有耕地面积必须保持基本稳定。2012—2016 年,全国耕地面积基本稳定,总量均保持在 20 亿亩以上,18 亿亩的耕地红线始终稳守。如表 4-16 所示。

表 4-16　2012—2016 年全国耕地变化情况

单位:万公顷

	2012	2013	2014	2015	2016
农用地	96.97	96.93	96.86	96.82	95.24
耕地	20.27	20.27	20.26	20.25	20.24

资料来源:中华人民共和国国土资源部公布的历年《中国国土资源公报》。

2000—2013 年,我国城市建成区面积由 225.52 万公顷扩大到 481.40 万公顷,城镇化率提高 17.48%,相当于每城镇化率每提高 1 百分点,增加城市建成区面积 14.61 万公顷。按此规模计算,城镇化率再增加 20.00%,需占用土地 292.12 万公顷。供求矛盾是存在的,但是,回旋的余地也是存在的。这个余地就是"城中村"的改造。

城中村是指在城市化不断推进的过程中,那些已经没有或仅有少量农业用地,被"镶嵌"在城市建成区中的村落。这些村落已不再是传统意义上的农村,但在土地权属、户籍管理上仍然沿袭农村模式。

"城中村"的土地所有权有两种状态:一是正在"撤村建居"。土地所有权部分属于国家所有,部分属于集体所有,农民未转为居民;二是尚未"撤村建居",所在区域已列入城市规划的"红线"范围之内,但土地仍属于集体所有。

国家所有和集体所有并存的土地所有权,导致土地使用权所产生的收益有

243

较大的反差,国有土地使用权人所获得的利益远远大于集体土地使用权所获得的利益。利益上的诱惑,使得集体土地使用权人努力去弥补这个落差。于是产生非法租赁土地、以土地入股开办实业、以土地抵押贷款、非法的房地产开发并出租等现象。

"城中村"改造通常采用的方式是将集体土地转为国有土地。土地所有权主体由原来的农村集体全部变为国家,村基础设施和建筑纳入城市规划体系,村民全部变为城市居民,与城市居民享受同等的教育、医疗、社保等公共产品。要把集体土地使用权变为国有土地使用权,就必须把集体土地所有权变为国有土地所有权。根据《宪法》和《土地管理法》的规定,只能通过土地征用手段,而征用的前提必须是"为了公共利益的需要",且国家给予必要的补偿。

较早的例子是深圳市,自 2003 年 10 月起在宝安、龙岗两区全面推进城市化工作,就有 27 万农民转为城市居民,其集体所有的 956 万平方千米土地将随之转为国有。深圳的"城中村"改造经验纷纷为各大城市仿效。如杭州市从1998 年启动城中村改造,至 2015 年底,主城区 246 个城中村中有 68 个村完成改造。在"十三五"期间要完成改造 178 个村,其中,拆除重建 139 个、综合整治21 个、拆整结合 18 个。年度改造计划是,2016 年 21 个村、2017 年 22 个村、2018 年 27 个村、2019 年 32 个村、2020 年 76 个村。

事实上,浙江省的做法超越了"城中村"改造。自 2013 年起,浙江省政府决定,在全省范围内全面开展"三改一拆"行动,即对城市规划区内的旧住宅区、旧厂区和城中村进行改造,拆除全省范围内违反土地管理和城乡规划等法律法规的违法建筑。截至当年 9 月底,就拆除违法占地 0.60 万公顷,腾出改造用地0.40 万公顷。"三改一拆"实现了向空间要地的目标,通过盘活存量土地资源,在保证不突破耕地指标的同时,腾出建设用地。

2.土地出让呈"量减价升"的势头

政府获得土地出让金之后,一部分用于成本性支出,包括征地拆迁补偿支出、土地出让前期开发支出、补助被征地农民支出等;另一部分用于非成本性支出,包括城市建设、农业农村、保障性安居工程等。

前些年,土地出让金中 70.00% 用于农民补偿、拆迁补偿、土地出让前期开发整理等方面,30.00%～40.00% 是土地出让收益,如 2009—2011 年土地出让收益分别为 6545.49 亿元、12665.75 亿元和 9423.24 亿元,占当年土地出让收入比例分别为 45.96%、43.08%、28.14%,呈快速下降趋势。从 2012 年开始,用于补偿的份额提高了约 10 百分点,土地出让收益只有 20.00% 左右,如 2012年土地出让收益 6261.40 亿元,占当年土地出让收入 21.67%。2015 年又有所提高,8987.93 亿元土地出让收益占当年土地出让收入 33657.73 亿元的

26.70％。总体看,政府承担的征地拆迁补偿、出让前期开发整理等成本在抬升。如表 4-17、表 4-18 所示。

表 4-17　2015 年全国土地出让支出情况

项目	金额/亿元	占比/%
全国土地出让支出	33727.78	100.00
其中:成本性支出	26844.59	79.60
非成本性支出	6883.19	20.40

资料来源:2016 年 4 月 5 日财政部公布的《2015 年全国土地出让收支情况》。

表 4-18　2015 年全国土地出让支出结构

项目		金额/亿元	成本性支出结构/%	非成本性支出结构/%
成本性支出	总量	26844.59	100.00	
	征地拆迁补偿补助被征地农民	17935.82	66.80	
	土地开发支出	6533.90	24.30	
	支付破产改制企业职工安置费等其他支出	2374.87	8.90	
非成本性支出	总量	6883.19		100.00
	城市建设支出	3531.53		51.30
	保障性安居工程支出	823.49		12.00
	农业农村支出	2528.17		36.70

注:土地出让收益＝土地出让收入－成本性支出＝8987.93 亿元。

资料来源:2016 年 4 月 5 日财政部公布的《2015 年全国土地出让收支情况》。

然而,从 2016 年的情况看,土地出让出现"量减价升"的势头。2016 年已是全国房地产用地供应量连续第 3 年下降,减少供地主要是希望让市场优先消化既有的土地和商品房库存。但相较于 2014 年和 2015 年分别下降 25.50％和 20.90％,10.30％的降幅已明显收窄。

在供地量下降的同时,地价则明显上涨。2016 年全国土地出让合同成交价款同比增长 19.30％。具体说,2016 年全国土地出让面积减少约 1.32 万公顷,合同成交价款却增加了 5759.00 亿元左右。易居研究院智库中心的统计数据显示,2016 年北京、上海、广州、深圳 4 个一线城市土地溢价率分别达到 38.00%、73.00%、37.00%和 149.00%。土地交易开始降温,更多的是因为政策调控的威慑力在不断增加,但土地交易市场后续依然有反弹的可能,尤其是在一些大城市,部分开发商仍有继续拿地的冲动。

3.“续期”的土地出让金来源可观

按照土地的不同用途,我国土地使用权出让的最高年限为:居住用地 70 年,工业用地 50 年,教育、科技、文化、卫生、体育用地 50 年,商业、旅游、娱乐用地 40 年,综合或者其他用地 50 年。一旦土地使用年限到期或即将到期,续期就要缴纳土地出让金,重新办理土地证。这样一来,政府又有可观的土地出让金。

对于土地使用年限到期后,续期期间要不要再缴纳土地出让金,法律上存在模糊地带。

1990 年 5 月 19 日颁布并实施的《中华人民共和国城镇国有土地使用权出让和转让暂行条例》规定:“土地使用权期满,土地使用者可以申请续期。需要续期的应当依照本条例第二章的规定重新签订合同,支付土地出让金,并办理登记。”1995 年 1 月 1 日起施行的《中华人民共和国城市房地产管理法》规定:“土地使用权出让合同约定的使用年限届满,土地使用者需要继续使用土地的,应当至迟于届满前一年申请续期,除根据社会公共利益需要收回该幅土地的,应当予以批准。经批准准予续期的,应当重新签订土地使用权出让合同,依照规定支付土地出让金。”但是,2007 年 3 月通过的《中华人民共和国物权法》规定:“住宅建设用地使用权期间届满的,自动续期。”

物权法规定可以自动续期,但是没有明确规定该如何续期、需不需要缴纳土地出让金以及缴纳多少。截至目前,国家层面尚未出台关于出让土地续期的实施细则,更没有对出让土地使用权续期出让金收取标准做出规定。在浙江省温州市区横河北新村、水心、上陡门等社区,部分居民房屋的 20 年期限土地使用证从 2016 年开始陆续到期。温州市主城区 20 年期限土地使用证到 2017 年年底到期有 600 多宗,到 2019 年年底到期有 1700 多宗,主要集中在鹿城区、龙湾区、瓯海区等。作者专门从温州有关部门了解情况,结果是,到目前为止,温州市还没有要求业主续缴土地出让金,但是,对到期的房产都办理了续用手续,具体续用年限没有注明,房产可以正常交易。

新房开发时,开发商在一级土地市场上竞价拍卖获得土地使用权并支付土地出让金,而土地使用权到期以后,续期的土地出让金价格没法采用拍卖竞价方式。有的地方参照国有土地出让的做法,先由第三方评估机构评估土地价格,根据单位地价或折算出楼面地价,算出总的土地出让金,重新签订国有土地使用权出让合同。也有的地方通过基准地价来计算土地出让金。基准地价是指土地在正常市场条件的熟地价格,包括土地取得费(征地或拆迁的费用及相关税费)、土地开发费用和土地纯收益。如青岛市黄岛区阿里山小区,5071户业主的土地使用权期限分别为20年、30年、35年,其中310户业主的房屋土地使用权在2009年6月底就到期了。当时青岛市政府提出的续期方案是:物权法细则不明,土地期满应有偿续期,需要续交土地出让金;以辖区内过去一年的平均地价为计算基准,折算到建筑面积大约是60.00%,因为当时黄岛区的地价是1000元,所以100平方米的房子业主要补缴地价6万元。

如果全国各地都参照青岛市黄岛区的做法,后续的土地出让金源源不断,这将是一笔可观的收入。

（二）工程性公共产品不可能由依赖土地出让金转为依赖税收

1.从"公产国家"往"税收国家"演变是缓慢的过程

一个国家或地区的财政收入,除税收收入之外,还有其他各种收入。公产收入(income from public property)是比较重要的一种,它既包括来自公有土地、森林、矿产、河流、股权等财产的租金、利息和变卖价款,也包括来自公营企业的盈利,主要是垄断的公营企业,如盐、烟专卖及铁路、钢铁、石油、水电气暖等。

历史上,许多国家或地区曾主要依靠公产收入。在欧洲的领地国家时期,统治者依赖自己的领地收入而生存。美国从1776年到内战时期,土地财政收入以土地出售收益为主,且基本上归联邦政府所有。在内战结束后,土地财政收入由州和地方共享。后来,随着州政府开始开征新税种,将财产税下放给了地方政府,土地财政收入占州政府财政总收入的比例逐步下降。

中东一些发展中国家,至今还是公产国家。国家控制石油这种在国际市场上特别有价值的自然资源,能够通过出售石油资源获得巨额的财政收入。由于石油资源是天然形成的,供给不足导致的超额利润——租金"不是挣来的收入",所以,公产国家不需要像税收国家那样在政治上付出多大的努力就能获得充足的财政收入。根据2012年世界银行、国际金融公司和普华永道公司发布的报告,中东地区的税负水平明显较低。平均而言,在中东地区,一家中型企业只要承担23.60%的总税收负担,远低于全球平均44.70%的水平,是税收负担最低的地区,科威特、卡塔尔、巴林、沙特和阿联酋基本没有公司所得税,不征收消费税及其他税种。因为他们都是富油国,财政收入不需要通过征税获得,来自石油的收益取代了税收。

1949—1978年间,中国是一个"公产国家",财政收入主要是通过各种非税手段来汲取,如农业部门盈余汲取是通过在土地国有的基础上,利用价格上限和国家收购政策;通过工资政策来汲取城市家庭的盈余;通过行政手段要求国有企业将盈余上缴国家财政。[①] 1979年以后税收体系逐渐建立并完善,财政收入以税收为主,但是,税收收入占全口径预算收入之比并不高,2016年这一比例只有50.70%。

一般情况下,非经营类工程性公共产品项目,因其具有非排他性,因而,其成本补偿只能依靠税收。但是,我国地方政府大多依靠土地出让金。与税收相比较,土地出让金作为非经营类工程性公共产品的资金来源,具有严肃性弱、稳定性差、风险较大且不可持续等特点,应当逐渐被税收所取代。这里所言的税收,并非特指财产税或房地产税,而是指归地方政府支配使用的各种税收收入。

曾有报道称,深圳市已经从主要依赖土地出让金过渡到主要依靠税收。其实,深圳有其特殊性。

1987年12月1日,深圳房地产公司以525万元的最高价获得了罗湖区东晓路一块8588平方米土地的使用权,开启了土地有偿使用模式。2011—2013年土地出让金分别为229亿元、326亿元和481亿元,虽说每年增加100亿元左右,但是与2013年北京1822亿元、上海2044亿元和广州762亿元相比较,规模小得多。这缘起2009年深圳市政府首次提出建设用地"减量增长"的原则。

所谓减量增长,是指深圳市新增建设用地将逐年下降,直至2030年实现建设用地零增长。深圳市在2004年以城市规划全覆盖的方式,一举将特区外260平方千米的农业用地指标转为国有土地。而深圳作为副省级市,用地指标审批权在国务院。国务院考虑到深圳特区建设的特殊历史背景,以"下不为例"的方式批准了这一统征方案。结果是,在北京等大城市均有大量农业用地待征的情况下,深圳成为土地几乎全部国有的城市。这也使深圳在土地资源利用上成为唯一"没有增量、只有存量"的城市。

土地资源的枯竭倒逼深圳大力发展高新技术产业,通过推进战略性新兴产业扩大税源。2013年,深圳市政府性基金收入仅占全口径财政收入的19.00%,在全国处于最低水平。深圳已经成长为全球最重要的移动通信设备生产和技术创新城市,正在成长为生物、新能源与材料科学的引领中心。财政收入大部分来自税收,2016年深圳市一般公共预算收入超过7900亿元,地方一般公共预算收入亿元,首次突破3000亿元大关。每平方千米产出4亿元税收,在全国大中城市中位居第一。税收主力军是华为、平安、招商、

---

① 刘守刚.中国公共生产探源与政策选择[M].上海:上海财经大学出版社,2003.

腾讯等新成长起来的企业,新税源名单上出现了优必选、深信服、华讯方舟、光峰光电等一批新企业。

本篇认为,深圳模式很不错,但是在全国复制还有待时日。更何况,深圳对土地的依赖程度也有反复。2014 年 5 月,有研究机构发布《45 个楼市限购城市土地财政依赖度分析报告》,采用 2013 年的官方数据,按照城市土地出让金占城市一般公共预算收入之比进行排名。深圳的土地财政依赖度为 27.00%,在 45 个城市中排名倒数第二。排名前三的为杭州、佛山、南京。北京、上海和广州的土地财政依赖度在 50.00%～60.00%。但是,2016 年土地财政依赖度又上升到了 44.00%。如表 4-19 所示。

表 4-19　2014 年和 2016 年北京、上海、广州、深圳土地财政依赖度

年份	项目	北京	上海	广州	深圳
2014 年	土地出让收入/亿元	1917.00	1764.00	834.00	552.00
	地方一般公共预算收入/亿元	3994.00	4410.00	1143.00	2082.00
	土地财政依赖度/%	48.00	40.00	73.00	26.50
2016 年	土地出让收入/亿元	799.00	1550.00	726.00	1380.00
	地方一般公共预算收入/亿元	4724.00	6406.00	1394.00	3136.00
	土地财政依赖度/%	16.90	24.20	52.10	44.00

资料来源:根据四个城市财政局预算报告计算。

从全国范围看,2016 年税收收入占全口径财政收入之比仅为 50.70%,而土地出让收入占政府性基金收入之比为 80.40%,占全口径财政收入之比仍达 14.60%。如果取消 37457.00 万亿元的土地出让金,工程性公共产品由税收补偿,那么宏观税率就会大幅度提高。以国际通用的狭义宏观税率指标为例,2016 年税收收入占 GDP 之比为 17.47%,若加上土地出让金,则占 GDP 之比为 22.56%,即要提高 5.00 百分点。2016 年全国企业所得税和个人所得税分别为 28850.00 亿元和 10089.00 亿元,如果取消 37457.00 万亿元的土地出让金,几乎使企业所得税和个人所得税翻一倍,这是纳税人难以承受的,尤其是企业。

表 4-20　2016 年全口径财政收入结构

项目	金额/万亿元	占比/%
①一般公共预算收入	159552.00	62.10
其中:税收收入	130354.00	(81.7)50.70
②政府性基金收入	46619.00	18.10
其中:土地出让收入	37457.00	(80.4)14.60
③国有资本经营预算收入	2602.00	1.00
④社会保险基金收入	48273.00	18.80
合计(=①+②+③+④)	257046.00	100.00

资料来源:根据财政部预算执行情况报告整理。

说明:81.70%为税收收入占一般公共预算收入之比,80.40%为土地出让收入占政府性基金收入之比。

2.工程性公共产品难以主要依赖 PPP 和项目收益债券

(1)PPP 融资的签约率不高

从 2014 年提倡采用 PPP 模式,至今已经历了 4 年。但是,各地公布的 PPP 项目,签约率大约只有 30.00%。PPP 项目落地率较低,主要存在以下三方面原因。

第一,推出的 PPP 项目没有经营性收入。很多 PPP 项目属于公益性项目,项目本身无法产生经营性收益。在捆绑其他资源时,可能遇到法律障碍。现实中捆绑的多为土地资源,但土地需要走"招拍挂"程序,或者相关土地不是净地,涉及拆迁、平整等。如果没有建设用地证明,项目建设就很难推进。

第二,融资成本太高。在政府不完全提供担保的情况下,社会资本一定会追求相应的风险补偿,这导致社会资本的融资成本往往高于政府直接举债的成本。项目公司希望资金成本能维持在 5.90% 的基准利率水平上,如果是这个条件,只有国开行、农发行等政策性银行能提供贷款;要是吸纳商业银行、信托、基金的资金,资金成本往往会在 8.00% 左右,这是项目公司难以接受的。另外,PPP 的实施要经过严格的风险收益评估,同时,项目识别和招标阶段的手续费高。

第三,10.00% 的财政红线。为了防范和控制财政风险,财政部于 2015 年规定,每一年度全部 PPP 项目需要从预算中安排的支出,占一般公共预算支出比例应当不超过 10.00%。按照这个底线,如果某县一般公共预算支出是 5 亿元左右,就意味着用于 PPP 的财政支出只有 5000 万元,可能做一个 PPP 项目都不够。

可见,不是所有的项目都适合 PPP。一般来说,适合期限较长且有稳定现金流的项目,并不适合小项目。

在实践中,PPP 项目还是跟土地挂钩。例如,西部某地级市建一个人工湖,论证一年之后被立项。这个湖是一个纯公益性项目,为的是提高人居环境,形成生态小气候。由于政府缺钱,需要寻找社会资本合作,社会资本把湖建好后,人工湖周边的土地可进行商业开发,人工湖建设方在土地"招拍挂"中,可获得优先权。人工湖由社会资本垫资建设,未来由周边土地商业开发获得的收益来分期偿还这部分投资费用,并给社会资本以一定回报。由于项目风险不大,愿意参与的社会资本很多。

(2)项目收益债券融资取决于现金流

项目收益债券是指以项目的未来收益为支撑进行发债融资。与传统的企业或公司债券相比较,项目收益类债券最大的特点是偿债主要来自于项目未来收益,而不是主要取决于项目主体的资信水平。

项目收益类债券以项目未来的现金流为偿债来源,不依赖于项目公司的资质,这就意味着项目收益类债券的发行规模、融资成本等不取决于项目公司而依赖于项目本身,或者说即使项目公司的资质较差而项目本身的盈利前景较好,仍然可以较大规模、较低成本发行项目收益类债券来融资,支持项目建设。因此,项目收益类债券在很大程度上解决了 PPP 模式下项目公司融资能力不强所带来的问题,可以为市政项目建设运营提供大额度、低成本的资金,是 PPP 模式下市政项目融资的重要抓手和突破口。

项目收益债券是一种较好的融资模式:第一,发行主体为项目公司。募集资金由项目公司封闭运作管理,专项用于项目建设与运营,这样可以实现风险隔离与收益隔离。第二,使用者付费。项目收益债券的募投项目主要是在建或拟建的能够产生持续稳定经营性现金流的项目,如市政、交通、公用事业、医疗等。经营性现金流一般来自用户支付的使用费。第三,债券期限较长。项目收益债券是以项目自身的现金流作为还款来源,因此债券的发行期限需涵盖项目建设、运营的全生命周期(whole life cycle)。第四,地方政府不承担偿债责任。地方政府不直接介入相关项目的融资、建设及运营,不承担债券的偿还责任,也不提供隐性担保,但是可以通过税收优惠、贴息支持等措施降低项目成本。

2015 年 5 月 15 日,国家发改委印发了《项目收益债券试点管理办法》,对发行方式、发行项目、项目收入的认定等,都有明确的规定。作为县一级的区域,发行项目收益债券已经有先例。

一个例子是舟山市定海区,2016 年年初成功发行了项目收益债券。该项目收益债券的发行人为定海城区建设开发有限公司,实际控制人为定海区财政局;5 年期债券,发行总额不超过 5 亿元;募集资金将全部用于定海区弘生世纪城北侧小区棚户区改造项目建设;以簿记建档、集中配售的方式,在银行间债券市场面向符合规定的合格投资者非公开发行;由主承销商中国银河证券股份有限公司牵头组成的承销团,以余额包销方式承销。

另一个例子是宁波市奉化市,2016 年 3 月经国家发改委批准发行了项目收益债券。总额是 10 亿元,6 年期固定利率,面向境内机构投资者公开发行。募集资金用于对奉化市花园新村和南山新村危旧房屋的整体改造,以改善当地居民的居住环境。项目收入来源主要包括商品房、配套商业用房、地下车库等销售收入和奉化市财政补贴收入。由奉化市交通投资公司作为本期债券的差额补偿人。

以项目收益债券收入补偿工程性公共产品,这是一个好的办法。但是,有一个基本的前提,该项目必须有持续、可观的收益来源。

六、金税并存:土地出让金与"房地产税"双轨运行

(一)"房地产税"与土地出让金不是替代关系

1. 开征"房地产税"无须取消土地出让金

虽然"房地产税"仍然处于酝酿之中,但是关于"房地产税"与土地出让金之间的关系,理论界已有较多的讨论。目前有一种倾向性的观点是,既然收取了土地出让金,就不应该再征收房地产税。如顾书桂[49]认为,"住宅税替代土地出让金,是市场经济条件下公共财政的基本要求,也是中国城镇政府土地财政转型的基本内容"。再如刘守刚认为,"普遍征收房产税后,土地出让金制度应同时改革,两者不能并行。就是说,房产税的最终方案应该是,用合理合法的房产税代替土地出让金"。国家税务总局原副局长、联办财经研究院院长许善达甚至认为开征"房地产税"没有法理依据:如果把房地产税看成财产税的话,那么由于我国实行的是土地国有政策,则不能对个人征收"土地财产税",这是税法的原则;如果把房地产税当成使用税来征收,那么,企业、个人则已经交过 70 年的使用费,相当于重复征收了。①

本篇认为,房地产税与土地出让金的性质完全不同,二者并行不悖,不能相互替代。产权是一个权利束,其中包括了拥有权、使用权、收益权、处置权、开发权、转让权等多种权利。《物权法》规定国家保护权利者的物权,其中包括"用益物权",而"建设用地使用权"就属于"用益物权"的一种。土地使用权是一项财

---

① 2017 年 9 月 23 日,"第三届复旦首席经济学家论坛"在上海举行,许善达出席并演讲。

产性权利,它能给权利人带来现实的收益。一套房子被居住若干年以后,墙体、门窗、天花板等部件,如果扣除折旧,并没有多少价值,但是,房产反而增值了。增值来自于地产并非房产本身。说起来,个人只拥有70年的土地使用权,其实,包括土地增值的收益权也通过住房转移到了个人的手上。个人及企业各种所得都得交税,为何住房持有就不要交税呢? 可见,实际上,收益是由土地使用权带来的。由于拥有土地的使用权,占有了收益,成为征税对象,这是天经地义的。

　　房地产税作为税收的一种,是国家凭借政治权力,按照法律规定,对不动产部分收益强制地、无偿地占有。土地的价值增长一部分来自土地所有人和使用人的私人投资,还有一部分是工程性公共产品和服务性公共产品等外在因素导致的。这些外部因素带来的土地增值应属于公共收益,应由政府公共部门代表社会通过税费的形式获得。"涨价归公"是民心所向! 房地产税有两种:一种是所得税性质的,这是指对房地产交易所得课征的税;另一种是财产税性质的,这是指对因持有房地产而获得的增值收益课征的。不论哪一种性质上的房地产税,都体现公平原则。因此,土地出让金和房地产税是完全不同的概念,不是重复征收。

　　即便在土地公有制的国家和地区,也同时存在着土地出让金、财产税。如中国香港、澳大利亚的堪培拉和以色列,租用公有土地的承租人需要缴纳土地出让费,并且每年缴纳房地产税。

　　中国香港的土地为特区政府所有,政府采用"批租"的方式出让一定年期的土地使用权。土地批租由地政总署负责,采用公开拍卖或者招标的方式出让土地使用权,与地方政府签订"地契",成交价就是土地出让金。香港土地使用权批租也是有年期的,1997年之前,批租的年期有75年、99年和999年3种,1997年之后新批租的土地使用年期一律为50年。

　　在香港,除了缴纳土地出让金,还要缴纳物业税和物业差饷税。物业税是向土地及建筑物拥有人就其出租物业收入征收的所得税,物业差饷税则是不动产保有环节的财产税,以假定业主在市场中出租房屋能获得的年租金收入为计税依据,2009—2010年度的税率为5.00%。2010年,香港财政收入3184亿元,其中土地出让金占全部财政收入的12.40%,差饷收入占3.10%。

　　2. 开征"房地产税"替代不了土地出让金

　　如果一种税的税基有明显的地域特征,课税范围相对固定于某一区域,流动性很弱,而且征收管理具有便利性,地方政府易掌握税源、易管理,那么这种税应该划为地方税。由此可以判断,如果房地产税开征,一般情况下会作为地方税。

253

房地产税的税率怎么确定？美国的做法是美国50个州都征收房产税。征税目的是维持地方政府的各项支出、完善公共设施和福利。对房产进行估价的权力掌握在地方政府手中，评估出的房产价值一般仅定为市场价格的50.00％~75.00％。例如，加利福尼亚州的法律规定，房产税的税基是政府的专门评估部门所确定的房屋市场价格的40.00％。收税主体是郡政府、市政府和学区，联邦政府和州政府都不征收房产税。一般来说，郡、城市和学区三者之间的比例为1∶1∶5。

房产税的税率每年由地方政府根据预算收支情况而定。不同的地方税率会不同，并且处于不断调整变化之中。大部分地区房产税的税率维持在0.80％~3.00％，并以1.50％左右的税率水平居多。举例来说，如果某地方政府一年开支为2.00亿美元，当地的房产估价总额为100.00亿美元，那么当年税率是2.00％。假如过了一年，当地房产估价总额为200.00亿美元，但地方政府的开支维持2.00亿美元不变，房产税税率变成1.00％。房价上涨了，房产税不一定增加。

但是，如果按照美国房产税的税率确定机制，中国房地产税的负担就太高了。截至2005年年底，全国城镇住宅建筑面积存量107.69亿平方米，2006—2013年，全国住宅类商品房累计销售面积为67.51亿平方米，也就是说，到2013年年底全国城镇住宅面积约175.20亿平方米。

如果以当前中国城镇住宅总量200.00亿平方米、2.80亿套来计算，把2016年土地出让金37457.00亿元看成是房地产税，那么，每套房子须承担大约1.34万元的房产税。而2016年全国居民人均可支配收入23821.00元。

再看一下上海市，根据上海市税务局公布的数据，2016年房产税收入171.00亿元，即便按照住宅房产税85.00亿元计算，与1500.00亿元土地出让金相比较，仍然是天壤之别，实际上，住宅房产税收入不可能占房产税收入的一半，因为2014年住宅房产税收入为27.60亿元，仅占房产税收入99.90亿元的27.60％。

(二)土地出让金分配制度的调整

1.批租制和年租制下的土地出让金

为使土地出让金的收取在年度之间实现平滑化，不少人建议将土地批租制改为土地年租制，即国家将城镇土地使用权租赁给开发商或土地使用者，开发商或土地使用者按规定每年向国家缴纳一定数量的土地租金。

本篇在第二部分曾经讨论过，从本质上看，现行的土地出让金是准地价与准地租的复合体。但在年租制条件下，每年向政府缴纳的土地出让金就成为地租了。

表 4-21　批租制与年租制下的土地出让金

类型	土地批租制	土地年租制
流程	政府出让土地,开发商受让土地,一次性缴纳土地出让金,购房者买断房屋	政府出让土地,开发商受让土地,一次性缴纳土地价款,购房者买断房屋,逐年向政府缴纳土地租金
土地出让金的性质	准价格+准地租的复合体	一部分是价款,一部分是地租

土地年租制的推行存在着一系列相关的问题。

一是成本性支出问题。与土地出让金密切相关的一个问题是土地的成本性支出,尤其是土地征用过程中涉及的拆迁和补偿费用。目前的土地批租制中,土地出让金中包括征地费、土地前期开发费等,这部分是开发商需要承担的,最终是分摊给购房者承担的。在年租制条件下,开发商是否继续承担成本性支出? 由于土地价款不含地租,开发商是否愿意承担成本性支出,取决于地块或楼盘的投资收益率。

二是年租金征收管理问题。土地年租制的实施将使地租的征缴对象由开发商和建设单位转为数量众多的购房者,如果不是购房者自住,还涉及实际居住者。并且因为按年缴纳,工作量和收缴的难度将大大增加。政府要对这些具有土地先占优势的购房者或居住者逐年、足额地收取土地年租金,简直是不可能的。

三是年租金标准调整的问题。由于城市区位级差地租和不同用途地租的差别明显,实施土地年租制在调整年租金标准时候,需要科学、动态地测定城镇不同区位位置、不同用途土地的地租。

政府对土地资源、地产收益和房产收益的调节,应该在不同环节,采用不同的手段。如图 4-6 所示。

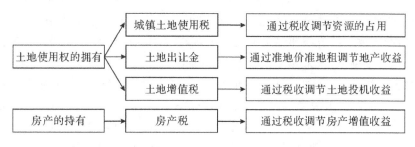

图 4-6　政府对地产收益和房产收益的调节

2.租售并举背景下土地出让金制度的完善

本篇不赞同实行土地年租制,并不意味着认为土地批租制完美无缺。党的十九大报告强调"坚持房子是用来住的、不是用来炒的定位,加快建立多主体供给、多渠道保障、租购并举的住房制度"。

租购并举意味着未来要大量建设只用于出租的住房,这样一来,原有的土地出让制度和土地出让金分配制度都要有所变化。比如,用于建设商品房的土地可以继续采用"招拍挂"方式,但是,用于租赁住房的土地,不能用这种方式,否则楼面价太高,最终导致租价太高。同时,现行土地出让金制度也要作一些完善。

第一,提高土地出让金的透明度。现行土地出让制度是一次性收取若干年期的出让金,提高了房地产开发的土地成本,抬高了房价。如果改为年租制,看起来这个问题可以解决。实际上,购买环节价格有所降低,但是,入住后每年要支付一笔不菲的地租,最后只是结构变化而已。提高土地出让金的透明度,就是要公布成本性支出、非成本性支出、土地出让收益的占比分别是多少,各自内部的构成又是怎样,成本折现与收益折现按什么标准进行,相关资金的使用方式是什么,等等。

第二,设立"土地收益调节基金"。现行土地出让制度使地方政府提前一次性收取未来若干年期的土地出让金,把几十年的土地出让收益当作当年的政府收入用于提供公共产品,从而助长地方政府短期行为。以后,要确保土地出让金不全部用掉,更不能寅吃卯粮,建议设立一个"土地收益调节基金",是每年按照一定比例提取土地出让金所建立的。比如,当土地竞价溢价率超过100.00%(含)时,将土地出让收益的30.00%纳入土地收益调节基金;当土地竞价溢价率超过120.00%(含)时,将土地出让收益的50.00%纳入土地收益调节基金;当土地竞价溢价率达到150.00%时,将土地出让收益的70.00%纳入土地收益调节基金。

第三,防范土地"招拍挂"过程中的舞弊现象。现行土地出让制下,虽然政府通过收取土地出让金,以价格的形式取得了若干年期的土地收益,但是土地出让后的土地增值收益却随土地受让者取得土地使用权而落入私人腰包。本来,土地批租制下,未来几十年的土地增值收益已经包含在土地出让金之中了,当然,实际情况是,假如"招拍挂"价格不高,出让后低价涨幅很高,那么政府就"亏"了。相应地,开发商或者购房者就"盈"了。本来,这一"亏"一"盈"就是市场经济的常态现象。但是,如果在土地"招拍挂"过程中有舞弊现象,由此造成的土地出让金流失,那是制度不完全所致,这种情况要予以防范。

3.完善土地增值税征收抑制土地投机

有一种观点是,在现行征地制度下,政府与房地产开发商联手,共同攫取土地增值收益,农民的财产权利被剥夺。

这种观点将房地产商的投资利润与土地增值收益混淆。过去 10 多年我国房地产市场蓬勃发展带来房地产领域的较高利润率,也造就一大批房地产商富豪。

房地产商投身房地产行业获取正常利润,属于有赚有亏的市场行为。净资产回报率(rate of return on equity,ROE)是用来描述企业盈利能力的常用指标。ROE 越高,就代表企业盈利能力越强。以万科为例,2013 年年报显示万科的 ROE 约为 20.00%,低于银行业(招商银行 23.00%)、互联网行业(腾讯 30.80%)及酒业(泸州老窖 33.20%)。这个数字确实优于很多行业,但是称不上"极高"和"暴利"。如表 4-22、表 4-23 所示。

表 4-22　某楼盘单方财务状况

项目	住宅	商业	车位
销售收入(元/平方米)	25432.00	35000.00	4571.00
营业税金及附加(元/平方米)	1424.00	1960.00	256.00
预征土地增值税(元/平方米)	509.00	1050.00	137.00
开发成本(元/平方米)	16502.00	18925.00	2971.00
土地成本(元/平方米)	9356.00	12854.00	0.00
建安成本(元/平方米)	7146.00	6071.00	2971.43
其他成本(元/平方米)	—	—	0.00
项目利润(元/平方米)	6997.00	13066.00	1207.00
期间费用(元/平方米)	890.00	1225.00	160.00
管理费用(元/平方米)	381.00	525.00	69.00
营销费用(元/平方米)	509.00	700.00	91.00
财务费用(元/平方米)	—	—	0.00
税前利润(元/平方米)	6107.00	11841.00	1046.86
所得税调整(元/平方米)			0.00
所得税(元/平方米)	1527.00	2960.00	262.00
土地增值税清算(元/平方米)	906.00	1247.00	162.93
净利润(元/平方米)	3900.00	7945.00	663.00
营业利润率(%)	28.00	37.00	26.00
销售净利润率(%)	15.34	22.70	14.50

表 4-23　2015 年财富中国 500 强利润率最高的 40 家公司

排名	公司名称	净利润率/%	排名	公司名称	净利润率/%
169	贵州茅台酒股份有限公司	47.64	307	南京银行股份有限公司	35.07
363	徽商银行股份有限公司	44.50	404	招商证券股份有限公司	35.00
196	中国长江电力股份有限公司	43.98	257	重庆农村商业银行股份有限公司	34.48
284	海通证券股份有限公司	42.89	10	中国农业银行股份有限公司	34.45
148	北京银行股份有限公司	42.36	29	招商银行股份有限公司	33.71
4	中国工商银行股份有限公司	41.86	36	中国民生银行股份有限公司	32.88
384	国信证券股份有限公司	41.79	113	华夏银行股份有限公司	32.76
9	中国建设银行股份有限公司	39.94	420	合景泰富地产控股有限公司(房地产企业)	31.27
487	申万宏源集团股份有限公司	39.60	328	江苏洋河酒厂股份有限公司	30.72
183	中信证券股份有限公司	38.83	71	腾讯控股有限公司	30.17
41	上海浦东发展银行股份有限公司	38.18	246	宜宾五粮液股份有限公司	27.77
370	网易公司	38.11	290	杭州海康威视数字技术股份有限公司	27.07
81	阿里巴巴集团控股有限公司	38.09	77	平安银行股份有限公司	26.98
40	兴业银行股份有限公司	37.74	124	百度股份有限公司	26.88
352	广发证券股份有限公司	37.50	117	大秦铁路股份有限公司	26.28
380	华泰证券股份有限公司	37.19	474	浙江沪杭甬高速公路股份有限公司	25.95
12	中国银行股份有限公司	37.16	189	上海国际港务(集团)股份有限公司	23.51
27	交通银行股份有限公司	37.12	59	中国海外发展有限公司	23.07
72	中国光大银行股份有限公司	36.78	51	大连万达商业地产股份有限公司(房地产企业)	23.03
320	宁波银行股份有限公司	36.64	406	深圳控股有限公司	22.65

不可否认,有一部分房地产商从政府获得建设使用权是为了囤地,他们拿地后不开发,等待城镇建设用地升值而直接获得土地增值收益。囤地、变相囤地、捂盘等,这些行为几乎不用花费额外的成本,也不用像制造业、商业那样付出大量的劳动,开发商们只需要把土地或楼盘扔在那里,耐心地等待自然增值即可。土地的自然增值属性,才是开发商们热衷于四处买地、拖延工期,甚至违规囤地的动力所在。为打击开发商囤地行为,国土资源部出台《闲置土地处置办法》并建立土地利用巡查制度。

1999 年公布实施的《中华人民共和国土地管理法》规定,两年不开发的土地逾期无偿收回。根据国土资源部 2012 年修订的《闲置土地处置办法》,因开发商原因造成的闲置土地,未动工开发满一年的,按土地价款的 20% 征缴土地闲置费;未动工开发满两年的,无偿收回国有建设用地使用权。

土地增值税征收也具有抑制土地投机行为的作用。所谓土地增值税,即开发商要为持有土地阶段的地价增值部分交税。我国土地增值税始征于 1994 年,在实际征管工作中,全国各地仅按出售商品房的收入的一定比例进行了预征,部分地区甚至尚未开始预征。例如上海等地的预征额为销售总额的 1%。按照现有的《土地增值税暂行条例》,税率为累进制,增值部分占成本支出在 50% 以下、50% 至 100%、100% 至 200%、200% 以上四种情况下,税率分别为 30%、40%、50% 和 60%。土地增值税类似于“物业税”,最大的益处之一是触动开发商将囤积在手中的土地变成市场供给。

2010 年 5 月,国家税务总局发布《关于土地增值税清算有关问题的通知》(以下简称《通知》)。清算土地增值税给开发商带来的最大变数是因为拿地时间不同,成本不同,导致的税款额度不同。一旦清算土地增值税开始执行,一些以长期囤积土地为获利方式的地产企业因为持有土地时间较长,差价较大,可能遭遇较大的税负压力,且囤地或捂盘时间越长,税负压力越大。正因为市场此前已经意识到土地增值税清算对开发商影响重大,该税种遇到了较多阻力,比如开发商故意余留尾盘,以规避清算等,并最终导致绝大部分地区以预征代替清算。

根据《通知》精神,纳税人符合下列条件之一,应进行土地增值税的清算,包括房地产开发项目全部竣工、完成销售的;整体转让未竣工决算房地产开发项目的;直接转让土地使用权的。同时,在符合以下条件之一时,主管税务机关可要求纳税人强制清算,包括已竣工验收的房地产开发项目,已转让的房地产建筑面积占整个项目可售建筑面积的比例在 85% 以上,或该比例虽未超过 85%,但剩余的可售建筑面积已经出租或自用的;取得销售(预售)许可证满三年仍未销售完毕的;纳税人申请注销税务登记但未办理土地增值税清算手续等。

土地增值税清算对开发商的影响有轻有重。对于房地产开发企业将开发的部分房地产转为企业自用或用于出租等商业用途时,如果产权未发生转移,不征收土地增值税,在税款清算时不列收入,不扣除相应的成本和费用。这标志着长期持有型物业开发商可免交土地增值税。而这一因素或可导致未来大量开发商将物业变出售为自持。房地产开发公司可以根据自己的发展战略和实际情况来进行相应的筹划,降低土地增值税的税负或延迟土地增值税的纳税时间。对一些从事商业物业开发的房地产开发商来说,现在要把过去以销售为主转向以自己持有为主,因为自己持有没有增值就不用交土地增值税,甚至出租回报率还是比较高的。

2013 年后,国家税务总局陆续发布了多个文件规范土地增值税清算工作,各地根据总局的要求如火如荼地开展了清算工作,但是,几年来清算工作并没有实质性的进展。从现实情况看,土地增值税征收过程中存在诸多问题,首先是基层的征管力量不能完全适应清算工作要求;其次政策因素滋生"重预征、轻清算"的管理意识;再次清算政策不明晰,同一项目清算结果不同;最后虚增房地产开发成本,偷逃土地增值税。

(三)酝酿中的"房地产税"须定位于房产税而非地产税

1."房地产税":以现行房产税为基础还是另起炉灶

不同的计税依据所确立起来的房产税,其性质和功能定位是有区别的。如果以资本价值(评估价值)、土地价值或面积作为计税依据,房产税无疑属于财产税性质的税。但若以房屋的卖出价与买入价之间的差价为计税依据,房产税就带有所得税的性质。自 2011 年起,我国对二手房交易征收 20% 的个人所得税。事实上,很多地方并没有按照交易所得扣除原值和合理费用之后的余值征税,而是直接按照交易价格征收 1% 的个人所得税。

酝酿中的"房地产税"即便出台,对于房价的调控也不会有明显的作用。近十多年来,一线、二线城市房价增速迅猛,部分地方甚至出现"天价房屋",因为这些地方,一方面居民有较强意愿去改善住房、拥有私房的意识强烈(需求强度大);二是居民的可投资渠道少,只能通过购房来保值(可替代性低),这导致住房的需求弹性非常小。

由于税收转嫁,当住房需求弹性较小时,靠征税打压房价的初衷难以实现,可能使政策效果与预期目标南辕北辙。杭州曾有过失败的教训。2004 年 1 月 1 日,杭州市在全国率先开征二手房差额 20% 的个人所得税。开征原因一是房价上涨过快,1998 年 4000 元/平方米,到 2003 年达到 7200 元/平方米,市区涨到 8000 多元/平方米;二是房价收入比不合理,2004 年城镇居民人均可支配收入仅为 12898 元；原因之三是炒房群体庞大（占购买人群的 20.00%）。但政策出台后，房价反而由于税收转嫁上涨了 15.00%，于是这一政策在当年 8 月就暂停实施。

2011 年 1 月，上海开展对部分个人住房征收房地产税试点，适用税率暂定为 0.60%。征收对象为本市居民二套房及非本市居民新购房。重庆启动房地产税改革试点，征收对象为个人拥有的独栋商品住宅、个人新购的高档住房，以及在重庆市同时无户籍、无企业、无工作的个人新购的二套房。从两市实施效果看，还是得到了一笔财政收入，但并不丰厚。至于对房价的调控作用，微乎其微。

因此，尽管许多国家都把税收作为调控房地产市场的重要工具，可是在中国，靠征税调控房价恐难奏效。"房地产税"的定位应是一种财产税，个人拥有房产就应当缴税，如同拥有车船，就要每年缴纳车船税一样。

其实，现行 18 个税种中，本来就有一个房产税，从 1986 年 10 月 1 日开始征收，以房屋为征税对象，按房屋的计税余值或租金收入为计税依据，向产权所有人征收的一种财产税。征收范围限于城镇的经营性房屋，对于自用的按房产计税余值征收，对于出租房屋按租金收入征税。房产税征收标准分从价或从租两种情况：从价计征的，其计税依据为房产原值一次减去 10.00%～30.00% 后的余值，年税率为 1.20%；从租计征的（即房产出租的），以房产租金收入为计税依据，年税率为 12.00%。

由于该税的课税范围不涉及居民住宅，因此，一直都在酝酿开征一个新税种，2013 年 11 月十八届三中全会通过的《中共中央关于全面深化改革若干重大问题的决定》明确指出，"加快房地产税立法并适时推进改革"。

本篇认同房产税和"房地产税"是两个不同概念的观点，如果按照计税余值或租金收入征收则是房产税，如果按照评估价值征收则是房地产税。鉴于房产评估异常复杂和烦琐，本文建议酝酿中的"房地产税"应定位于房产税，不涉及地产的增值收益。地产"涨价归公"通过土地出让金和土地增值税方式实现。

如果是这样，只需对现行房产税的有关税种要素进行改革，如征税范围扩大到城镇居民住宅，房产余值仍以房产原值一次减去 10.00%～30.00% 后获得，租金收入可以"年值"作为计税依据。

2. 以年值而非评估值作为房产税的计税依据

很多人主张"房地产税"以评估价值作为计税依据。然而，评估过程会耗费巨大的时间精力和金钱。常用的评估方法是两种：一是市场比较法，比较待评估项目与其相邻区域近期内已经成交的房地产，找到一个合适的成交价格并进行修正；二是成本估价法，根据单位土地价格成本拟定地价，然后再考虑建筑安装成本、开发商的利润、政府的税收等。这两种方法都会带来较多的征收费用：采用市场比较法，需有完整、延续的房地产交易资料，如果房地产市场不成熟，这种方法就难以被采用；成本估价法也有一定不合理之处，现实中房地产的价格往往取决于供求关系，而不是建造所耗费的成本。成本增加并不一定能增加房地产的价格，反之，低成本的房地产也未必说明其价格不高。

目前国际上流行计算机辅助批量评估法（computer-assisted mass appraisal, CAMA）。CAMA 的正常运行，需要具备五个条件：自由成熟的房地产市场体系、完整的房地产信息数据、成熟的计算机技术、足够的统计学与数学知识、相关评估经验。从杭州市等地的试点情况看，最大的障碍在于缺乏完整的房地产信息数据，主要表现在，各类信息分散在政府相关职能部门，各部门之间的数据尚未实现全面共享；数据信息本身的透明度低，权威性与真实性值得怀疑；制度变革使得各类数据缺乏历史延续性。尽管《不动产登记暂行条例》已从 2015 年 3 月 1 日起施行，但要把全国相关的房产数据整合并联网，有一个漫长的过程。

无论是新税开征还是旧税改造，如果征收费用很高或者比以往更高了，那么这样的改革不能算是成功的。房产税涉及的基础性工作非常烦琐，设计税制的时候必须考虑到这一点。

一个税种开征之后能否成功运行，很大程度上取决于纳税人心理上的接受程度。房产税不同于增值税等主要涉及企业和单位的税种，它是牵涉到所有拥有房产的人，计税依据的选择必须考虑到人们的感受。

中国几千年的文化以亲缘、血缘、地缘为纽带，这种文化特质会出现一个有趣的现象：一方面，房地产评估者的公信力容易遭到别人的质疑；另一方面，房地产评估者又会面对众多的说情者。回顾过去，历朝历代丁税、户银的确定，往往"视其赂之多寡以为物力之低昂"。房地产评估会不会重蹈覆辙？一旦评估过程中存在大量的权钱交易现象，民众不认可、不接受，这一税种就有名无实。

影响房地产评估价值的因素是众多的，从评估客体来说，包括地段、楼层、朝向、光线、户型、建筑年限、周围环境等；从评估主体而言，牵涉到评估机构、评估方法、评估指标、信息采集、数据处理、人员培训等。其中有些因素往往难以被准确衡量，这容易导致对房地产评估价值的分歧。举例来说，如果底层一套房子，窗外有一棵桂花树，评估的时候，一方面，八月丹桂飘香，桂花树美化房产植被环境；另一方面，房东会抱怨严重影响他们的采光和视线。显然，两方面都有道理。这种情况可能会导致纳税人对评估结果不认可。

房产税基估定方法可以借鉴中国香港、新加坡等地的评估方式，采用"年值"作为计税依据，即以评估的租金为基础，减去物业管理、维修费用后剩下的净租金收入。

新加坡的房产税按房屋年值计征,年值＝年租金－(物业管理费＋家具成本＋维修费用)。对年值<6000新币的房屋免收房产税;年值在6000～24000新币的,只对高出的部分征收4％的税;对年值>24000新币的,超过的部分要缴纳6％的房产税。

年租金能客观反映房地产的价值。因为这个租金水平是由市场所决定的,供求双方之间就会形成一个均衡价格。这个价格事实上综合反映出这套房屋的面积、结构、地段、朝向、装修程度等因素。如果借助于房地产中介机构的力量,估定一套住房的年值不会是一件做不到的事。

七、基本结论

通过研究,本篇得出如下几个基本结论。

第一,从本质上看,土地出让金是一种"寓征于价"的隐蔽税。从形式上看,土地出让金有地价的成分,却又不完全是地价;有地租的成分,却又不完全是地租。它是准低价与准地租的复合体。在预算归类时,它是地方政府的一种公产收入,但是没有纳入地方一般公共预算收入,而是纳入了政府性基金预算。本质上土地出让金是一种隐蔽税,与税收一样,它将一部分资源从缴纳者手中转移到政府手中,没有"税"的形式,却有"税"的实质,类似于历史上"寓征于价"的专卖制度。

第二,土地出让金架起了工程性公共产品供给与需求的桥梁。一方面,人口数量的增加和产业结构的演进,共同引发对工程性公共产品的需求;另一方面,分税制使得地方政府在体制内缺乏足够的财力补偿供给成本。供求缺口的填补依赖于土地出让金及土地抵押贷款。工程性公共产品的供给成本以土地出让金补偿,与以税收补偿和使用费补偿相比较,净收益是否更大,一则取决于卖地成本与征税成本、收费成本的对比,二则取决于卖地效率损失与税收效率损失、收费效率损失的对比。

第三,凡是工程性公共产品充分供给的城市,往往是土地出让金规模大的城市。如果一座城市,市政设施健全、完善,市容市貌整洁、亮丽,往往因为这个城市有较多的土地出让金;反之,城市设施落后、破败不堪,则是缺少巨额的土地出让金。实证结果表明,土地出让金的增加会明显增加工程性公共产品的供给,虽然也增加服务性公共产品的供给,但对工程性公共产品的影响更为显著。

第四,以土地出让金补偿工程性公共产品的供给成本具有"帕累托改进"效应。地方政府通过"招拍挂"土地,获得土地出让金;开发商拥有土地的开发权赚取项目开发的利润;中高收入群体购买商品房,交付不菲的土地出让金;地方政府把土地出让金用于提供工程性公共产品;由于居住环境的改善,中高收入群体拥有的商品房处于升值状态。同时,低收入群体虽然没有购买商品房,但是,他们同样享受工程性公共产品。于是,开发商、地方政府、购房群体、未购房群体之间就构成了一个循环,各相关主体的境况都得到改善。

第五,工程性公共产品供给难以摆脱对土地出让金的路径依赖。一方面,土地出让金虽有波动但未必消失,因为"城中村"改造为国有建设用地的供应提供空间,土地出让呈"量减价升"的势头,"续期"的土地出让金将来源可观;另一方面,工程性公共产品难以过渡到依赖税收,因为从"公产国家"往"税收国家"演变是缓慢的过程,如果取消土地出让金,那就意味着 2016 年企业所得税与个人所得税之和几乎翻一倍,同时,PPP 和项目收益债券等融资方式又遇到不少障碍。

第六,"房地产税"与土地出让金不是替代关系。开征"房地产税"无须取消土地出让金,开征"房地产税"也替代不了土地出让金。如果把 2016 年的土地出让金 37457 亿元看作是房地产税,那么,全国平均每套房子须承担大约 13400 元的房地产税,而 2016 年全国居民人均可支配收入才 23821 元。

第七,对土地资源、地产收益和房产收益,政府应采用不同手段进行调节。对于房地产收益,政府要在不同环节采用不同手段去调节。如在拥有土地使用权的环节,通过城镇土地使用税调节土地资源的占用,通过土地出让金调节地产收益,通过土地增值税调节土地投机收益;而在房产的持有环节,通过房产税调节房产增值收益。

第八,在"租售并举"背景下,土地出让制度和土地出让金分配制度要做重大调整。"租购并举"意味着未来要大量建设只用于出租的住房,原有的土地出让制度和土地出让金分配制度都要有所变化。比如,用于建设商品房的土地可以继续采用"招拍挂"方式,但是,用于租赁住房的土地,不能用这种方式,以免因楼面地价畸高而使租价过高。建议设立"土地收益调节基金",当土地竞价溢价率超过 100%(含)时,将土地出让收益的 30% 纳入土地收益调节基金;当土地竞价溢价率超过 120%(含)时,将土地出让收益的 50% 纳入土地收益调节基金;当土地竞价溢价率达到 150% 时,将土地出让收益的 70% 纳入土地收益调节基金。

第九,鉴于房产评估的异常复杂性,酝酿中的"房地产税"应定位于房产税。房地产评估是非常复杂的,从评估客体来说,包括地段、楼层、朝向、光线、户型、建筑年限、周围环境等因素;从评估主体而言,牵涉到评估机构、评估方法、评估指标、信息采集、数据处理、人员培训等。以评估值为计税依据的"房地产税"难以开征。地产"涨价归公"的目标通过土地出让金和土地增值税得以实现。这一定位将极大地简化"房地产税"的设计,只需变革现行房产税的有关税种要素,如将征税范围扩大到城镇居民的住宅;或以房产余值为计税依据(在房产原值基础上扣减 10%~30%)或以租金收入为计税依据(计算出"年值")。

参考文献

[1] 卢洪友,袁光平,陈思霞,等.土地财政根源:"竞争冲动"还是"无奈之举"? ——来自中国地市的经验证据[J].经济社会体制比较,2011(1):88-98.

[2] 李勇刚,高波,任保全.分税制改革、土地财政与公共品供给——来自中国 35 个大中城市的经验证据[J].山西财经大学学报,2013,35(11):13-24.

[3] 孙建飞,袁奕.财政分权、土地融资与中国的城市扩张——基于联立方程组计量模型的实证分析[J].上海经济研究,2014(12):50-59,89.

[4] 田传浩,李明坤,郦水清.土地财政与地方公共物品供给——基于城市层面的经验[J].公共管理学报,2014(4):38-48,141.

[5] 左翔,殷醒民."土地财政"模式与地方公共品供给[J].世界经济文汇,2014(4):88-102.

[6] 阎焕利.土地财政与地方公共品供给结构失衡[J].社科纵横,2014(9):38-42.

[7] 陈永正,董忻璐.土地财政对地方财力及公共服务供给的影响研究述评[J].上海行政学院学报,2015(5):101-111.

[8] 张倩,王海卉.从"土地财政"到"房产税"须解决的三个问题[J].城市问题,2015(10):88-93.

[9] 杜金华,陈治国.城市化、土地财政与城市公共产品供给——基于全国 70 个大中城市的实证分析[J].经济问题探索,2017(8):94-100.

[10] 严思齐,彭建超,吴群.土地财政对地方公共物品供给水平的影响——基于中国省级面板数据的分析[J].城市问题,2017(8):8-14,83.

[11] 王美涵.土地出让金的财政学分析[J].财经论丛,2005(4):1-6.

[12] 胡洪曙,杨君茹.财产税替代土地出让金的必要性和可行性研究[J].财贸经济,2008(9):57-61,128.

[13] 程瑶.从马克思地租理论看土地出让金[J].甘肃联合大学学报(社科版),2008(5):12-15.

[14] 黄小虎.解析土地财政[J].红旗文稿,2010(20):13-16,1.

[15] 黄小虎.解析土地财政[J],中国税务,2011(1):36-38.

[16] 钟大能.土地出让金去租改税的动因、效应及对策研究[J].西南民族大学学报(人文社会科学版),2013(3):108-113.

[17] 张鑫.房产税替代"土地财政"是大势所趋[N].中国社会科学报,2013-11-18(A07).

[18] 童超.房产税不能替代土地出让金[N].中国社会科学报,2014-4-15(B01).

[19] 赵燕菁.理论与假设——城市化过程中的市场窒息与资源短缺[J],城市规划,1999(12):13-16.

[20] 赵燕菁.土地财政:历史、逻辑与抉择[J],城市发展研究,2014(1):1-13.

[21] 朱秋霞.中国土地财政制度改革研究[M].上海:立信会计出版社,2007.

[22] 陈国富,卿志琼.财政幻觉下的中国土地财政[J].南开学报(哲学社会科学版),2009(1):69-78.

[23] 陈志勇,陈莉莉."土地财政":缘由与出路[J].财政研究,2010(1):29-34.

[24] 陈志勇,陈莉莉."土地财政"问题及其治理研究[M].北京:经济科学出版社,2012.

[25] 易毅.现行体制下我国"土地财政"问题的解决[J].经济师,2009(5):24-25.

[27] 倪红日,刘芹芹.对"土地财政"内涵和成因的辨析[J].经济经纬,2014(2):5-9.

[28] 董再平.地方政府土地财政的现状、成因和治理[J].理论导刊,2008(12):13-15.

[29] 李尚浦,罗必良.我国土地财政规模估算[J].中央财经大学学报,2010(5):12-17.

[30] 黄燕芬,李程,张坤.土地出让金与土地财政现状及改革[M].//于汝信、陆学艺等.2007年中国社会形势分析与预测.北京:社会科学文献出版社,2006.

[31] 余丽生."土地财政"的财政学思考[J].财政研究,2011(3):17-21.

[32] 巴曙松,杨现领.城镇化大转型的金融视角[M].厦门:厦门大学出版社,2013.

[33] 孙秀林,周飞舟.土地财政与分税制:一个实证解释[J].中国社会科学,2013(4):40-59.

[34] 刘尚希.正确认识"土地财政"[EB/OL].[2015-05-06].http:www.mof.gov.cn/zhengwuxinxidiaochayanjiu/201505/t20150501_1226052.htm.

[35] 中华人民共和国国务院.关于加强国有土地资产管理的通知(国发[2001]15号)[R/OL].[2001-04-30].http:www.gov.cn/gongbao/content/2001/content_6084.htm.

[36] 崔军,杨琪.新世纪以来土地财政对城镇化扭曲效应的实证研究[J].中国人民大学学报,2014(1).

[37] 刘正山.土地批租制是英殖民地政策的遗产吗?[J].中国土地,2005(12):24-26.

[38] 谭术魁,沈立威.土地征收对农民收入的政策效应估计——基于苏州市和武汉市微观数据的实证[J].中国房地产(学术版),2013(10):64-73.

[39] 钱瑛瑛,孙思竹.土地征收前后农民福利水平变化研究——以上海市嘉定区安亭镇的两个小区为例[J].中国房地产(学术版),2016(18):52-64.

[40] 刘飞.二线城市"地王"频出平均溢价率高达100%以上[EB/OL].[2016-05-28].http://zzhz.zjol.com.cn/system/2016/05/29/021168980.shtml.

[41] 杨碧芳.2016年7月杭州土地市场成交情况:地王成群 溢价率高达208%[EB/OL].[2017-08-01].http://www.askci.com/news/dxf/20160812/13511153176.shtml.

[42] 杭州限购后首场土地出让 宅地溢价率高达300%[EB/OL].[2016-09-21].http://www.yicai.com/news/5112322.html.

[43] 郑风田.调查称过半农民盼国家征地 种地与盖楼收入差30万倍[J].[2011-12-20].www.ce.cn/xwzx/gnsz/gdxw/201112/20/t20111220_22933241.shtml.

[44] 张占录.小产权房的帕累托改进及土地发展权配置政策[J].国家行政学院学报,2011(3):100-104.

[45] 范子英,张军.粘纸效应:对地方政府规模膨胀的一种解释[J].中国工业经济,2010(12):5-15.

[46] 刘洛妍.土地出让金这笔"糊涂账"何时待解?[N/OL].荆楚网,[2014-8-28].http://news.163.com/14/0828/16/A40F43RC00014AED.htm.

[47] 周伟林,穆越,杜丽娟.基础设施是城市化经济的来源[J].中国社会科学报,2014-3-4

(A07).

[48] 黄贤金,陈志刚,等. 20 世纪 80 年代以来中国土地出让制度的绩效分析及对策建议[J].现代城市研究,2013(9):15-21,26.

[49] 顾书桂.论中国住宅税的经济性质[J].深圳大学学报(人文社会科学版),2013(1):135-140.

[50] 顾书桂.中国城镇土地出让金与住宅税的比较研究[J].复旦学报(社会科学版),2015(4):124-131.

[51] 郑风田.调查称过半农民盼国家征地 种地与盖楼收入差 30 万倍[J].中国经济周刊,2011-12-20.

[52] 盛凤敏.失地农民社会保障问题的对策与思考[J].新农村,黑龙江.2012(1):207.

[53] 叶开.土地增值分配差距拉大 农民征地补偿跟不上地价上涨[N].第一财经日报,2016-9-13.

[54] 桂华.房价涨了,土地增值收益如何分配[N].新浪网,http://news.sina.com.cn/zl/ruijian/2016-03-15/09335621.shtml.

[55] 周伟林,穆越,杜丽娟.基础设施是城市化经济的来源[J].中国社会科学报,2014-3-4(A07).

[56] 张占录.小产权房的帕累托改进及土地发展权配置政策[J].国家行政学院学报,2011(3):100-104.

[57] 傅蔚冈.不必妖魔化土地自由流转[N].东方早报,2012-11-18.

[58] 李可,范毅.创新城镇化基础设施融资模式[J].中国投资,2014(10):108-111.

[59] 何杨,满燕云.美国财产税发展与现状[N].中国财经报,2016-10-13(002).

[60] 马靖昊.土地出让金:一场史无前例的财富大转移[N].凤凰财知道,2015-10-8.

[61] 满燕云.房地产税同土地出让金不冲突[N].第一财经日报,2011-1-31(A07).

[62] 纪益成.税基评估有关问题研究[J].国有资产评估,1999(6):26-28.

[63] 樊慧霞.优化我国房产税基批量评估方法体系的政策建议[J].科学与管理,2011(1):53-55.

[64] 陈汉明.住宅房产税基评估价值类型影响因素分析[J].地方财政研究,2013(7):9-14.

[65] 张平竺.完善我国房产税基评估体系的设想[J].涉外税务,2006(12):23-28.

[66] 温海珍,贾生华.住宅的特征与特征的价格——基于特征价格模型的分析[J].浙江大学学报(工学版),2004(10):1338-1342,1349.

[67] 刘守刚.质疑:已缴土地出让金的房产为何要缴房产税[N].北青网,http://news.dichan.sina.com.cn,2013-9-19.

[68] 张千帆.城市土地"国家所有"的困惑与消解[J],中国法学,2012(3):110-111.

[69] 骆祖春,赵奉军.美国土地财政的背景、经历与治理[J],学海,2012(6):39-45.

[70] 王克强,刘红梅,张璇.美国土地财政收入发展演化规律研究[J],财政研究,2011(2):73-76.

[71] Hibbard B H.;A History of the Public Land Policies[M]. New York;Macmillan,

1924:20-25.

[72] 安体富,窦欣.我国土地出让金现状、问题及政策建议[J],南京大学学报,2011(1):
21-29.

[73] 董再平.地方政府"土地财政"的现状、成因和治理[J],理论导刊,2008(12):13-15.

[74] 蒋震,邢军.地方政府"土地财政"是如何产生的[J],宏观经济研究,2011(1):20-24.

[75] 梁若冰.财政分权下的晋升激励、部门利益与土地违法[J],经济学(季刊),2009(10):
283-306.

[76] 吴群,李永乐.财政分权、地方政府竞争与土地财政[J],财贸经济,2010(7):51-59.

[77] 张双长,李稻葵."二次房改"的财政基础分析——基于土地财政与房地产价格关系的
视角[J],财政研究,2010(7):5-11.

[78] 周飞舟.大兴土木:土地财政与地方政府行为[J],经济社会体制比较,2010(3):77-89.

[79] 周坚卫,罗辉.从"事与权"双视角界定政府间事权建立财力与事权相匹配的转移支付
制度[J].财政研究,2011(4):11-14.

[80] 殷武.我国"城中村"改造中的土地权利问题分析[N].法律图书馆,http://www.law-
lib.com/lw/lw_view.asp? no=4118,2004-11-16.

[81] 刘军民.积极探索土地年租制 创新土地供应模式[J].中国财政,2013(7):67-70.

[82] 王宏伟,高广春.商业银行对房地产业依赖度评价[J].银行家,2013(2):74-76.

附录:运用 Hedonic 模型评估房产的"年值"[①]

一、税基评估引入 Hedonic 模型

本文设想,对房产的"年值"进行评估可以运用 Hedonic 模型。

1. Hedonic 模型概述

特征价格模型(Hedonic Price Model)是一种研究异质性商品的差异特征与产品价格之间关系的模型。将 Hedonic 模型应用于产品价格评估的学者认为,产品具有一组特征与属性,每个特征都会影响消费者对产品的选择,影响产品最终价格。若不同的特征都能够被一个对应的价格体现,这就是产品的特征价格,产品的最终价格就是这些特征价格的结合。

如果将房产视为一种产品,不同房产具有各自不同的特征属性,从而有着不同的价格。分析影响房产价格的不同因素,运用 Hedonic 模型,能够测算出辖区内不同房产的基准价格,进而评估出房产税的税基。

2. 模型的构建与房产"年值"测算

Hedonic 模型假设房地产的租赁价格受到需求、区位、环境和房地产本身质量等诸多因素的综合影响,用 Hedonic 模型的基本函数可表示为:

$$P = f(Q, C_1, C_2, \cdots, C_n)$$

其中 P 表示房地产租赁价格,Q 表示房地产的需求量,C_i 表示影响房地产价格的其他特征因素($i=1,2,\cdots,n$)。

线性形式的模型能较为直观地将不同特征变量的特征价格评估出来,便于税务机关税基估定,因此,设想由常见的线性形式来构造模型:

$$P = \alpha_0 + \sum \alpha_i C_i + \varepsilon$$

其中,P 为住宅的月租金,α_0 为常数项,α_i 为各个特征变量的特征价格,C_i 为特征变量,ε 为随机干扰项。

对于模型的估计,税务机关需要在某一个区域内搜集大量的房屋租金及其

---

① 这部分内容由朱柏铭、吴亚雯与刘晓凝共同完成。

他特征,对搜集的数据进行数理分析,得到最终的估定模型。

在确保模型的准确性后,税务机关无须对每个应纳税的房产进行"年值"评估,只需将被评估的房产相关信息输入房产税评估系统中,便得到评估的房屋的"年值",进而确定应缴的税费,降低每宗房产的税基评估成本。建立起的房产税税基评估的数据库,也便于税务机关的征税管理。

二、模型变量选取、量化与数据获得

本篇设想税务机关可以从建筑特征、邻里特征与区位特征 3 个方面进行变量选取,具体特征变量如表 4-24。

不同的变量应采用不同的量化方法与数据搜集方式。主要有以下几种(见表 4-24)①。

表 4-24　住宅特征变量与量化方式

特征分类	特征变量	含义	量化	数据来源
租金	租金(rent)	房屋月租金	挂牌价格	挂牌数据
建筑特征	建筑面积(area)	住宅建筑面积	住宅建筑面积(米²)	挂牌数据
	房龄(age)	房屋竣工日期到目前年数	竣工日期至 2015 年的年数	挂牌数据
	楼层(floor)	房屋所在楼层数	住宅所在楼层数(层)	挂牌数据
	装修(decoration)	房屋装修程度	豪华装修 5 分,精装 4 分,中装修 3 分,简装 2 分,无装修 1 分	挂牌数据
	朝向(orientation)	房屋的主要朝向	南北朝向 1 分,其他朝向 0 分	挂牌数据
	配套设施(furniture)	住宅内家具电器等情况	齐全 3 分,一般 2 分,差 1 分	挂牌数据

① 挂牌数据,来源于搜房网(www.soufun.com)。搜房网是中国最大的房地产家居网络平台,能够提供全面及时的房地产新闻资讯内容,信息更新及时;实地调查走访,通过 Likert 量表将变量量化,通过走访与问卷调查,对小区的相关变量进行评价。

续表

特征分类	特征变量	含义	量化	数据来源
邻里特征	绿化情况（green）	小区内绿化情况	很好 5 分,好 4 分,一般 3 分,差 2 分,很差 1 分	实地调查
	安静程度（quiet）	小区内安静程度	很好 5 分,好 4 分,一般 3 分,差 2 分,很差 1 分	实地调查
邻里特征	物业管理（management）	小区物业服务管理情况	很好 5 分,好 4 分,一般 3 分,差 2 分,很差 1 分	实地调查
	文体设施（facilities）	小区文体设施配备情况	小区老年活动室、游泳池、基础健身器材、篮球场、网球场。1 个 1 分,最高 5 分	实地调查
	教育设施（schools）	小区周边教育配备情况	1000 米范围内幼儿园、小学、初中、高中,1 个 1 分,最高 4 分	实地调查
	生活设施（shops）	小区周边生活设施配备情况	500 米范围内超市、农贸市场、银行、医院、邮局或快递,一个 1 分,最高 5 分	实地调查
区位特征	所在区域（district）	小区所在区域	管制区 3 分、限制区 2 分、其他 1 分	交通管制区域划分
	地铁条件（subway）	住宅小区是否靠近地铁站口	1000 米范围内有地铁站 1 分	百度地图

三、模型的估计

作者一共走访了杭州市西湖区、上城区、下城区、拱墅区、江干区中的 200 个居民小区,共发放 1100 份问卷,获取 10456 个出租房数据。为直接表现房屋每个特征变量具体的特征价格,本文采用线性模型、使用软件 Stata12.0 对数据进行多元回归。

筛除异常值、缺失值后,样本数量为 10334 个,共有 10334 个样本进入线性回归。先采用最小二乘法进行线性回归,从回归结果来看,模型的 R^2 为 0.7135,调整的 R^2 为 0.7131,说明拟合程度较好。同时,从表 4-12 展示的一般最小二乘结果可以看到,各变量显著性较好。除了文体设施的系数与常识不符之外,其他变量的系数与人们常识相同。

表 4-25　一般最小二乘回归结果

Source	SS	df	MS			
				Number of obs	=	10334
				F(14,10319)	=	1835.76
Model	2.60E+10	14	1.86E+09	Prob>F	=	0.0000
Residual	1.05E+10	10319	1012734.36	R²	=	0.7135
				Adj R²	=	0.7131
Total	3.65E+10	10333	3530270.90	Root MSE	=	1006.3

rent	Coef.	Std. Err.	t	P>t	[95% Conf. Interval]	
age	−5.051965	1.936107	−2.61	0.009	−8.847109	−1.25682
area	42.07629	0.3339888	125.98	0.000	41.42161	42.73097
floor	44.31296	2.295731	19.3	0.000	39.81288	48.81303
decoration	221.2006	11.65279	18.98	0.000	198.3589	244.0423
orientation	82.41003	37.37086	2.21	0.027	9.155911	155.6642
furniture	166.0734	16.04784	10.35	0.000	134.6165	197.5303
green	382.2242	153.6611	2.49	0.013	81.01863	683.4297
quiet	205.1755	18.8148	10.91	0.000	168.2949	242.0562
management	83.19129	18.66105	4.46	0.000	46.61202	119.7706
facilities	−35.12093	11.07689	−3.17	0.002	−56.83379	−13.40808
schools	157.5971	16.71797	9.43	0.000	124.8266	190.3675
shops	41.79151	13.34891	3.13	0.002	15.62507	67.95796
district	393.9777	16.9198	23.29	0.000	360.8116	427.1438
subway	477.5989	21.80296	21.91	0.000	434.8609	520.337
_cons	−4019.333	135.8066	−29.6	0.000	−4285.54	−3753.125

对方程的多重共线性检验,本文采用方差膨胀因子(VIF)检验。从表 4-26 中可以得出,各变量的 VIF 值最小为 1.02,最大为 2.02,远远小于 10。所以可以拒绝变量之间存在多重共线性的原假设,即变量之间不存在多重共线性问题。

表 4-26　方差膨胀因子(VIF)检验

Variable	VIF	1/VIF
age	2.02	0.493943
management	1.77	0.564026
district	1.62	0.616263

续表

Variable	VIF	1/VIF
floor	1.55	0.644802
schools	1.44	0.693342
quiet	1.42	0.703598
facilities	1.30	0.769555
area	1.25	0.798522
shops	1.22	0.821019
subway	1.12	0.893857
green	1.10	0.908291
furniture	1.09	0.920373
decoration	1.08	0.927495
orientation	1.02	0.978023
Mean VIF	1.36	

对方程的异方差的检验,本文采用怀特检验,对异方差进行检验。表 4-27 显示的怀特检验结果证明,$P=0.0000$,强烈拒绝不存在异方差的原假设,即模型存在显著的异方差问题。

表 4-27　怀特检验结果

chi2(117)=3817.85
Prob> chi2=0.0000

Cameron & Trivedi's decomposition of IM-test			
Source	chi2	df	p
Heteroskedasticity	3817.85	117	0.0000
Skewness	835.98	14	0.0000
Kurtosis	59.10	1	0.0000
Total	4712.93	132	0.0000

为解决模型的异方差问题,本文采用了加权最小二乘法(WLS),权重为残差的倒数。得到回归结果如表 4-28 所示。

表 4-28 WLS 回归结果

Source	SS	df	MS			
				Number of obs	=	4802
				F(14,4787)	=	7727.6
Model	5.98E+09	14	426905169	Prob>F	=	0.0000
Residual	264454179	4787	55244.2405	R^2	=	0.9576
				Adj R^2	=	0.9575
Total	6.24E+09	4801	1299963.87	Root MSE	=	235.04

rent	Coef.	Std. Err.	t	P>t	[95% Conf. Interval]	
age	−9.611777	0.7176604	−13.39	0.000	−11.01872	−8.204832
area	42.51379	0.1640207	259.2	0.000	42.19223	42.83534
floor	42.06936	0.998957	42.11	0.000	40.11095	44.02778
decoration	199.6319	4.749379	42.03	0.000	190.321	208.9429
orientation	35.53152	17.05683	2.08	0.037	2.092296	68.97075
furniture	143.6516	6.00268	23.93	0.000	131.8836	155.4196
green	44.54192	58.10726	0.77	0.443	−69.37503	158.4589
quiet	174.0362	7.004475	24.85	0.000	160.3042	187.7682
management	76.02172	7.372138	10.31	0.000	61.56894	90.4745
facilities	−9.352354	4.380745	−2.13	0.033	−17.94063	−0.7640804
schools	164.6674	6.365276	25.87	0.000	152.1885	177.1462
shops	53.83116	4.66324	11.54	0.000	44.68906	62.97325
district	371.7341	6.335756	58.67	0.000	359.3132	384.1551
subway	423.9802	8.087095	52.43	0.000	408.1258	439.8346
_cons	−3467.464	55.42402	−62.56	0.000	−3576.121	−3358.808

表 4-29 一般最小二乘法与加权最小二乘法结果比较

Variable	(1) OLS	(2) WLS
age	−5.05*** (0.009)	−9.61*** (0.000)
area	42.08*** (0.000)	42.51*** (0.000)
floor	44.31*** (0.000)	42.07*** (0.000)

续表

Variable	(1) OLS	(2) WLS
decoration	221.20*** (0.000)	199.63*** (0.000)
orientation	82.41** (0.027)	35.53** (0.037)
furniture	166.07*** (0.000)	143.65*** (0.000)
green	382.22** (0.013)	44.54 (0.443)
quiet	205.18*** (0.000)	174.04*** (0.000)
management	83.19*** (0.000)	76.02*** (0.000)
facilities	−35.12*** (0.002)	−9.35** (0.033)
schools	157.60*** (0.000)	164.67*** (0.000)
shops	41.79*** (0.002)	53.83*** (0.000)
district	393.98*** (0.000)	371.73*** (0.000)
subway	477.60*** (0.000)	423.98*** (0.000)
_cons	−4019.33*** (0.000)	−3467.46*** (0.000)
N	10334	4802

说明:p-values in parentheses,* $p<0.1$,** $p<0.05$,*** $p<0.01$。

由此得到模型函数形式,模型中非标准化系数对应的便是各特征变量的特征价格。

$$rent = -3467.464 - 9.611777age + 42.51379area + 42.06936floor +$$
$$199.6319decoration + 35.53152orientation +$$
$$143.6516furniture + 44.54192green + 174.0362quiet +$$

$$76.02172 management - 9.352354 facilities +$$
$$164.6674 schools + 53.83116 shops +$$
$$371.7341 district + 423.9802 subway$$

由模型可知,从房屋建筑特征来看,除了房龄,其他特征变量与租金都是正相关,面积每增加1平方米,租金上涨42.5元;楼层房屋每上升1层,租金上涨42元,装修程度每提升一个档次,租金上升199.6元。其他特征变量对房屋租金的影响与此类似。

值得注意的是,小区所在区域与小区周边地铁情况对房租租金有较大的影响,越靠近交通管制区域(即主城核心区),其租金越高;地铁站周边的出租房价格也高于类似的非地铁站的小区。

模型结果较为令人意外的是,小区文体设施程度与房租价格呈负相关。可能原因是,杭州老城区的文体设施并不算多,很多社区甚至没有宽敞齐全的健身场地与设备,但这些房屋位于市中心,租金远高于其他地方的房屋;而处于城郊的新建住宅公寓,整体租金低于老城区,但是小区内通常配备齐全完善的健身设施与场地。因此,在模型结果中,文体设施与房租呈现出与常识不符的负相关关系,但模型总体能够对房屋租金进行较为合理的估计。

通过以上过程的模拟研究,在获得样本数据真实可靠、数量足够大的情况下,利用 Hedonic 模型能够对房产的价值进行批量评估,对影响房屋租金的因素做出了较好的解释。因此,税务机关可以采用大样本回归下的 Hedonic 模型作为房产价值批量估定的基础,并且采用房屋租金作为房产税的计税基础。

这次模拟研究不足的是将所有类型的房屋统一进行回归估计,没有对房屋类型进行分类。税务机关在考虑房屋租金批量评估的过程中,可以将不同类型的房屋分别统计,得到普通住宅、高档住宅、独栋别墅等房产的特征价格模型,从而更好、更准确地对房产的"年值"进行评估。